SERVIÇO SOCIAL
E
SAÚDE MENTAL

Uma análise institucional da prática

EDITORA AFILIADA

*Conselho Editorial da
área de Serviço Social*
Ademir Alves da Silva
Dilséa Adeodata Bonetti
Elaine Rossetti Behring
Maria Lúcia Carvalho da Silva
Maria Lúcia Silva Barroco

**Dados Internacionais de Catalogação na Publicação (CIP)
(Câmara Brasileira do Livro, SP, Brasil)**

Bisneto, José Augusto
  Serviço social e saúde mental : uma análise institucional da prática / José Augusto Bisneto. – São Paulo : Cortez, 2007.

  Bibliografia.
  ISBN 978-85-249-1313-6

  1. Deficientes mentais 2. Saúde mental – Brasil 3. Serviço social – Brasil I. Título.

07-6025   CDD-362.20981

Índices para catálogo sistemático:

1. Brasil : Saúde mental e serviço social :
       Problemas sociais   362.20981
2. Brasil : Serviço social e saúde mental :
       Problemas sociais   362.20981

José Augusto Bisneto

SERVIÇO SOCIAL
E
SAÚDE MENTAL

Uma análise institucional da prática

3ª edição
5ª reimpressão

SERVIÇO SOCIAL E SAÚDE MENTAL: uma análise institucional da prática
José Augusto Bisneto

Capa: Estúdio Graal
Preparação de originais: Carmen Teresa da Costa
Revisão: Maria de Lourdes de Almeida
Composição: Linea Editora Ltda.
Assessoria editorial: Elisabete Borgianni
Assistente bilíngüe: Priscila F. Augusto
Coordenação editorial: Danilo A. Q. Morales

Nenhuma parte desta obra pode ser reproduzida ou duplicada sem autorização expressa do autor e do editor.

© 2007 by Autor

Direitos para esta edição
CORTEZ EDITORA
Rua Monte Alegre, 1074 – Perdizes
05014-001 – São Paulo – SP
Tel.: (11) 3864-0111   Fax: (11) 3864-4290
E-mail: cortez@cortezeditora.com.br
www.cortezeditora.com.br

Impresso no Brasil – agosto de 2025

À memória do
Professor Jean Robert Weisshaupt

Sumário

Apresentação 13

CAPÍTULO I ■ O Serviço Social na Saúde Mental 17

1. O "Serviço Social psiquiátrico" nos Estados Unidos 18
2. O Serviço Social no Brasil na área Psiquiátrica 20
   2.1 A Ditadura Militar 22
   2.2 A questão metodológica 28
   2.3 Pós-reconceituação e reforma psiquiátrica 31
   2.4 Reforma sanitária 37
   2.5 Análise institucional no Serviço Social 39
   2.6 Neoliberalismo e Saúde Mental 41
3. O ensino de Serviço Social no Brasil 44
4. Outros problemas metodológicos e históricos 49
   4.1 As equipes multidisciplinares 50
   4.2 A psicologização das relações sociais 53
   4.3 O Serviço Social e as teorias de grupo 54
5. O panorama atual em Saúde Mental 57

CAPÍTULO II ■ A análise institucional 64

1. As instâncias econômica, política e ideológica 66
    1.1 Instituições econômicas, políticas e ideológicas 71
    1.2 Práticas econômicas, políticas e ideológicas 73

2. Níveis organizacional, institucional e social 77

3. Elementos de análise institucional 81
    3.1 Objeto da prática, produto e instrumental 81
    3.2 Objeto, âmbito e saber institucionais 84
    3.3 Dois objetos institucionais diferentes 89

4. Os atores organizacionais, institucionais e sociais 91
    4.1 A prática institucional 99

5. Relações entre perito, cliente e objeto 102

6. A desapropriação institucional 108
    6.1 Fatos analisadores 111

7. A análise das práticas institucionais 114

CAPÍTULO III ■ Análise institucional do Serviço Social em Saúde Mental 117

1. Elementos de análise da prática 122
    1.1 Objeto de prática 124
    1.2 Produto da prática 129
    1.3 Objeto institucional 134
    1.4 Âmbito institucional 136
    1.5 Instrumental 138
    1.6 Articulação dos dois objetos institucionais 140
    1.7 Apropriação do objeto 143

2. Contradições entre os atores institucionais 146
   2.1 Agentes privilegiado, subordinado e de apoio 146
   2.2 Mandantes econômicos 151
   2.3 Mandantes políticos 154
   2.4 Mandantes ideológicos 155
   2.5 Dirigentes 157
   2.6 Clientela 158
   2.7 Público 158
   2.8 Contexto interinstitucional 159
   2.9 A prática institucional 162

3. Relação perito, cliente e objeto 163
   3.1 Limites institucionais 164
   3.2 Limites organizacionais 166
   3.3 Limites sociais 168
   3.4 A autonomia 170

CAPÍTULO IV ■ O social, a Saúde Mental e a análise
                institucional 172

1. Relações entre sociedade e loucura 172
   1.1 História e loucura 173
   1.2 Sociedade e loucura 174
   1.3 Alienação social 176
   1.4 Desapropriação institucional 179

2. Sociedade capitalista e saúde mental 182
   2.1 Aumento das psicopatologias 182
   2.2 Subjetividades capitalísticas 184

3. Relações sociais reapropriáveis 187
   3.1 A reapropriação institucional 187
   3.2 A reabilitação psicossocial 191

4. Propostas da análise institucional 195
   4.1 Metodologias institucionalistas 195
   4.2 Intervenção institucionalista 201

Considerações finais 204

Bibliografia 209

Índice de quadros

Quadro 1 ■	Esquema de correlações econômico/político/ideológico	68
Quadro 2 ■	Transformação e apropriação do mundo	70
Quadro 3 ■	Dominância, sobredeterminação e transversalidade	74
Quadro 4 ■	Social, institucional e organizacional	80
Quadro 5 ■	Elementos de análise institucional	90
Quadro 6 ■	Atores institucionais	99
Quadro 7 ■	Atores institucionais por processos	101
Quadro 8 ■	Autonomia profissional	104
Quadro 9 ■	Níveis combinados com relações	105
Quadro 10 ■	Relação entre instâncias e níveis	114
Quadro 11 ■	Tipos de estabelecimentos analisados	119

Apresentação

Este livro originou-se de uma pesquisa para tese de doutorado. Investiga a prática institucionalizada de assistentes sociais em estabelecimentos de assistência psiquiátrica. Fundamentada em uma pesquisa participante no Rio de Janeiro, desde os anos 1990, mostra: a) os objetos, produtos e âmbitos da prática concreta do Serviço Social em Saúde Mental; b) as contradições entre os vários atores institucionais; c) as possibilidades de autonomia da prática profissional nessas organizações.

Para tal, preliminarmente, o livro desenvolve uma contextualização da inserção do Serviço Social em Saúde Mental no Brasil, com seus problemas e dificuldades metodológicas. Em seguida, fazemos uma exposição da teoria utilizada, a "análise das práticas institucionais", a partir dos autores Guilhon Albuquerque e Jean Robert Weisshaupt. Na seqüência, fazemos a análise institucional do atual Serviço Social na Saúde Mental no Brasil e concluímos sugerindo encaminhamentos com base no referencial da Análise Institucional, disciplina que julgamos esclarecer e contribuir para a discussão dos vários impasses e dilemas profissionais apontados neste trabalho, e que também atende ao Movimento de Reforma Psiquiátrica e ao projeto ético-político do Serviço Social no Brasil.

A prática institucionalizada é contraditória. Dentre essas contradições, umas são provenientes da história da inserção do Serviço Social em Saúde Mental e outras são inerentes à realidade estrutural contraditória dos estabelecimentos psiquiátricos no Brasil.

A análise das contradições da prática dos profissionais de Serviço Social em Saúde Mental foi feita a partir: 1) de uma abordagem crítica às instituições e às práticas concretas dos assistentes sociais; 2) do debate teórico-profissional na literatura e na formação acadêmica do assistente social; 3) e da articulação entre: a) o Serviço Social do Debate Contemporâneo; b) a Saúde Mental sob o ponto de vista da Reforma Psiquiátrica; c) a Análise Institucional no Serviço Social pós-Reconceituado.

Como expomos ao longo do livro, no Brasil, principalmente após 1970, intensificaram-se as interseções entre Serviço Social e Saúde Mental; entre Saúde Mental e Análise Institucional; e entre Serviço Social e Análise Institucional. Propomos realizar neste trabalho a reunião desses três conhecimentos, aprofundando suas relações intrínsecas e expondo suas bases teóricas.

Boa parte da discussão realizada neste livro provém do que percebemos lecionando disciplinas para alunos inseridos em organizações institucionais: a distância existente entre o que é ofertado no ensino de Serviço Social para Saúde Mental e as exigências da prática do assistente social nos estabelecimentos psiquiátricos. A prática profissional se desenvolve nas organizações institucionais e isto não está suficientemente debatido, trazendo como conseqüência, entre outras, a desconsideração de que a prática do Serviço Social não se dá "em-si", mas da relação entre as estruturas sociais com as estruturas institucionais e organizacionais. Em Saúde Mental essa insuficiência do ensino reforça a dificuldade em delimitar a área de competência do Serviço Social em estabelecimentos psiquiátricos e a dificuldade de vincular os objetivos do Serviço Social com os objetivos das organizações de Saúde Mental.

Este livro é voltado para o ensino universitário, ao atendimento da demanda da formação profissional dos assistentes sociais no campo da Saúde Mental, da demanda de professores especializados e das nossas próprias aulas, mas direcionado, também, para os profissionais do campo, a fim de elucidar questões, desafios e indagações levantados por eles.

O respaldo para a elaboração deste texto vem da nossa inserção na área psicossocial desde que estudamos "Psicologia e Sociologia do Trabalho" na pós-graduação em Engenharia Econômica e Administração Industrial, na UFRJ, em 1974 e 1975. Os estudos psicossociais de Elton Mayo na Western Electric se constituíram em grande atrativo, uma vez que já trabalhávamos em grandes empresas desde 1966 e tínhamos a impressão que na psicossociologia americana estava a resposta para várias das nossas inquietações ligadas à relação entre a produção, o social e o psíquico (hoje optamos pela *psicossociologia institucionalista francesa*, base teórica deste livro nas questões de subjetividade). O interesse pela psicossociologia nos levou à atuação nos movimentos de psicologia alternativa no Rio de Janeiro em 1978, através do contato com as idéias de Wilhelm Reich, que por sua vez mostravam a relação entre a política, a subjetividade, o corpo e a sexualidade. Levou-nos também a fazer formação em Psicanálise e Análise Institucional, no IBRAPSI (Instituto Brasileiro de Psicanálise, Grupos e Instituições), de 1985 a 1989, talvez a única formação psicanalítica que incluía como disciplina obrigatória o "Materialismo Histórico-Estrutural", além de estar ligada ao Movimento dos Trabalhadores em Saúde Mental (MTSM). Depois disso, entramos definitivamente para o Serviço Social, onde passamos a estar ligados à prática na área de Saúde Mental a partir de 1992, através do Instituto de Psiquiatria da UFRJ.

O livro trata da atuação do Serviço Social em Saúde Mental, mas não é uma descrição das práticas ou um levantamento de suas várias modalidades. É uma discussão de seus vários problemas, através da pesquisa de campo das contradições das práticas profissionais e da pesquisa em uma vasta literatura pertinente. As práticas profissionais são o foco da pesquisa, porém a análise conjuga o nível do desenvolvimento da prática com o nível das instituições e o nível da sociedade, porque as práticas profissionais do Serviço Social não são autônomas, uma vez que sua atuação é realizada em organizações que estão inseridas em um contexto histórico e social. Os estabelecimentos psiquiátricos aparecem como base e suporte das práticas.

A estrutura pela qual optamos tem como centro o capítulo III e se desenvolve organicamente:

- *Capítulo I*: funciona como uma introdução. É uma abordagem histórica que antecede a abordagem metodológica dos capítulos II e III, de modo a usar a mesma estruturação de José Augusto Guilhon Albuquerque no livro *Metáforas da desordem*, que julgamos a mais adequada na análise histórico-estrutural. É uma contextualização do Serviço Social em Saúde Mental.

- *Capítulo II*: é um extrato teórico que precede o capítulo III, para esclarecer o referencial da Análise Institucional que está sendo usado no livro, e que no Serviço Social até hoje não foi publicado, a não ser de forma resumida.
- *Capítulo III*: este é o núcleo do livro, em que fazemos a Análise Institucional do Serviço Social em Saúde Mental. É em torno dessa parte essencial que desenvolvemos os outros capítulos.
- *Capítulo IV*: funciona como uma conclusão. Faz um fechamento do livro, retornando às questões teóricas em que a disciplina Análise Institucional tem soluções a oferecer, de modo que os problemas apontados nos capítulos anteriores não pareçam enclausurantes ou paralisantes para a prática profissional. É mais propositivo.

Finalmente, para esclarecer, queremos deixar assinalado que o uso de expressões em masculino como "o assistente social" é para atender a normas ortográficas da língua portuguesa e não intenciona nenhuma forma de discriminação às mulheres e nem se destina a provocar a sua invisibilidade em uma profissão em que são ampla maioria. Apenas achamos que seria melhor evitar, em um texto muito longo, o uso repetido de fórmulas consagradas como "o(a)".

Capítulo I
O Serviço Social na saúde mental

A história do Serviço Social na Saúde Mental que vamos apresentar em seguida não é uma relação pormenorizada dos fatos importantes nessa área. É a história das contradições e determinações que dificultaram o desenvolvimento de uma relação satisfatória entre teoria e prática na atuação do assistente social em manicômios, clínicas psiquiátricas e serviços alternativos no Brasil. Pois, de acordo com vários depoimentos, muitos assistentes sociais se sentem pouco alicerçados metodologicamente no campo da Saúde Mental.

Procuramos ser objetivos e nos restringir ao tema em questão. Como a particularidade da história do Serviço Social em Saúde Mental no Brasil é contida e determinada pelas histórias do Serviço Social, da Saúde Mental e do Brasil como um todo, não vamos nos estender em outras considerações: o exame histórico da gênese do Serviço Social no Brasil, para o escopo deste trabalho, já foi suficientemente elaborado e não cabe aqui descrevê-lo.

Abordamos o tema com uma visão ampla. Para tal relatamos várias histórias que se dão simultaneamente: as histórias do Serviço Social, da Saúde Mental, da Análise Institucional, dentre outras. É necessário compartimentalizá-las somente para efeito de redação e de didática.

Começaremos com a historiografia norte-americana, depois faremos o contraponto com as pesquisas brasileiras sobre o Serviço Social na área de Saúde Mental.

1. O "Serviço Social Psiquiátrico" nos Estados Unidos

De forma diferente do Brasil, nos Estados Unidos o Serviço Social atua em Saúde Mental desde a sua constituição como tal. Uma das primeiras áreas de atuação desde o início do século foram os hospitais psiquiátricos.

> O Serviço Social no campo psiquiátrico iniciou-se, nos Estados Unidos, pouco depois do Serviço Social nos hospitais [1905]. Tinha como função, no início, ajudar o paciente a se reajustar à vida normal; depois foram incluindo nas funções do assistente social o estudo do ambiente familiar e profissional e a ajuda à sua família para aceitar o doente e prepará-la a recebê-lo depois da alta. (Vieira, 1985: 67)

Em livro de autora norte-americana essa precocidade do Serviço Social em Saúde Mental também aparece na forma de campos separados de prática e autonomia metodológica, objetivada em comissões profissionais independentes para a construção da prática:

> No fim dos anos 20, cinco campos da prática emergiram — bem-estar da família e do menor, no qual os assistentes sociais eram empregados em atividades de bem-estar social, e serviço social médico, *psiquiátrico* e escolar, nos quais os assistentes sociais eram empregados em atividades que não eram de Serviço Social. (Bartlett, 1976: 17, grifo nosso)

O assistente social atuava no reajustamento dos doentes mentais e na prevenção de recaídas. A organização do primeiro setor de Serviço Social em hospital psiquiátrico, nos Estados Unidos, foi no Hospital Psiquiátrico de Boston, em 1912: "Mary C. Jarrett, que organizou o departamento de Serviço Social do Boston Psychopatic Hospital em 1912 (...)" (Silva, 1993: 51). A prática profissional respondia pelo nome de "Serviço Social Psiquiátrico".

Durante a Primeira Guerra Mundial houve uma expansão da Psiquiatria em razão do grande número de neuróticos de guerra que passaram a necessitar de assistência psiquiátrica nos Estados Unidos. "As neuroses de guerra, desenvolvidas como um esforço de ajustamento às dramáticas situações enfrentadas pelos soldados, precipitou novos problemas, cuja compreensão e tratamento revelou-se enormemente estimulante para o Serviço Social" (idem: 72). O Serviço Social nessa área também se ampliou com o atendimento às famílias dos soldados. A essa época, o Serviço Social psiquiátrico atuava também em clínicas de orientação juvenil, trabalhando com as famílias de usuários de serviços de Saúde Mental.

Nos Estados Unidos, o Serviço Social em Saúde Mental seguia uma linha de apoio terapêutico. O serviço prestado pelo assistente social ao seu usuário se restringia ao atendimento das questões ligadas ao tratamento médico em si, isto é, era diferente do que é feito hoje no Brasil, onde boa parte do trabalho do Serviço Social nas organizações psiquiátricas está voltada ao atendimento de questões mais emergenciais associadas à enorme pobreza dos pacientes e à ausência de rede de suporte familiar e comunitário. Isto porque, no início do século, já havia nos Estados Unidos agências de Serviço Social (as obras sociais) que atendiam a população quanto às necessidades materiais e concessão de benefícios, e, segundo consta em Bartlett, em hospícios o assistente social segmentava o atendimento: o apoio social ao tratamento psiquiátrico era dado pelo Serviço Social do hospital e as questões de pobreza eram atendidas pelas agências sociais. Além disso, os livros que sistematizam a prática do Serviço Social nos Estados Unidos não articulam a área de Saúde Mental com os graves problemas sociais do Estado norte-americano. Daqui já se pode antever que tais propostas para o Serviço Social em Saúde Mental não vão encontrar uma situação propícia para serem aplicadas automaticamente no Brasil.

O Serviço Social nos Estados Unidos se muniu de vários referenciais teóricos para pautar sua atuação, principalmente o funcionalismo, o estrutural-funcionalismo, o higienismo e as psicologias. As escolas psicológicas americanas do Serviço Social (diagnóstica e funcional) absorveram as teorias de várias linhas da psicologia clássica. Foi significativa a contribuição da psicanálise[1] no processo de tentativa de elaboração de uma metodologia em Serviço Social (Hamilton, 1987), em especial na área de Saúde Mental.

---

1. A psicanálise absorvida pelo Serviço Social norte-americano identifica-se com a psicologia do ego. É influenciada por Otto Rank e Alfred Adler (Oliveira, 1982), por Anna Freud e pelo triunvirato nova-iorquino Kris, Hartmann e Loewenstein (Vasconcelos, 2000c: 173).

O atendimento norte-americano na área psiquiátrica segue a metodologia clássica de "Caso, Grupo e Comunidade", observando propósitos de solução de problemas (linha funcionalista) ou de integração social (linha psicanalítica). Além disso, há a participação do assistente social em planejamento, programas sociais e pesquisa.

Uma diferença no campo teórico nos Estados Unidos em relação ao Brasil é a aplicação da teoria sistêmica moderna na área de família, que ainda não produziu reflexos consubstanciados na literatura nacional em assistência social.[2] Aqui seu aproveitamento tem sido diretamente em terapias de família e vem sendo motivo de debate dos conselhos profissionais sobre a especificidade do Serviço Social. Por outro lado, temos algumas traduções do estrutural-funcionalismo de Ruth Smaley e Florence Hollis publicadas pelo Centro Brasileiro de Cooperação e Intercâmbio de Serviços Sociais (CBCISS), mas que são baseadas em Talcot Parsons e não desenvolveram todo o potencial hoje usado da teoria dos sistemas nos Estados Unidos fundada em Gregory Bateson, Norbert Wiener e Ludwig von Bertallanfy.

Ademais, linhas críticas do Serviço Social nos Estados Unidos não são exportadas para o Brasil, nem temos acesso por traduções ou por assinaturas de periódicos estrangeiros nas bibliotecas universitárias do Rio de Janeiro. Há aqui uma escassez de literatura para a análise das práticas norte-americanas.

2. O Serviço Social no Brasil na área psiquiátrica

O modelo histórico do Serviço Social na área psiquiátrica brasileira é muito diferente da estadunidense. No Brasil, o Serviço Social começou como assistência aos trabalhadores para "amenizar" a relação entre capital e trabalho, através da intervenção nas refrações mais imediatas da "questão social", tais como fábricas, previdência, assistência social (Iamamoto e Carvalho, 1998). O Serviço Social imediatamente entrou na área da Saúde, po-

---

2. O termo "assistência social" é empregado com freqüência, ora se referindo a uma das práticas do assistente social, ora à política pública de Seguridade Social na Constituição, ora como objeto privilegiado de ação para o Serviço Social na conquista de direitos.

rém não constituindo a Psiquiatria como um campo de atuação separado no Serviço Social, em razão também ao pequeno número de assistentes sociais trabalhando exclusivamente com o problema da loucura.

Apesar de a literatura registrar o início do Serviço Social em Saúde Mental no Brasil como sendo em 1946: "No Brasil, a organização de Serviços Sociais Psiquiátricos, iniciados em 1946 (...)" (Sabóia, 1976: 51), nos primeiros trinta anos de existência de Serviço Social no Brasil não havia muitos assistentes sociais trabalhando na área psiquiátrica em clínicas, hospitais ou manicômios simplesmente porque o número desses profissionais era reduzido até os anos 1960 (ainda não ocorrera a "privatização" dos serviços públicos de saúde). Havia hospícios estatais nas principais capitais do Brasil, e às vezes um hospício em algum estado da federação atendendo a grandes áreas do interior. Outra particularidade consistia em que eram voltados para o atendimento à população muito pobre e não à massa dos trabalhadores em geral (Resende, 1990: 48):

- havia poucos hospícios estatais. Eles atendiam um grande número de pacientes, na maioria indigentes ou crônicos abandonados pela família. Trabalhavam poucos assistentes sociais em cada hospício.
- havia hospitais gerais ou psiquiátricos para os trabalhadores e seus dependentes, pertencentes à rede dos institutos de aposentadoria e pensão (os IAPs), sem que os assistentes sociais fossem, necessariamente, especializados em psiquiatria.
- havia poucas clínicas psiquiátricas privadas, que se destinavam ao atendimento às pessoas mais ricas. Não empregavam assistentes sociais (Cerqueira, 1968: 44-46).

Em Saúde Mental as primeiras práticas dos assistentes sociais se deram nos Centros de Orientação Infantil e Centros de Orientação Juvenil (COI/COJ) em 1946, que foi uma experiência importante na conformação do modelo do "Serviço Social Clínico" (Vasconcelos, 2000c: 163 e 184).

Queremos ressaltar que não devemos confundir práticas tradicionais em Serviço Social com o chamado "Serviço Social Psiquiátrico". Por exemplo, o "Serviço Social Clínico", baseado em modelo norte-americano (vide

Araújo, 1982) não é necessariamente prática em estabelecimentos psiquiátricos. O modelo de "Serviço Social Psicossocial" também não pode ser interpretado desse modo, pois se trata de metodologia que tinha aplicação em todas as áreas de atuação do Serviço Social. Modelos de práticas baseados na área "psi" eram comuns no Serviço Social no Brasil até o início dos anos 1970: psicanálise, psicologia do ego, psiquiatria, psicologias dinâmicas, conforme os textos "O movimento de higiene mental e a emergência do Serviço Social no Brasil e no Rio de Janeiro" e "Da hiperpsicologização normatizadora ao recalcamento da subjetividade" (Vasconcelos, 2000a).

Cumpre assinalar que, em termos teóricos, essas práticas iniciais guardam uma distância muito grande em relação ao Serviço Social atual, uma vez que àquela época predominavam abordagens de cunho eugênico e da higiene mental, segundo o artigo "O movimento de higiene mental e a emergência do Serviço Social no Brasil e no Rio de Janeiro" (Vasconcelos, 2000a).

O conjunto de assistentes sociais trabalhando nos hospícios públicos não chegava a constituir uma grande quantidade de profissionais, tal como o "Serviço Social Psiquiátrico" nos Estados Unidos. O número de hospitais dos IAPs também era pequeno. Em 1966, ano da criação do INPS (Instituto Nacional de Previdência Social), eram apenas 28 em todo o Brasil (Teixeira e Oliveira, 1986: 184). Antes das reformas no sistema de saúde pós-1964, o número de clínicas psiquiátricas privadas era pequeno e não há registros que empregassem assistentes sociais. Porém,

> (...) o período que se seguiu ao movimento militar de 1964 foi o marco divisório entre uma assistência eminentemente destinada ao doente mental indigente e uma nova fase a partir da qual se estendeu a cobertura à massa de trabalhadores e seus dependentes. (Resende, 1990: 60).

2.1. A ditadura militar

Após o golpe de Estado de 1964, o governo da ditadura procedeu a reformas no sistema de saúde e previdência, com o discurso da modernização e racionalização, que mudaram o quadro hospitalar brasileiro (Teixeira e Oliveira, 1986; Netto, 1991):

- os hospitais da rede dos IAPs foram incorporados à rede do INPS e perderam qualquer caráter do sindicalismo trabalhista.[3] Continuaram a atender aos trabalhadores e seus dependentes.

- foram criadas várias clínicas psiquiátricas privadas que, através de convênio com o Estado, atendiam também aos trabalhadores e seus dependentes (Amarante, 1994). A princípio não contrataram assistentes sociais.

O número de hospícios no Brasil teve um grande aumento após 1964 com as reformas da saúde e da previdência promovidas pela ditadura militar, com a administração centralizada e com a privatização do atendimento médico. Com a passagem do atendimento psiquiátrico para a rede previdenciária conveniada privada abriram-se várias clínicas psiquiátricas que faziam o atendimento e depois eram pagas pelo INPS. Com isso se multiplicou a possibilidade de empregar assistentes sociais na área de Saúde Mental.

> Na década de 60, com a unificação dos institutos de aposentadoria e pensões, é criado o Instituto Nacional de Previdência Social (INPS). O Estado passa a comprar serviços psiquiátricos do setor privado e, ao ser privatizada grande parte da economia, o Estado concilia no setor saúde pressões sociais com interesse de lucro por parte dos empresários. A doença mental torna-se definitivamente objeto de lucro, uma mercadoria. Ocorre sim, um enorme aumento do número de vagas e de internações em hospitais psiquiátricos privados, principalmente nos grandes centros urbanos. Chega-se ao ponto de a Previdência Social destinar 97% do total de recursos da saúde mental para as internações na rede hospitalar. (Amarante, 1994: 79)

A inserção efetiva do Serviço Social em hospitais psiquiátricos se deu por força de exigências do INPS nos anos 1970:

> (...) é a partir de 1973 — quando o MPAS [sic][4] enfatizava a importância da equipe interprofissional para a prestação de assistência ao doente mental,

---

3. É bom assinalar que a presença de representantes dos sindicatos de trabalhadores na previdência social daquela época é polêmica em sua conotação realmente trabalhista.

4. O Ministério da Previdência e Assistência Social (MPAS), foi criado ainda em 1974.

numa de suas tentativas de melhorá-la — que se abriu um maior espaço para o Serviço Social nas Instituições Psiquiátricas. (Souza, 1986: 118)

Com o planejamento centralizado da saúde pelo Estado foi possível se estabelecer normas (e haver a fiscalização de cumprimento da norma), como a de que todo estabelecimento psiquiátrico que cobrasse do INPS tivesse que ter assistentes sociais. Portanto, só nos anos 1970 se iniciou uma atuação quantitativamente expressiva em termos de número de assistentes sociais na área psiquiátrica.

> Durante os anos 70, a influência da psiquiatria preventiva norte-americana, bem como o papel mais ativo de organizações internacionais, tais como a Organização Mundial de Saúde (OMS) e sua subsidiária Organização Pan-Americana de Saúde (OPAS), tiveram forte repercussão dentro do campo da saúde pública e da militância entre os médicos e profissionais de saúde no Brasil. Apesar do regime autoritário na década de 70, algumas tentativas de reorganização do setor psiquiátrico foram feitas, como a portaria do INAMPS de 1973, exigindo, entre outras coisas, o aumento do número de profissionais nos hospitais, incluindo as assistentes sociais. (Vasconcelos, 2000c: 192)

A demanda manifesta de Serviço Social não foi por parte dos empregadores, nem dos usuários (embora houvesse outras demandas, conforme mostraremos adiante). Os hospitais psiquiátricos passaram a contratar um assistente social para cumprir a regulamentação do Ministério, pagando o mínimo possível como salário e sem incumbi-lo de funções definidas. Quando, pela resolução do INPS, a quantidade de pacientes exigia a contratação de mais de um assistente social, a contratação era em nível precário, em geral, por poucas horas diárias e contrato provisório, quando não era só para constar, e nenhum trabalho era efetivamente feito, tipo "emprego-fantasma" (Souza, 1986: 117-118).

Mas por que o INPS obrigou as clínicas psiquiátricas conveniadas a contratarem assistentes sociais? Só para copiar modelos norte-americanos ou tinham outro propósito? Será que foi para melhorar a assistência ao portador de problemas psiquiátricos através do trabalho de equipes multiprofissionais? Foi para racionalizar a assistência diminuindo custos? Foi por influência de uma nova visão da loucura que incorpora o social? Ou foi para tentar controlar as contradições no sistema manicomial?

É claro que a resposta a tais questões é múltipla. Sem dúvida, várias determinações contribuíram para essa resolução do INPS, constituindo-se num fato sobredeterminado. Mas, se analisarmos buscando a resposta decisiva, inclinamo-nos à última hipótese. O grande problema para o governo da ditadura militar nos hospícios no fim dos anos 1960 não era a loucura (esta era controlada pela psiquiatria, pelos psicotrópicos e pelo aparato asilar). Era a pobreza, o abandono, a miséria, que saltavam à vista e que geravam contestações da sociedade, principalmente após a incorporação do atendimento aos trabalhadores e seus dependentes na rede previdenciária de assistência mental. O assistente social veio para "viabilizar" o sistema manicomial no seu ponto mais problemático. O Serviço Social foi demandado pelo Estado ditatorial como executor terminal de políticas sociais na área de Saúde Mental, repetindo sua contradição histórica, de uma demanda pelas elites para atender aos "necessitados". Esse aspecto das políticas sociais em Saúde Mental é reconhecido pelos próprios autores de psiquiatria:

> Preservar, manter e adestrar a força de trabalho (e indiretamente o próprio processo produtivo), bem como atenuar os aspectos disfuncionais inerentes ao desenvolvimento capitalista (...) são estas essencialmente as funções das políticas sociais no capitalismo moderno e sem o recurso às quais o Estado se veria a braços com uma crise de legitimidade e perderia suas bases de apoio. (Resende, 1990: 60)

Mas, para não colocar essa questão de forma determinística e monolítica, vamos enxergar o lado favorável da medida: deve-se registrar que a essa época já havia psiquiatras com visão social de esquerda trabalhando na elaboração das políticas públicas dentro do Estado (mesmo no governo da ditadura militar). Eles reforçaram a concepção de atendimento mais humano nos aparatos assistenciais através de equipes multiprofissionais. Esses técnicos engajados nas lutas sociais ajudaram na formulação e implantação das portarias de cunho inovador do Ministério da Previdência e Assistência Social que aumentavam o número de profissionais necessários para o atendimento por grupos de pacientes ou número de leitos. O Serviço Social entrou objetivando as novas visões em Saúde Mental: atenção ao contexto familiar e social; universalidade da loucura; prevenção primária e comunitária (Souza, 1986: 31). Atendia também às indicações do modelo da psiquiatria preventivista, em voga nos Estados Unidos nos anos 1960.

A entrada de assistentes sociais no sistema de Saúde Mental obedece à mesma lógica que modificou o quadro de atuação do Serviço Social como um todo no Brasil após 1964: a modernização conservadora dos aparatos de Estado, com oferta de serviços médicos e assistenciais estendidos aos trabalhadores, a centralização do controle desses serviços através da unificação dos diversos institutos e caixas de previdência das diferentes categorias profissionais, visando desmobilizar as categorias mais combativas pela uniformização dos serviços, buscando legitimação para a ditadura militar, instalando o capitalismo monopolista dependente e os métodos de gerencialidade nos serviços públicos (e não apenas nos processos industriais de então, pois a lógica do desenvolvimento industrial do Brasil, visado pela ditadura, foi estendida para a área da Saúde).

> É esse mercado de trabalho que o desenvolvimento capitalista operado sob o comando do grande capital e do Estado autocrático burguês a ele funcional redimensiona e consolida nacionalmente. (...) O tradicional grande empregador dos assistentes sociais reformula substantivamente, a partir de 1966-1967, as estruturas onde se inseriam aqueles profissionais — na abertura de uma série de reformas que, atingindo primeiramente o sistema previdenciário, haveria de alterar de cima a baixo o conjunto de instituições e aparatos governamentais através dos quais se interfere na "questão social". (Netto, 1991: 120)

Marilda Iamamoto e Raul de Carvalho se expressaram de forma semelhante:

> Em outros termos, a ampliação do mercado de trabalho e o reforço da legitimidade do Serviço Social é expressão da resposta das classes dominantes ao enfrentamento das novas formas de expressão da questão social, que tem

como pano de fundo a ampliação do processo de pauperização da população trabalhadora (Iamamoto e Carvalho, 1988: 370)

As necessidades de racionalização da Previdência Social para tentar minorar as contradições do sistema de Saúde Mental se devem: a haver grande número de operários caindo em crise mental, como provável expressão das péssimas condições de trabalho durante a fase de expansão capitalista; a muitos trabalhadores recorrerem ao recebimento de pensões, aposentadorias e auxílios previdenciários por motivo de padecimento mental para fugir ao agravamento do desemprego; ao abuso das clínicas privadas credenciadas nos gastos com internações duvidosas.

Fazendo uma analogia, é possível analisar que o governo da ditadura militar tentou repetir a história, usando o Serviço Social em Saúde Mental nos anos 1970, tal qual o Estado, o empresariado e a Igreja, que, aliados, nas décadas de 1930 e 1940, implantaram o Serviço Social no Brasil visando, aspectos econômicos, políticos e ideológicos, ou seja, facilitar a acumulação capitalista, controlar os trabalhadores e legitimar o modelo social. E, com o fim do "milagre brasileiro", após 1974, o setor Saúde se tornou essencial para legitimar o estado autoritário, e particularmente o setor Saúde Mental quando o atendimento se estendeu aos trabalhadores e seus familiares modelado pelo Estado (Souza, 1986: 30).

Porém, os interesses econômicos, políticos e ideológicos da ditadura brasileira eram conflitantes. Fomentar a acumulação capitalista entrava em choque com os altos custos da Previdência Social, que já adotava medidas de "racionalidade, eficácia e saneamento financeiro" desde os anos 1960 (Teixeira e Oliveira, 1986: 197). Atender a novos modelos impostos pelo Primeiro Mundo por sua política desenvolvimentista (que eram relativamente democratizadores da assistência psiquiátrica) destoava das práticas de internação que favoreciam os donos de clínicas e propiciava a contenção dos trabalhadores "problemáticos".

Uma incoerência que merece ser destacada é que a assistência médica no Brasil, via Previdência Social, não se mostrava nada eficiente, uma vez que o agravamento da situação apresentada ocorria exatamente no momento em que se aumentava o volume de prestação de assistência médica no país. (Souza, 1986: 31)

Muitas críticas à prestação de serviços médicos ao trabalhador pelo sistema previdenciário foram expressas através de reclamações de sindicatos e suas federações (Teixeira e Oliveira, 1986: 232).

Concluindo, o Serviço Social entrou na Saúde Mental como mais uma das medidas racionalizadoras do sistema saúde-previdência. Para ilustrar, em 1974 foi criada a DATAPREV, Empresa de Processamento de Dados da Previdência Social, para através da informática chegar a objetivos semelhantes: racionalização institucional, controle de custos organizacionais, controle dos atores sociais, aparência de modernização, imitação de modelos do Primeiro Mundo, controle da internação indiscriminada entre outros.

2.2. A questão metodológica

Concomitantemente, nos anos 1970, no Brasil, o Serviço Social vivia o Movimento de Reconceituação. A repercussão disso foi que as metodologias clássicas em Serviço Social no campo da Saúde Mental foram contestadas pela psiquiatrização dos problemas sociais e por seu viés psicologizante (Netto, 1992).

As práticas de assistência social na psiquiatria encontraram imediatamente dificuldades de articulação entre as novas teorias em Serviço Social e a consecução de seu exercício. Os paradigmas em Serviço Social que tentavam orientar a prática nos anos 1970 não conseguiram estabelecer uma metodologia de atuação em Saúde Mental. Por exemplo, no marxismo houve dificuldades de aplicação na prática, pois as políticas sociais são orientadas para um Estado capitalista e o objetivo das instituições é conflitante com a teleologia de uma teoria transformadora da realidade social. Havia profissionais engajados, mas o próprio marxismo absorvido pela Reconceituação tinha dificuldades de abordar as questões da subjetividade na atenção ao sujeito singular. Por outro lado, a Psicanálise, importada dos modelos norte-americanos,[5]

---

5. Cf. Hamilton (1987) e Konopka (1983).

também não solucionou a questão metodológica, pois a atuação do Serviço Social no Brasil se defronta com a extrema pobreza da população usuária como reflexo da relação capital/trabalho, que não é satisfatoriamente teorizada pela psicanálise.[6]

Também as metodologias de duas vertentes distintas, o desenvolvimentismo e a fenomenologia, respectivamente, a "perspectiva modernizadora" e a "reatualização do conservadorismo", que participavam do Movimento de Reconceituação da América Latina, continham conteúdos psicossociais e aspectos da psicanálise que não propunham soluções adequadas à dimensão de classes sociais contida no problema da loucura, que o enfoque da perspectiva de "intenção de ruptura" propunha como encaminhamento central no Serviço Social (Netto, 1991). Na maioria dos casos o fator determinante de internação é mais social que psíquico (Souza, 1986: 54).

Mas, mesmo assim, um claro indício de que o Movimento de Reconceituação criticou a atuação do Serviço Social em Saúde Mental é que os Trabalhos de Conclusão de Curso (TCCs) de graduação em Serviço Social escritos sobre a prática em estágios na área mostram (de acordo com a pesquisa "Saúde Mental, desinstitucionalização e abordagens psicossociais", do professor Eduardo Mourão Vasconcelos, na Escola de Serviço Social da UFRJ) que o uso do Serviço Social tradicional declinou, pois as citações bibliográficas a esses autores diminuíram (Gordon Hamilton, Annette Garrett, entre outros eram prevalentes até os anos 1970) e foram substituídas por Marilda Iamamoto e José Paulo Netto, por exemplo, nos anos 1990.[7] O problema é que, em grande parte, a bibliografia tradicional de base psicossocial não foi substituída por livros de Serviço Social e Saúde

---

6. As opções correntes disponíveis em psiquiatria e Saúde Mental nos anos 1970 também tinham suas limitações: a antipsiquiatria, a Análise Institucional nascente no Brasil, a corrente italiana se formando, entre outras.

7. Segundo a pesquisa de Eduardo Vasconcelos, nos TCCs, até a década de 1970, predominavam referências a livros de Serviço Social em relação a livros da área de psiquiatria, e os livros de Serviço Social eram de autores estrangeiros. Os anos 1980 representaram uma transição em que essa relação se inverteu. Finalmente, na década de 1990, os TCCs apresentam uma predominância de referências bibliográficas a livros de Saúde Mental e poucas referências a livros de Serviço Social, mas estes últimos são de autores brasileiros da linha marxista e não mais do Serviço Social clássico (Vasconcelos, 2000c: 208).

Mental, mas por livros de autores da psiquiatria social institucionalista (Franco Basaglia, Michel Foucault, dentre outros). A questão é que os livros de Serviço Social e Saúde Mental dentro do novo contexto pouco existiram: o único livro publicado (em 1983), *Saúde Mental & Trabalho Social*, de Lúcia Gonçalves, não é mais editado, está fora de catálogo. Esse livro, como é antigo, não incorpora os debates atuais do Serviço Social e da Saúde Mental no Brasil, como o projeto ético-político e a reabilitação psicossocial, respectivamente (desenvolveremos mais o assunto sobre as publicações a seguir).

As críticas mais contundentes à psicologização das relações sociais provieram das tendências marxistas da Reconceituação. Porém, é complicada a interlocução do marxismo com a "psiquiatria ocidental"[8] tradicional, há uma distância teórica entre esses saberes (Corrigan e Leonard, 1979: 101-115). Em Serviço Social no Brasil não foi dada ênfase ao avanço de pesquisas no campo da Saúde Mental durante o Movimento de Reconceituação e na fase seguinte, o Debate Contemporâneo, em parte pelo predomínio do marxismo nas principais escolas de Serviço Social do Brasil que tinham pós-graduação e pesquisa. Nesses locais a ênfase em pesquisa foi, por exemplo, em movimentos sociais, políticas sociais ou o estatuto profissional, que eram aspectos de sua pauta principal.

Dessas considerações podemos supor que: a) não há tanto acúmulo de debate em Serviço Social e Saúde Mental no Brasil, pois a entrada maciça nessa área se deu de forma tardia (nos anos 1970), tendo a profissão, em grande parte, rejeitado o debate anterior; b) para a construção de uma prática ligada à "intenção de ruptura" teriam sido necessárias mais pesquisas, isto é, fazer a análise crítica das políticas sociais do capitalismo no Brasil também no campo da Saúde Mental e realizar o aprofundamento das relações entre a dinâmica da sociedade de classes, a loucura e a subjetividade.

Chegaremos nos anos 1990, em que uma nova onda de contratações de assistentes sociais se efetivou (como veremos adiante), sem que se tivesse acumulado um lastro de conhecimentos em Serviço Social e Saúde Mental para pautar a atuação profissional.

---

8. Expressão usada por Paul Corrigan e Peter Leonard para excluir a psiquiatria soviética, a Reflexologia de Pavlov.

2.3. Pós-reconceituação e reforma psiquiátrica

Nos anos 1980, fenômenos novos vieram se adicionar ao desenrolar da relação entre Serviço Social e Saúde Mental.

O debate da pós-Reconceituação veio esclarecer a gênese do Serviço Social através da análise crítica de sua história no Brasil (Iamamoto e Carvalho, 1988). Também a atuação de assistentes sociais em organizações institucionais foi debatida por contribuições de correntes da Análise Institucional mais sociológicas (Weisshaupt, 1988; Faleiros, 1991; Serra, 1987).

Ao mesmo tempo, em Saúde Mental, tomou força o Movimento de Reforma Psiquiátrica, com propostas alternativas de esquerda, com amplas preocupações sociais (Bezerra Jr., 1994). Havia na Reforma a presença de matrizes teóricas do Movimento Institucionalista[9] (Baremblitt, 1992). Esse Movimento traz uma nova relação entre o marxismo e a psiquiatria que faz avançar a metodologia para a prática psiquiátrica ocidental reformada, conforme discutiremos no Capítulo IV.

A conjuntura do Movimento de Reforma Psiquiátrica introduz novas variáveis que afetam o Serviço Social. Na linha da desinstitucionalização, as instituições psiquiátricas precisam ser analisadas coletivamente (essa é a proposta: as instituições devem ser colocadas em xeque), urgem ser postas em autocrítica e auto-avaliação (Basaglia, 1991). Isto combina com a perspectiva do Serviço Social baseada na práxis e com as correntes baseadas na Análise Institucional. Do mesmo modo, pela Reforma, a psiquiatria deve abrir espaço para outros saberes e poderes (embora, contraditoriamente, a psiquiatria não queira perder seu status social, seu privilégio institucional e sua superioridade hierárquica nas organizações).

Cabe esclarecer que convivem, desde então, nas instituições de assistência psiquiátrica, várias correntes teórico-práticas sobre Saúde Mental (Amarante, 1996; Bezerra Jr., 1992; Teixeira, 1997). Já havia ligações entre o sanitarismo e o marxismo "gramsciano" (Teixeira, 1989). Para fins de arti-

---

9. Aqui estamos nos referindo a todas as matrizes teóricas que, ao ressaltar a relevância das instituições para a análise social, colocam-nas em crítica e demonstram a importância de transformá-las para o avanço da democracia na sociedade. Nesse sentido, o Movimento Institucionalista é mais amplo que as correntes de Análise Institucional em Serviço Social.

culação da corrente marxista do Serviço Social com as tendências mais progressistas do Movimento de Reforma Psiquiátrica, interessam-nos as correntes ligadas ao Movimento Institucionalista, pois elas têm em comum uma crítica à alienação a que o louco é submetido pelas instituições. São a psiquiatria democrática italiana, a psicoterapia institucional, a socioanálise, a antipsiquiatria e a psiquiatria materialista (Kamkhagi e Saidon, 1987; Rodrigues et al., 1992 e Baremblitt, 1992). Reconhecer o caráter desapropriador das instituições coincide com a Análise Institucional mais freqüente no Serviço Social, baseada em Michel Foucault, Guilhon Albuquerque, René Lourau e Georges Lapassade (conforme Bisneto, 1996).

É necessário abrir um parênteses de um parágrafo para estabelecer uma distinção fundamental no seio da psiquiatria atual. Neste livro, a atuação do Serviço Social está sendo analisada em todos os tipos de instituição psiquiátrica em que se dá sua prática, mas levamos em consideração que há uma variação na concepção de Saúde Mental nos estabelecimentos, dependendo do viés teórico que a paute e dos atores sociais concretos que assumem o trabalho psiquiátrico. *Psiquiatria tradicional, velha Psiquiatria, Psiquiatria clássica* são designações dadas para a tradição que remonta a Kraepelin, por Paulo Amarante (1996). Porém, existe um conjunto de instituições de assistência psiquiátrica que são inspiradas tipicamente no Movimento de Reforma Psiquiátrica: são os chamados serviços psiquiátricos alternativos, como os Centros de Atenção Psicossocial (CAPS). Mas a maioria das instituições mescla serviços tidos como tradicionais com serviços renovados. O importante é que nas instituições em que há uma presença em alguma medida do Movimento de Reforma Psiquiátrica, há concepções psiquiátricas em que a ênfase à dimensão social e política dos problemas mentais é respeitada, propiciando a possibilidade de uma direção emancipadora para o campo da Saúde Mental e do Serviço Social. Portanto, *a diferença que queremos estabelecer é entre uma psiquiatria tipo problema-solução, com ênfase na causalidade linear da loucura (psiquiatria tradicional), e uma psiquiatria que vive dialeticamente as contradições da realidade, que recusa as soluções puramente técnicas do problema mental, e que tem de ser política, principalmente as correntes psiquiátricas que põem em xeque as próprias instituições manicomiais, a desapropriação e a violência perpetrada por elas. Essas linhas psiquiátricas podem ser chamadas de Psiquiatria renovada, de psiquiatria reformada, de nova psiquia-*

tria ou de psiquiatria da desinstitucionalização. Em nossa pesquisa, porém, verificamos que diversos estabelecimentos psiquiátricos mesclam serviços tradicionais com serviços renovados e, para além disso, os vários atores dentro das instituições também têm posicionamento teórico variado, produzindo um conjunto contraditório e tenso na prática multiprofissional psiquiátrica.

As raízes do Movimento de Reforma Psiquiátrica no Brasil encontram-se no exterior. Uma contextualização histórica dos processos de desinstitucionalização psiquiátrica nos mostra que as condições no pós-Segunda Grande Guerra na Europa — escassez de força de trabalho e esforço reabilitativo; conjuntura de reconhecimento e afirmação de direitos civis; desenvolvimento de serviços sociais públicos; introdução de abordagens psicológicas e comunitárias; conduzem a uma reforma na assistência (Vasconcelos, 1992a: 42-46). Mavi Rodrigues, resumindo esse processo, atribui como algumas das causas políticas e econômicas do Movimento de Reforma Psiquiátrica na Europa, a emergência do Keynesianismo e a posterior crise do Estado de Bem-Estar, ambas conformando as características históricas deste movimento em suas respectivas épocas (Rodrigues, 1996: 16).

Alguns marcos, em termos de idéias e teorias institucionalistas, que vão ser importantes para a condução desta linha de raciocínio, são: em 1961, dois livros de peso foram publicados na França e nos Estados Unidos, respectivamente *História da loucura*, de Michel Foucault, e *Manicômio, prisões e conventos*, de Erving Goffman. Estes livros já seguiam uma tendência crítica à psiquiatria tradicional representada, por exemplo, por Thomas Szasz nos Estados Unidos e François Tosquelles na França. Foucault evidenciou o caráter histórico da "doença mental" e da Psiquiatria, enquanto Goffman demonstrou o caráter totalitário dos estabelecimentos psiquiátricos.

Nessa mesma década de 1960, além de autores como Robert Castel, entre outros movimentos de questionamento à psiquiatria tradicional, destacamos como raízes institucionalistas importantes do futuro do Movimento de Reforma Psiquiátrica no Brasil: a psiquiatria Democrática na Itália, as psicologias institucionais na França e a antipsiquiatria na Inglaterra. *Um fato que lhes é comum — e que mais tarde será retomado neste livro — é a colocação da questão da loucura em bases sociais, históricas, políticas e institucionais, numa perspectiva das lutas de esquerda nos seus países: todas estas correntes têm um sustentáculo teórico nas tradições marxistas européias.*[10]

Nos anos 1970, percebemos ter expressão significativa por parte dessas correntes européias "psi" no cenário da assistência psiquiátrica, principalmente no Sudeste do Brasil. Contribuíram para isso o desenvolvimento acadêmico e profissional da psicologia no Brasil, o retorno de pós-graduandos da Europa e a imigração de psiquiatras marxistas argentinos pela perseguição impetrada pela ditadura militar naquele país. Essas correntes européias encontraram no momento econômico, político e ideológico da sociedade brasileira um terreno propício para sua disseminação: as reformas econômicas na Saúde e na Previdência, iniciadas nos anos 1960 em decorrência das reformas institucionais ditadas pelo regime de exceção do golpe de Estado de 1º de abril de 1964; as lutas contra a ditadura militar, que uniam segmentos diversos das classes médias brasileiras; a contracultura que grassava entre os intelectuais e se expressava na luta pelos direitos das mulheres, negros, homossexuais e várias divergências sociais, nos quais também se incluía o direito de ser diferente sem ser classificado como doente mental.

No Brasil, nos anos 1970, os militantes das várias correntes de psiquiatrias e psicologias alternativas se reuniram no Movimento dos Trabalhadores de Saúde Mental e organizaram congressos em níveis regionais e até nacionais, dos quais, na década de 1980, se originou o que chamamos de Movimento de Reforma Psiquiátrica (Amarante, 1995; "Breve periodi-

---

10. Tais pontos de vista sociais e marxistas serão itens que iremos enfatizar na articulação do Movimento de Reforma Psiquiátrica com o projeto ético-político do Serviço Social no Brasil: o projeto consolidado nos anos 1990 por sua expressão no Regulamento Profissional, no Código de Ética do Serviço Social, nos currículos de formação universitária e na direção dos conselhos profissionais federal e regionais tem como eixos fundamentais: a defesa dos valores da liberdade, autonomia, democracia, cidadania; uma profissionalidade baseada na análise crítica da realidade social, na competência e aprimoramento intelectual do assistente social, no compromisso com a qualidade dos serviços prestados à população; na articulação de sua prática através de alianças com outras categorias profissionais e segmentos da sociedade que se solidarizam com a luta geral dos trabalhadores. Nesse sentido, o projeto ético-político se desenvolveu sintonizado com os movimentos progressistas da sociedade brasileira desde as décadas 1970/1980, antagônico ao projeto das classes possuidoras e exploradoras, e aponta para o combate, atualmente, ao neoliberalismo (Netto, 1999).

zação histórica do processo de reforma psiquiátrica no Brasil recente", in Vasconcelos, 2000c). O Projeto de Lei de 1989 do deputado Paulo Delgado, do Partido dos Trabalhadores (PT) de Minas Gerais, que dispõe sobre a substituição progressiva dos manicômios por serviços psiquiátricos alternativos, é um marco histórico da luta antimanicomial, do movimento de desinstitucionalização da Psiquiatria tradicional.

O Movimento de Reforma Psiquiátrica perdura até hoje, bem mais matizado que nos seus primórdios, contextualizado de forma diferente, mas mantém sua expressividade e importância crescente no panorama da Saúde Mental nacional.

A ditadura militar acabou e foi substituída pelo pensamento único do neoliberalismo. A contracultura está sufocada pelo consumismo dos mercados globalizados, pelo individualismo excessivo do "yuppismo". E a economia de mercado acha-se amarrada pelo capitalismo monopolista, expressão mais atual da sociedade burguesa.

Das correntes teóricas do Movimento de Reforma Psiquiátrica brasileira, algumas foram eclipsadas (a antipsiquiatria, por exemplo), outras receberam aportes teóricos novos, como a psiquiatria renovada ou reinventada de Paulo Amarante (1996). O Movimento de Reforma Psiquiátrica convive com o crescimento de outros paradigmas no Brasil, como as teorias de cunho sistêmico de Gregory Bateson. Em suma, seria um trabalho de fôlego mapear todas as contribuições teóricas que convivem hoje no Brasil no contexto da Saúde Mental.

O que ressaltamos é que ainda estão presentes as correntes que pensam a loucura como fenômeno social, político, histórico e institucional pela perspectiva crítica e dialética. Cremos que é através dessas portas que se pode encontrar a expressão metodológica do Serviço Social atual no Brasil em Saúde Mental. O Movimento de Reforma Psiquiátrica entre nós ainda carrega teorias que sustentam aspectos institucionalistas ou marxistas: o debate da mediação institucional na prática psiquiátrica, tanto no sentido da discussão da legitimidade de seus fins, quanto da prática em estabelecimentos; que as práticas psiquiátricas não podem ser analisadas tão-somente pelo enfoque de um saber científico, mas também pelos seus efeitos políticos e interesses econômicos; e que a luta social embutida no fenômeno da loucura também é uma contrafação das lutas de classes e expressão da dinâmica do capitalismo.

De modo que o Movimento de Reforma Psiquiátrica apresenta pontos que tocam o momento atual do Serviço Social:

- o debate em torno da transformação progressista das organizações institucionais psiquiátricas e de assistência social;
- a ênfase no aspecto político da assistência social e da assistência psiquiátrica;
- a necessidade da interdisciplinaridade e de ultrapassar os limites entre os saberes;
- a necessidade de democratizar as relações de poder entre técnicos e usuários.

No início dos anos 1990 as conquistas do Movimento de Reforma Psiquiátrica permitiram a expansão de serviços psiquiátricos alternativos através da contratação ou financiamento de atendimentos não-manicomiais.

> Em 1991, a Coordenação de Saúde Mental do Ministério da Saúde inicia um processo de reestruturação da assistência em saúde mental, implementando o financiamento de uma rede de assistência extra-hospitalar, ainda embrionária, apoiando a abertura de leitos psiquiátricos em hospitais gerais, e, paralelamente, instituindo regras mais rígidas para o funcionamento dos serviços hospitalares psiquiátricos. (Schechtman et al., 1997: 2)

Tais serviços alternativos puderam se tornar atrativos também para alguns empresários do setor de Saúde Mental porque têm uma tabela de ressarcimento pelo Sistema Único de Saúde (SUS), em alguns casos mais vantajosa em relação à internação do paciente, garantida por portarias ministeriais:

> Portaria 321 — diferencia os valores dos diferentes procedimentos, privilegiando os serviços não asilares (...) calcado principalmente numa planilha de pagamentos diferenciada (para os serviços "extra-hospitalares", tendo estes últimos maior valor de remuneração). (Waskman, 1998: 47; destaque no original)

Desde o fim dos anos 1990 já existem no Sudeste do Brasil vários serviços alternativos: Centro de Atenção Diária (CAD); Centro de Atividades Integradas em Saúde Mental (CAIS); Centro de Atenção Psicossocial (CAPS); Núcleo de Atenção Psicossocial (NAPS); hospital-dia; oficinas terapêuticas; clubes de convivência; moradia assistida; dentre outros.

Esses serviços necessitam da participação do Serviço Social em proporção maior do que na internação, o que está permitindo o emprego, desde os anos 1990, de assistentes sociais em Saúde Mental, numa espécie de nova "onda" de contratações similar à produzida nos anos 1970 pelas resoluções do Instituto Nacional de Previdência Social (INPS). Analogamente, na década de 1990 foram emitidas duas portarias ministeriais, a de nº 189, de 19/11/1991, e a de nº 224, de 29/1/1992, do Ministério da Saúde, que representavam "o aumento na quantidade dos recursos humanos e o aumento das diferentes categorias profissionais incorporados aos serviços" (Waskman, 1998: 47).

Em outras palavras, sob esse ponto de vista, o Movimento de Reforma Psiquiátrica vem trazer uma abertura muito grande para a atuação do Serviço Social em Saúde Mental, devido à formação social e política dos assistentes sociais. Porém, deparamo-nos com duas grandes restrições: a) os assistentes sociais não são capacitados pela formação universitária para *entender a loucura na sua expressão de totalidade histórica, social e política*; b) a psiquiatria reformada quer abrir o campo para o "social", mas o movimento de renovação é heterogêneo dentro da categoria e *nem todos psiquiatras visam rever os mandatos sociais e sua hegemonia no espaço profissional*. O reflexo dessas restrições interfere na prática cotidiana do Serviço Social em estabelecimentos psiquiátricos, como esclareceremos no capítulo III. E na busca de soluções, já adiantamos que, no capítulo IV, proporemos melhorar a formação dos assistentes sociais por meio de disciplinas institucionalistas e o engajamento nos movimentos sociais por uma reforma psiquiátrica realmente democrática.

2.4. Reforma sanitária

É necessário assinalar também mais um aspecto histórico no Brasil que converge para a ampliação do número de assistentes sociais na Saúde

Mental nos anos 1990. Trata-se do Movimento Sanitarista, iniciado nos anos 1970 por médicos e lideranças políticas do setor saúde (Simionatto, 1997: 16). Esse movimento resultou no que chamamos de Reforma Sanitária Brasileira. Consta de avanços democráticos na área da Saúde expressos na Constituição Brasileira de 1988 que postulou a criação do Sistema Único de Saúde. Este determina a universalidade da assistência à saúde como direito do cidadão e dever do Estado, além da descentralização da organização do sistema de saúde, com o repasse para os municípios das ações e serviços locais.

Com a implantação gradativa do SUS, no início dos anos 1990, a saúde se reafirma como o maior campo de trabalho do Serviço Social:

> Desde 1990, com a aprovação da Lei 8.080 — que institucionalizou o Sistema Único de Saúde (SUS) e ampliou o conceito de saúde para além de sua dimensão curativa — os assistentes sociais tornaram-se protagonistas nesse processo. (...) Hoje a Saúde emprega boa parte dos 56 mil assistentes sociais existentes no Brasil, constituindo-se assim em seu principal mercado de trabalho. (Abreu, 1999: 36)

Além disso, os assistentes sociais estão entre os profissionais universitários de maior número em atuação na saúde: "os assistentes sociais são a quarta categoria de nível superior na composição das equipes de saúde, 'perdendo' apenas para os médicos, dentistas e enfermeiros" (Costa, 2000: 36; grifos no original). As cidades estão integrando a assistência psiquiátrica à rede de atenção básica de saúde em nível municipal, criando programas específicos de Saúde Mental: unidades básicas, centros de saúde, ambulatórios — o que veio a se constituir em mais uma fonte de demanda empregatícia para o Serviço Social em Saúde Mental a partir dos anos 1990.

Apesar de autores como Paulo Amarante ressaltarem a autonomia do Movimento de Reforma Psiquiátrica em relação ao Movimento Sanitarista (pela passagem da Saúde Mental de uma trajetória sanitarista para a trajetória da desinstitucionalização), cremos haver ligações da Saúde Mental com as políticas sociais da saúde em geral no Brasil (da mesma forma, não devemos dissociar o Serviço Social em Saúde Mental dos movimentos do Serviço Social de forma geral). Isso se reflete em uma política de saúde com recuos e avanços, de modo que, apesar das conquistas, precisamos continuar criticando os aspectos do neoliberalismo, do privatismo, da ênfase apenas medicamentosa, da predominância da orientação exclusivamente clínica, dentre outros.

2.5. Análise institucional no Serviço Social

O Movimento de Reconceituação na América Latina lançou uma série de críticas à atuação tradicional do Serviço Social, dentre elas a de que a própria assistência social contribuía para a reprodução da opressão de um sistema de classes, uma vez que viabilizava a manutenção das desigualdades por meio da execução de políticas sociais que apenas administravam os conflitos sociais sem resolvê-los de fato. No bojo dessas constatações se inserem as críticas de que as entidades de assistência social, bem como outras organizações institucionais em que o Serviço Social atua, colaboram para a consolidação do regime burguês (baseado numa apreensão muito particularizada dos conceitos de aparelhos ideológicos de Estado e aparelho "repressivo" do Estado de Louis Althusser, do marxismo estruturalista francês). Esse dilema foi em parte superado pelo debate posterior, que reconheceu serem as políticas sociais e as instituições reflexos da relação de forças entre as classes sociais e formulou propostas para o Serviço Social atender melhor os trabalhadores, mesmo na vigência dessa contradição.

O processo de renovação do Serviço Social no Brasil na época da pós-Reconceituação contou com críticas advindas dos movimentos institucionalistas de diferentes matizes para alimentar o chamado Debate Contemporâneo, em que a análise da atuação de assistentes sociais em instituições estava na ordem do dia.

Autores que tratam do Serviço Social em suas obras, como Jean Robert Weisshaupt, Vicente Faleiros, Rose Mary Souza Serra, Maria Luiza de Souza, a partir de 1979 lançaram livros e artigos introduzindo as idéias de Michel Foucault, Guilhon Albuquerque, René Lourau, Georges Lapassade (entre outros menos citados em publicações) com o intuito de debater questões importantes, tais como: a questão do poder no local de trabalho, que incide sobre os usuários e sobre o próprio assistente social; o questionamento do Serviço Social como instituição, decorrente das avaliações críticas feitas no Movimento de Reconceituação; a possibilidade da transformação das instituições no sentido da democratização para a população; as metodologias de práticas em organizações institucionais.

Cabe ressaltar, porém, que a Análise Institucional nunca foi tida no Serviço Social como um paradigma a mais. Houve contribuições de várias linhas do Movimento Institucionalista que foram identificadas explicitamente com o marxismo no Serviço Social, ou pelo menos como expressões das teorias de esquerda que podiam contribuir para uma solução progressista da luta de classes (Bisneto, 1999a).

A herança legada por esse debate acentua a idéia geralmente aceita no Serviço Social atual de que as organizações institucionais também são palco de lutas profissionais para conquistas de alianças democráticas para as classes que vivem do próprio trabalho. Para tal é necessário transformar as organizações institucionais e a assistência social no sentido de propiciar melhor atendimento aos usuários identificados com as classes populares. A Análise Institucional incorporada ao Serviço Social não é contra as instituições em si, e sim a favor de transformá-las processualmente para atender a um projeto político democrático e popular.

Tanto o Serviço Social contemporâneo quanto a psiquiatria do Movimento de Reforma Psiquiátrica têm influências do Movimento Institucionalista e do Sanitarismo (Bravo, 1996). Além disso, o Movimento de Luta Antimanicomial propiciou uma concepção e prática em Saúde Mental mais politizada, bem como a contratação de mais assistentes sociais. O Movimento de Reforma Psiquiátrica veio propor novos encaminhamentos metodológicos, com a possibilidade de o assistente social intervir de forma efetiva nas refrações da "questão social" na área de Saúde Mental. Um dos problemas, de ordem metodológica, é que o Serviço Social não incorporou no seu ensino as correntes da Análise Institucional que fazem a mediação entre os temas básicos em Saúde Mental e a discussão da sociedade de classes. No capítulo IV retomamos essa mediação, com a articulação entre os objetos do Serviço Social e da prática psiquiátrica, através da Análise Institucional.

2.6. Neoliberalismo e saúde mental

O mundo está passando por uma situação que não encontra similar na história da humanidade. No Brasil há a conjunção de quatro fatores sociais, de forma inédita: o capitalismo monopolista, a globalização financeira e mercantilista, o neoliberalismo e a reestruturação produtiva. O resultante dessas quatro forças na estrutura social aponta para sérios problemas da ordem do Serviço Social e da Saúde Mental. São quatro fenômenos sociais complexos, de longo percurso histórico, e nos interessa abordá-los, neste capítulo, sob o ponto de vista da repercussão nas políticas sociais, culminando em dificuldades na assistência social e psiquiátrica. No capítulo III os articularemos com as dificuldades na autonomia dos atores sociais e desdobramentos na prática institucional. No capítulo IV iremos analisá-los sob os aspectos que confluem para a subjetividade e os problemas psicossociais.

O neoliberalismo almeja, pretensamente, diminuir a regulação social, deixando assim que a sociedade seja regida pelas leis "naturais" do mercado, a lei da oferta e procura. Na prática, o mercado livre e a desregulamentação da relação patrão — empregado conduzem à lei do mais forte, à lei da selva, a um tipo de darwinismo social. Ora, nesta "selva mercadológica da sobrevivência das espécies", o mais forte é o empresariado, pois tem mais capacidade de se organizar, uma vez que historicamente detém mais dinheiro e poder. Pior para a massa de trabalhadores, que têm de se submeter às exigências do capital contando com as leis de proteção ao trabalho minimizadas, isto é, com poucos direitos trabalhistas.

A "crise do Estado" representa um movimento global das sociedades atuais, expressa na crise do Estado de Bem-Estar, no colapso do socialismo real e no fracasso das tentativas das nações do Terceiro Mundo de superar a subalternização (Netto, 1995: 7). O que emerge desse quadro de crises é o avanço do neoliberalismo que prega o Estado mínimo, em que as políticas sociais públicas são reduzidas ou repassadas para o setor privado. O Estado neoliberal reduz as políticas sociais à funcionalidade de manter a reprodução social a custos mínimos. Em nossa análise, essas reduções de custos se referem aos serviços prestados pelo Estado aos trabalhadores e não significam necessariamente o custo mínimo de repasse de verbas públicas para a burguesia:

> A grande burguesia monopolista tem absoluta clareza da funcionalidade do pensamento neoliberal e, por isto mesmo, patrocina a sua ofensiva: ela e seus associados compreendem que a proposta do "Estado mínimo" pode viabilizar o que foi bloqueado pelo desenvolvimento da democracia política — o Estado máximo para o capital. (Netto, 1995: 81)

A crise do Estado e das políticas sociais exerce influência sobre a sociedade, as organizações institucionais e as práticas cotidianas. Calcado no projeto neoliberal, o planejamento econômico faz contenção de gastos na área da saúde pública pela racionalização dos serviços, implicando a diminuição da oferta do atendimento, a passagem da responsabilidade para o setor privado que objetiva principalmente o lucro, a descentralização da saúde com isenção de compromisso e o atendimento às camadas pauperizadas através de serviços mínimos e assistência apenas básica, essencial.

O Movimento de Reforma Psiquiátrica no Brasil está tendo êxito em vários segmentos de atuação, mas infelizmente desde os meados dos anos 1990, com a hegemonia das políticas neoliberais, que trazem em seu bojo uma desvalorização do trabalho humano, uma falta de solidariedade para com os excluídos, um desmonte das políticas sociais, uma conjuntura de não-democratização (entre outros inúmeros fatores), o Movimento de Reforma Psiquiátrica tem sofrido reveses na continuidade de suas propostas, dentre elas a diminuição do investimento público no setor de Saúde Mental.

Dentro dessa política os governos estão interessados em diminuir os custos da assistência psiquiátrica dos hospitais do Estado. Aproveitam-se da onda neoliberal para não internar pacientes, mesmo sem criar serviços alternativos suficientes, diminuindo verbas e não contratando novos profissionais. Mas contraditoriamente (ou não!), os governos continuam interessados em repassar verba pública para os empresários do setor psiquiátrico e "terceiro setor" filantrópicos, através de convênios que pagam internação para os usuários dos serviços de Saúde Mental, para continuar enriquecendo a burguesia e outros setores conservadores que compõem a base de sustentação de seus mandatos. Pois, mesmo quando não existe interesse econômico imediato, há na maioria dos casos, no Brasil, favorecimentos pessoais ou ganhos políticos e ideológicos por trás das corporações sem fins lucrativos:

> (...) o chamado "terceiro setor", mesmo que de forma encoberta e indiretamente, não está à margem da lógica do capital e do lucro privado (e até do poder estatal). Ele é funcional à nova estratégia hegemônica do capital e, portanto, não é alternativo, e sim integrado ao sistema. (Montaño, 1999: 70)

As políticas neoliberais não estão realmente interessadas em diminuir os custos, mas sim, em garantir o lucro do empresariado e a manutenção do poder e da hegemonia.

O impacto do neoliberalismo no Brasil, em nível das políticas sociais, está sendo o desmonte da assistência pública nas áreas de saúde, educação, previdência, segurança, justiça, cultura, entre outras. Na área da Saúde Mental, nesse quadro, o neoliberalismo incentiva a busca da medicalização através da indústria farmacêutica e do tratamento baseado em remédios como saída para o atendimento em massa. Na assistência social, há o retorno à caridade e beneficência. Existe uma tendência à refilantropização do Serviço Social, se bem que em bases diferentes da que foi o marco na sua gênese no Brasil, porém com um grande risco de retorno ao conservadorismo (Montaño, 1997: 118). Nessa situação, grandes contingentes da população ficam excluídos dos processos civilizatórios: vão para a marginalidade social ou caem no terreno da informalidade das relações sociais, sem verdadeiros direitos de cidadania. Na questão da Saúde Mental há o aumento dos problemas psíquicos, senão o de doenças psicossomáticas, de comportamentos bizarros ou estereotipados, de neuroses atuais e do empobrecimento psíquico (Galende, 1997; Stolkiner, 1994).

O Movimento de Reforma Psiquiátrica e as assistências médica e social, assim como as políticas sociais nesses setores, vão se encaminhar para onde apontar a nova correlação de forças na sociedade brasileira. Só que a luta dos atores sociais está completamente atravessada pelos fenômenos do neoliberalismo e da globalização imperialista. Atores como a elite nacional, massa de trabalhadores, classes médias, incluindo os profissionais das áreas de Serviço Social e Saúde Mental, os excluídos, os usuários de serviços, estão submetidos ao roldão internacional da atual conjuntura. A mudança dos padrões de acumulação capitalista, do fordismo para a forma neoliberal (a reestruturação produtiva), representa diferente correlação de forças entre as classes sociais e outros atores históricos. Para as correntes progressistas é hora de resistência aos interesses financistas, privatistas e instrumentalistas que querem o desmonte das conquistas das últimas décadas e assolam a saúde e a assistência social. Em termos de Serviço Social em Saúde Mental há propostas teóricas e práticas no capítulo IV.

O neoliberalismo é uma nova forma atualizada de redução de gastos com a clientela e aumento da acumulação capitalista para os donos de estabelecimentos psiquiátricos e indústrias multinacionais. Os trabalhadores de Saúde Mental estão sendo prejudicados pelo desemprego, terceirização, precarização, instabilidade no emprego etc. também em função da reestruturação produtiva que atinge até os serviços.

O Serviço Social em Saúde Mental está inserido nesta trama cheia de armadilhas que é o neoliberalismo simultâneo ao Movimento de Reforma Psiquiátrica, e só com muita análise é possível delinear uma prática emancipadora para os assistentes sociais.

3. O ensino de Serviço Social no Brasil

Um outro lado do problema da metodologia de Serviço Social em Saúde Mental é dado pela situação do ensino no Brasil. Até o fim dos anos 1960, as faculdades de Serviço Social eram isoladas (não faziam parte de uma universidade) e não havia cursos de pós-graduação. Com as reformas no ensino feitas pelo governo da ditadura militar (a Lei de Diretrizes e Bases de 1968, visando a um projeto de desenvolvimento econômico dependente, baseado na industrialização e necessitando da universidade para gerar mão-de-obra especializada), as faculdades isoladas de Serviço Social foram, no fim dos anos 1960, integradas às universidades federais e estaduais. Nos anos 1970 foram criados os cursos de mestrado em Serviço Social nas universidades federais e nas universidades católicas. Só assim o ensino de Serviço Social no Brasil pôde se beneficiar do intercâmbio com outras áreas do conhecimento, com a produção de teses e com debates teórico-metodológicos.

A atuação do Serviço Social em Psiquiatria no Brasil tomou vulto (em termos de grande número de profissionais na área) no contexto do Movimento de Reconceituação, em que predominavam as metodologias oriundas do desenvolvimentismo, da fenomenologia e do marxismo. Na época, as universidades públicas e católicas de Serviço Social com pós-graduação apresentavam uma hegemonia das teorias provenientes da tradição marxista, em que a produção teórica se voltava para refrações mais evidentes da "questão social". Então, como já foi indicado anteriormente, as "escolas psicológicas" americanas foram muito criticadas, os modelos de Serviço Social em Saúde Mental dos Estados Unidos não podiam ser aplicados devido ao contexto da problemática da loucura ser muito distinto no Brasil (a questão da pobreza e a miséria que permeia a loucura no país), mas não houve ênfase no desenvolvimento e publicação de textos de Serviço Social em Saúde Mental para a situação brasileira, o que resultou em um vazio metodológico.

No Serviço Social do Brasil, algumas das questões mais freqüentes abordadas pelo marxismo a partir dos anos 1960 foram a possibilidade de transformação social, a exploração aos trabalhadores, a questão da democracia, a distribuição de riquezas, a igualdade de direitos. Mas algumas outras questões discutidas no mundo ocidental nessa mesma época não foram suficientemente pesquisadas no Serviço Social brasileiro pela perspectiva crítica, tais como o feminismo, as drogas, a sexualidade, a discriminação racial. Dentre os temas que não foram enfatizados, apesar de estar no debate do mundo ocidental nos anos 1960, situa-se a loucura.

A discussão da loucura esteve presente no mundo ocidental no século XX, mesmo por pensadores não "psi" (Michel Foucault, Robert Castel, Erving Goffman, Roger Bastide, por exemplo), e transbordou as fronteiras da psiquiatria. Vários paradigmas têm debatido esse tema, tais como a psicanálise, a fenomenologia, o estruturalismo. O marxismo não se ocupou tanto do debate sobre a loucura, e o que foi publicado não foi incorporado à discussão no Brasil (freudo-marxismo, Escola de Frankfurt, Lucien Sève). A repercussão no Serviço Social brasileiro foi que o Movimento de Reconceituação e o Debate Contemporâneo não puseram a loucura no centro das discussões como se deu com relação aos movimentos sociais, às políticas sociais, o estatuto profissional, entre outros (Kameyama, 1998). Por várias razões o marxismo no Ocidente não abordou tanto a loucura, das quais podemos citar algumas: a imposição das idéias psicológicas de Ivan Pavlov na União Soviética, com o conseqüente isolamento de outros paradigmas psicológicos em relação ao marxismo; ao mesmo tempo, devido ao stalinismo, a não-aceitação das idéias soviéticas na Europa (que já contava com a difusão da psicanálise); posteriormente, a "guerra fria" e a influência do behaviorismo nos Estados Unidos, que mantiveram a distância entre o marxismo e a psiquiatria na América.

Quer dizer, não houve desenvolvimento metodológico em Serviço Social na Saúde Mental dentro da nova pós-graduação. As universidades públicas e católicas tiveram poucas dissertações de mestrado sobre Serviço Social em Saúde Mental e apenas uma foi publicada, o já referido livro de Lúcia Gonçalves (1983). Faltou criação de substrato teórico para a prática.

A antiga formação acadêmica dos assistentes sociais não propiciava aos profissionais no campo produzirem livros, artigos etc. Então, pouco se escreveu e publicou sobre Serviço Social e Saúde Mental. Curiosamente os três artigos publicados se encaixam, cada um deles, em uma das três perspectivas da renovação do Serviço Social durante o período da Reconceituação. O artigo do CBCISS, de Maria Laertina de Sabóia, "Formação e treinamento da equipe psiquiátrica: papel do assistente social", de 1976, é desenvolvimentista, com aspectos da psicanálise (americanizada); os dois artigos da revista *Serviço Social & Sociedade* são: um da perspectiva fenomenológica, de Maria Alice Gouveia, "Procedimentos metódicos de uma intervenção num fenômeno social", de 1982, também com pinceladas psicossociais tradicionais, e o outro da perspectiva marxista, de Gilda Brant, "Dados para uma análise da prática profissional na área de Saúde Mental", de 1984. O livro publicado em 1983 por Lúcia Gonçalves, *Saúde Mental & Trabalho Social*, é baseado na teoria marxista, o que está em sintonia com a maioria das publicações em Serviço Social da editora Cortez.

Os campos de estágio em Saúde Mental eram poucos e não tão propícios à experimentação das novas propostas teóricas da "intenção de ruptura" da Reconceituação quanto os campos da comunidade, assistência ou trabalho, para citar alguns exemplos, pois havia a ênfase na Saúde Mental das práticas clínicas, medicamentosas e asilares.

A orientação teórica para a prática do Serviço Social em Saúde Mental disponível nos anos 1970 era a metodologia clássica (Caso, Grupo e Comunidade). Ou então se ficava no impasse da vertente marxista estruturalista do Movimento de Reconceituação — criticamente se reconheciam os problemas sociais, mas era difícil a atuação em estabelecimentos privados (que visavam ao lucro e à reprodução social) ou em organizações públicas (num governo autoritário, sem democracia), e ainda mais em uma área como a Saúde Mental, em que as teorias mais contestadoras não têm categorias de análise da realidade[11] para orientar a atuação psiquiátrica (por exemplo, uma epidemiologia ou etiologia de cunho marxista ou categorias diagnósticas históricas e sociais em Saúde Mental).

> A doença mental tem sido tomada descritivamente, numa taxonomia estática baseada em síndromes desligadas de história; em imputação de relação causal, através da lógica causa-efeito imediatizada; em absolutizações da autonomia ou da dependência entre psíquico e orgânico. (Sampaio, 1998: 105)

O quadro da pós-Reconceituação não mudou muito no tocante à produção teórica nessa área. A ênfase da pesquisa universitária em Serviço Social se situa em saúde geral, gênero e família, em criança e adolescente, no debate da própria profissão, em comunidade, previdência e trabalho.

---

11. Uma categoria é útil na leitura da realidade, ligando o concreto ao abstrato, quando sua definição se remete a uma particularidade dos processos de produção e reprodução da sociedade. Portanto, as classificações psicopatológicas médicas do DSM-IV (Diagnostic and Statistical Manual, versão 4), da Associação Psiquiátrica Americana, e do CID-10 (Código Internacional de Doenças, revisão 10), da Organização Mundial da Saúde, não o são, pois são autonomizadas — o DSM tenta manter uma posição a-teórica, classificando os transtornos psiquiátricos de acordo com seus sintomas primários (Kaplan e Sadock, 1993: 415); a nosografia fenomenológica é uma classificação e descrição de diferenças de funções psíquicas e cognitivas; os conceitos da psicopatologia psicanalítica freudiana se remetem ao Complexo de Édipo e às fases psicossexuais e não à história e ao social. Daqui procede a nossa demanda por categorias histórico-estruturais para a loucura. Quando dizemos que o marxismo (entendido aqui como a tradição marxista, muito rica em matizes e variações, compreendendo as correntes que dialogaram ou fizeram contínua interlocução com teorias psicológicas, como, por exemplo, a Escola de Frankfurt, o freudo-marxismo) consegue e, ao mesmo tempo, não consegue dar conta da loucura, queremos dizer que a concepção de loucura como alienação social é importante e procedente, mas, na medida em que não há categorias (analíticas e não classificatórias) psicopatológicas e clínicas, o marxismo não atende totalmente às necessidades da prática no campo da Saúde Mental. Segundo Roger Bastide, o marxismo tem apenas uma sociologia das doenças mentais e não uma psiquiatria.

As áreas de Saúde Mental e das teorias da subjetividade permanecem secundárias. Devido às dificuldades de dupla especialização, as universidades têm poucos professores de Serviço Social com sólida formação em Saúde Mental. Até 1997 só havia sido publicado no Brasil um livro e três artigos nas publicações mais relevantes de cunho nacional.

Em 1997 e no ano 2000 foram publicados mais dois artigos de Eduardo Vasconcelos na revista *Serviço Social & Sociedade* ("Serviço Social e Interdisciplinaridade: O exemplo da Saúde Mental" e "O movimento de higiene mental e a emergência do Serviço Social no Brasil e no Rio de Janeiro"), e finalmente, no ano 2000, um livro de circulação nacional, *Saúde Mental e Serviço Social*, também de Eduardo Vasconcelos.[12] A articulação entre Serviço Social e Saúde Mental no Brasil, sistematizando a história, as teorias psicossociais, as novas práticas, as possibilidades advindas de matrizes teóricas pouco aproveitadas, sugerindo melhorias na formação especializada do assistente social, é uma necessidade ainda por ser satisfeita.

Apesar da pesquisa em Serviço Social ter-se tornado relevante, ela ainda tem dimensões pequenas se comparada a outras profissões. Em 1994 havia apenas sete cursos de mestrado no Brasil e um de doutorado.

A publicação dessas pesquisas também é complicada. Praticamente só uma editora no Brasil, a Cortez, publica sistematicamente em Serviço Social, mesmo assim as edições ficam sujeitas às dificuldades do mercado livreiro, que se afigura bastante restritivo em razão das crises econômicas. Nos últimos congressos nacionais de Serviço Social, os CBAS (Congresso Brasileiro de Assistentes Sociais), têm sido apresentados alguns trabalhos em Saúde Mental, mas são publicados apenas nos Anais, de difícil e escassa distribuição entre os profissionais interessados. As consultas a teses e dissertações das universidades mostra-se um trabalho complicado porque existem poucas bibliotecas e um número reduzido de cópias. Mais difícil ainda é ter acesso às monografias de outros estados do Brasil.

---

12. De circulação local tomamos conhecimento de artigos sobre Serviço Social e Saúde Mental nas revistas *Transversões* da UFRJ, *Em Pauta* da UERJ e *Superando Desafios* do HUPE/UERJ, todos recentes.

Atualmente se acrescenta que nos defrontamos com a falta de bolsas de estudo para pós-graduação e pesquisa em todos os níveis e cortes das verbas de seu financiamento.

Por todas essas dificuldades, a inserção dos assistentes sociais nos serviços psiquiátricos nos anos 1970 se deu sem que se elaborasse uma proposta de sistematização da prática na Saúde Mental, além daquelas já preconizadas pelo Serviço Social clássico (em que predominava o livro de Gordon Hamilton sobre Serviço Social de casos), recaindo a profissão, então, numa indefinição profissional nesse campo de atuação. Os assistentes sociais experimentaram a situação ambígua de terem de atuar sem que houvesse demanda específica, nem diretrizes de atuação por parte da categoria, mas tendo muito que fazer, dada a precariedade social dos usuários de serviços psiquiátricos: "Há uma indefinição profissional nesse âmbito de ação do Serviço Social assim como uma incredibilidade por parte dos profissionais para superar tal situação" (Souza, 1986: 134).

As dificuldades de ensino, publicação e divulgação em Serviço Social no Brasil levam a que os profissionais atuando em Saúde Mental (tanto quanto os assistentes sociais atuando em outras áreas) tenham dúvidas acerca do Debate Contemporâneo, isto é, se o Serviço Social tem objeto específico ou não, se tem estatuto de ciência, se tem teoria própria etc. Em Saúde Mental, devido à mesclagem com a psiquiatria, essas dúvidas aumentam. Nos capítulos III e IV faremos análises quanto aos objetos, à ciência e teorias.

Para concluir, os problemas apontados por Netto, Martinelli, Iamamoto e Faleiros sobre a prática do Serviço Social no Brasil também se aplicam à área de Saúde Mental: o tarefismo, o voluntarismo, o fatalismo, o messianismo, o sincretismo e ecletismo, o cunho religioso, a subalternidade, a alienação, entre outros.

4. Outros problemas metodológicos e históricos

Existem outros problemas históricos particulares do Serviço Social além dos já apontados que introduzem contradições na possibilidade de construção de uma metodologia em Saúde Mental, ou seja, a forma da demanda colocada ao Serviço Social e as questões teórico-paradigmáticas. Vamos acrescentar os problemas da interdisciplinaridade, da psicologização e dos grupos.

4.1. As equipes multidisciplinares

Um problema com repercussão na metodologia de atuação dos assistentes sociais é a questão da interdisciplinaridade. Em atividades como a de Serviço Social em Saúde Mental, em que entram fatores biológicos, psicológicos e sociais, e já não se acredita que apenas um ramo do conhecimento dê conta da problemática, somos interrogados quanto à relação entre as profissões e a questão da multidisciplinaridade e suas gradações (multi, pluri, inter, trans ...).

Historicamente, a entrada de assistentes sociais na Saúde Mental foi sobredeterminada pela criação de equipes multidisciplinares no atendimento psiquiátrico. Essas equipes não se constituíram apenas porque o Serviço Social seria uma nova forma de encaminhar o problema da loucura, mas também porque o Serviço Social atuaria como "apaziguador" das "questões sociais" emergentes na área manicomial e como barateador dos custos de assistência em geral.

> (...) o surgimento e disseminação das equipes multidisciplinares. Quanto a esse aspecto, será interessante situar a origem de sua implantação nas instituições assistenciais.
>
> Esta origem está profundamente vinculada ao agravamento da "questão social", especialmente das condições de saúde da população dos países dependentes. (Iamamoto e Carvalho, 1988: 328)

Mais adiante, Marilda Iamamoto e Raul de Carvalho fazem a crítica a essa disseminação:

> Constitui-se, assim, numa reorganização parcial dos mecanismos assistenciais, em que a formação de equipes multiprofissionais e o trabalho em equipe é um dos aspectos mais característicos. Aparece como um projeto racionalizador, não apenas por contornar a questão da universalização da assistên-

cia, interligar instituições etc., mas também por permitir a utilização, em escala ampliada, de pessoal auxiliar em diferentes níveis e, portanto, a redução do número de técnicos cuja formação é mais demorada e cara, engajados nos programas. (Iamamoto e Carvalho, 1988: 329)

Assim, a origem da interdisciplinaridade não advém apenas de uma racionalidade científica, do reconhecimento da complexidade dos problemas de saúde por parte da própria medicina e dos órgãos planejadores da saúde, visando a uma maior eficiência e efetividade dos programas. Há interesses e razões políticas e financeiras também:

a) políticas, devido aos programas para atender às expressões da "questão social" promovidos pela ONU e OEA, decorrentes da política externa norte-americana que almejava a manutenção da sua soberania na América Latina nos anos 1960,[13] os quais enfatizaram o trabalho em equipe e integraram saúde com educação, prevenção, assistência, visando desenvolvimento e organização baseados em modelos copiados dos países de economia central;

b) financeiras, porque propiciava melhor aproveitamento de técnicos, como, por exemplo, um médico e vários profissionais auxiliares "mais baratos".

Mas, a problemática da integração de saberes nas equipes multiprofissionais visando à interdisciplinaridade constitui-se motivo de debate no Serviço Social em Saúde Mental. A prática mostra que, além das intenções pessoais e dos interesses corporativistas, há a dificuldade da interlocução quando se usam paradigmas diferentes. Por exemplo, na enfermaria psiquiátrica, o médico pode ter uma visão positivista da Saúde Mental, o psicólogo pode usar diversas teorias psicodinâmicas, o terapeuta familiar pode ter uma concepção sistêmica e o assistente social, com sua visão histórica-estrutural, pode ficar tão ilhado quanto os outros profissionais.

---

13. Não que essas organizações sejam monolíticas, elas propiciam algum espaço para o Terceiro Mundo e setores progressistas: a Organização Pan-Americana da Saúde (OPAS) realizou a Conferência de Caracas em 1990 e a direção do setor de Saúde Mental da OMS/ONU nos anos 1990 era integrada por Benedetto Saraceno, da Itália, ligado à Associação Mundial de Reabilitação Psicossocial.

A possibilidade de o assistente social trabalhar em Saúde Mental com um paradigma crítico depende da articulação das outras áreas do conhecimento com linhas históricas e sociais de suas correntes teóricas.

O assistente social em Saúde Mental trabalha de forma pluralista quando usa as explicações do marxismo para entender a exclusão do louco, para sustentar a demanda por direitos sociais e cidadania aos portadores de sofrimento mental e, ao mesmo tempo, usa as explicações da medicina e da psicologia para conceber a loucura como doença mental. Os médicos psiquiatras mais progressistas também tendem a aceitar o ponto de vista do Serviço Social crítico para explicar a exclusão social, mas dificilmente admitem as contribuições do marxismo para explicar a loucura ou para atuar na assistência psiquiátrica.

Na área de Serviço Social e Saúde Mental é interessante trabalhar na perspectiva de pluralismo como descrito acima, ou usar novos campos de coerência, como a Análise Institucional, porque os paradigmas clássicos não conseguem resolver sozinhos os problemas na conjunção de uma assistência biopsicossocial.

Porém, as idéias institucionalistas entraram no Brasil de forma diferenciada para as categorias profissionais que compõem as equipes multidisciplinares em Saúde Mental.

Os psiquiatras receberam essas propostas através dos movimentos de reforma da Europa (Inglaterra, Itália e França) e das críticas à psiquiatria, de Michel Foucault, Erving Goffman e Robert Castel, entre outros.

Os psicólogos institucionalistas brasileiros do Movimento de Reforma Psiquiátrica são herdeiros do debate que tentou reconceituar a psicologia no Brasil nas décadas de 1970 e 1980, a partir da influência dos institucionalistas argentinos, marxistas do grupo ECRO, com aportes teóricos de Pichon-Rivière, José Bleger, da escola psicanalítica inglesa de Elliot Jacques, e posteriormente das escolas francesas de Lourau e Lapassade e de Deleuze e Guattari.

Já no Serviço Social, a Análise Institucional entrou por meio das contribuições dos professores universitários Vicente Faleiros e Jean Robert Weisshaupt, com formações básicas em Serviço Social e sociologia respectivamente, que trouxeram um institucionalismo marxista e sociológico, sem ligações com a psicologia ou com a Saúde Mental. Introduziram as idéias de Foucault sobre o poder e não as da "história da loucura". Trouxeram as idéias de Guilhon Albuquerque acerca da perspectiva estrutural dialética das instituições e não suas críticas à psicanálise e à psiquiatria contidas no livro "Metáforas da desordem" (Bisneto, 2000). As influências do grupo ECRO no Serviço Social brasileiro nos anos 1960 se esvaneceram na pós-Reconceituação e não conseguimos captar sua importância atual, muito menos na prática em Saúde Mental (talvez porque o Serviço Social em Saúde Mental no Brasil só começou a ter grande número de profissionais posteriormente, em meados da década de 1970).

Nos anos 1970, o assistente social era chamado para fazer parte de equipes multiprofissionais sem uma definição clara do perfil de atuação, trabalhando mais como auxiliar do psiquiatra nos problemas sociais do que especificamente como assistente social. Mas, atualmente, é requisitado a participar de atendimento interdisciplinar para dar atenção ao lado social do sofrimento mental, o que é valorizado pelo novo enfoque da psiquiatria reformada.

A multiprofissionalidade em Saúde Mental no Brasil foi imposta pelo INPS. Os técnicos (inclusive os assistentes sociais) até hoje não elaboraram a questão paradigmática e a questão dos interesses econômicos, políticos e ideológicos que introduzem ambivalências na teoria e nas práticas em equipes interdisciplinares em Saúde Mental. Os profissionais reclamam das disfuncionalidades do trabalho coletivo, mas não analisam as contradições socialmente implícitas aos conflitos de interesses nele contido.

4.2. A psicologização das relações sociais

A atuação do Serviço Social em Saúde Mental impõe a necessidade de interlocução com conhecimentos vindos das áreas da psicologia e da psiquiatria. Mas essa imposição encontra resistências devido à história do Serviço Social, em que acepções do funcionalismo, da fenomenologia, da psicanálise[14] e da psiquiatria foram utilizados com um cunho psicologicista,

---

14. Novamente estamos nos referindo ao uso da psicanálise pelo viés da psicologia do ego, conforme apreensão norte-americana nos anos 1930.

privatista e individualista nos rebatimentos da "questão social" sobre a classe trabalhadora, pela psicologização da vida social, desviando o enfoque da transformação social para a transformação individual como meio de solução de problemas.

> A rota da psicologização passa, num primeiro momento, pela determinação da problemática da "questão social" como sendo *externa* às instituições da sociedade burguesa — ela deriva não das suas dinâmica e estrutura, mas de um conjunto de *dilemas mentais e morais*. (Netto, 1992: 42; grifos no original)

Quando se trata da prática do assistente social na Saúde Mental a questão exige o desafio da ampliação do tratamento teórico. É necessário estudar, criticar e teorizar sobre as inter-relações do social com o subjetivo. Felizmente nem toda psicossociologia é retrógrada. Após os anos 1960, sobretudo, surgiu na Europa literatura de psicologia que tenta recolocar a economia, a política e a história na constituição da personalidade.

Por exemplo, enquanto as psicologias tradicionais deseconomizam e desistoricizam o psíquico, a tese do "anti-Édipo" introduz a produção e a história na subjetividade. Marx escreveu que as superestruturas políticas e ideológicas, incluindo a subjetividade, são determinadas dialeticamente pela economia e pela história. Deleuze e Guattari propõem formulações de como se dá essa determinação, criticando Freud e Lacan: se todo desejo é narcísico ou constituído pela falta, lembram que o individualismo e a carência são produzidos social e historicamente. Porém, convém alertar que há interpretações do "anti-Édipo" opostas: muitos leitores usam-no para psicologizar as relações sociais, entretanto Deleuze e Guattari escreveram para fazer o contrário, isto é, para "politizar" as relações psíquicas.

4.3. O Serviço Social e as teorias de grupo

Outro ponto nodal na prática do Serviço Social em Saúde Mental é a questão dos "grupos". No contexto do Movimento de Reforma Psiquiátrica a atuação profissional é orientada para o atendimento em grupos, pois suas concepções podem reforçar a reinserção social e a reabilitação psicossocial. Há uma grande quantidade de oficinas e atividades grupais nas organizações psiquiátricas que aderiram à desinstitucionalização da loucura. Mas, como é que se posiciona o assistente social nos dias de hoje em face desse contexto "grupalizante"?

Há uma corrente de "Serviço Social de Grupo" que desde os anos 1930 vem atuando nos Estados Unidos, com base em teorias de grupos oriundas de concepções funcionalistas, fenomenológicas e psicológicas, de Kurt Lewin, Talcot Parsons, Sigmund Freud, entre outros (Konopka, 1983). O resultado prático dessas acepções já foi suficientemente criticado por sua psicologização das relações sociais. No Movimento de Reconceituação do Serviço Social na América Latina, a tendência histórico-estrutural procurou romper com a base conservadora do "Serviço Social de Grupo", e a manifestação mais protagonista foi encaminhada pelo grupo ECRO da Argentina, onde assistentes sociais dividiam o espaço de sua militância com psicólogos, psiquiatras, psicanalistas e psicossociólogos. Na militância do grupo ECRO se formulou a concepção de "Grupo Operativo" de Pichon-Rivière, em que o *esquema conceitual referencial e operativo* (o ECRO) dos grupos se remete às dimensões históricas e sociais, repolitizando e reeconomicizando o espaço grupal.

Mas, com o Debate Contemporâneo e a crítica à Reconceituação, a vertente do grupo ECRO perdeu força no Brasil e praticamente fez sumir do Serviço Social as concepções de Grupo Operativo. Como a própria Reconceituação já havia feito declinar as perspectivas de grupos tradicionais, atualmente não há nada de consistente no ensino de Serviço Social sobre grupos no Brasil.

Mas, no mundo "psi", as tendências críticas do processo grupal tiveram outro encaminhamento. Às concepções progressistas do Grupo Operativo se somaram as concepções institucionalistas de grupo, com clara contribuição do marxismo francês de Sartre, e também incorporações de uma psicologia social de viés revolucionário advindo do freudo-marxismo. Hoje essas correntes convivem dentro do Movimento de Reforma Psiquiátrica numa perspectiva de ressocialização do usuário de serviços de Saúde Mental. Porém, o assistente social que compõe equipes multidisciplinares não está capacitado por sua formação acadêmica para a interlocução crítica neste ambiente "grupalizador".

E, ainda, soma-se outro problema de ordem teórica e prática na atuação profissional com grupos em Saúde Mental. De acordo com pesquisa coordenada pela professora Regina Duarte Benevides de Barros, do Departamento de Psicologia da Universidade Federal Fluminense (integrante da pesquisa "Saúde Mental, desinstitucionalização e abordagens psicossociais", do professor Eduardo Mourão Vasconcelos, na Escola de Serviço Social da UFRJ), no Movimento de Reforma Psiquiátrica a perspectiva grupal é feita sem que mesmo os profissionais de psicologia tenham uma elaboração teórica apurada. As concepções grupais são introduzidas de forma acanhada, acrítica e ao sabor do interesse profissional dos responsáveis pela coordenação dos grupos e oficinas, sem muita reflexão e problematização da prática, só para seguir a diretriz política do Movimento de Reforma Psiquiátrica, que é grupalista (Vasconcelos, 2000c: 207). Isto também constatamos através da supervisão aos alunos de Serviço Social que fazem estágio em Saúde Mental: os coordenadores institucionais de grupos e oficinas não conseguem orientar os estagiários quanto à teoria que norteia os seus projetos de intervenção grupal, o que dificulta sobremaneira a supervisão, pois é difícil esclarecer satisfatoriamente a relação teoria—prática nas aulas de supervisão de estágio se o modelo teórico de grupos usado na atuação profissional não é explicitado.

Conseqüentemente, apesar de não ser o único que não está preparado para as técnicas de grupo (o médico também não estuda "grupos" na universidade), o assistente social não está por razões contraditórias na sua história da formação profissional. Os psicólogos, ao contrário, estudam "teoria de grupos" (mas, mesmo assim, acabam "fazendo grupos" na base da técnica pela técnica, como parece ser a conclusão da pesquisa da professora Regina Benevides de Barros).

No Movimento de Reforma Psiquiátrica, apesar dos esforços no sentido de avançar teoricamente, muitas vezes ainda se preserva a dicotomia entre o psíquico e o social, mantendo a clivagem entre produção e subjetividade, deseconomicizando o psiquismo, desistoricizando a produção, isolando a subjetividade das relações sociais concretas e vice-versa (e ainda assim pretende-se desalienar o louco!). Isto fragiliza as práticas grupais, reforçando e dando munição para críticas conservadoras anti-Reforma que sustentam uma atuação em manicômios dentro do modelo nosológico (tratamento baseado primordialmente no diagnóstico) através de tratamentos farmacológicos. Superar estas dicotomias é um dos objetivos que cremos estar o assistente social bem estruturado para protagonizar no Movimento de Reforma Psiquiátrica, desde que tenha a formação adequada, em razão de sua capacidade de realizar análise social.

5. O panorama atual em saúde mental

Ao realizar um balanço do Serviço Social em Saúde Mental, para fechar este capítulo, não podemos esquecer três ressalvas, porque precisamos alertar o leitor que o Serviço Social em Saúde Mental é apenas uma particularidade da Saúde Mental e não abrange a Saúde Mental como um todo:

- Apesar da importância dada pelo Movimento de Reforma Psiquiátrica aos aspectos sociais do tratamento ao sofrimento mental, o fenômeno do Serviço Social em Saúde Mental funciona no modelo da previdência social universal, esteve ligado ao INPS e atualmente ao SUS; a grande maioria dos estabelecimentos psiquiátricos só tem Serviço Social quando ligada à seguridade social.
- O modelo para Saúde Mental no Brasil é diferenciado por setores — há o público, o privado conveniado ou não; os consultórios particulares; o empresarial lucrativo e, recentemente, os planos de saúde. Há uma estratificação e hierarquização na organização do atendimento, diferenciando-o entre ricos e pobres, trabalhadores e excluídos, reabilitáveis ou não etc.; o enfoque desta pesquisa se concentra onde há Serviço Social, que é historicamente uma particularidade da área previdenciária da Saúde Mental.
- Apesar do Movimento de Reforma Psiquiátrica ser progressista, ele é em parte, uma reforma na psiquiatria decorrente das necessidades de modernização da assistência médica em face do capitalismo monopolista, refletindo as contradições entre o que tem de avanços na Saúde Mental e o que tem de fazer concessões às reformas do capital na sociedade moderna (Rodrigues, 1996: 18).

Feitas estas ressalvas, podemos prosseguir rumo a uma conclusão. A prática do Serviço Social em estabelecimentos psiquiátricos no Brasil apresentou três momentos diferentes:

a) a partir de 1946, com as primeiras inserções residuais: apresenta pequeno número de profissionais, usando no início modelos de prática higienistas, caritativos, clínicos, e mais tarde incorporando abordagens funcionalistas e das várias psicologias; os poucos assistentes sociais atuavam principalmente em manicômios estatais;

b) a partir dos anos 1970, como conseqüência das reformas no sistema de saúde e previdência conduzidas na modernização do capitalismo pela ditadura militar através do INPS: um número médio de profissionais começa a ser recrutado, com uma mescla de modelos de intervenção: modelo clássico de Caso, Grupo e Comunidade; modelos das perspectivas da Reconceituação — desenvolvimentismo, fenomenologia e marxismo; influências psiquiátricas da época, tanto tradicionais quanto emergentes (junguianas, comunidades terapêuticas, movimento de potencial humano); os assistentes sociais passaram a atuar também nos estabelecimentos psiquiátricos privados e filantrópicos conveniados;

c) a partir dos anos 1990, com a segunda fase do Movimento de Reforma Psiquiátrica: continua preservando várias tendências metodológicas, mas com presença das correntes institucionalistas da Saúde Mental e ainda da psicanálise[15] e da moderna teoria dos sistemas. Esse mercado de trabalho está em expansão, apresentando uma parcela cada vez maior de assistentes sociais, trabalhando nos mesmos estabelecimentos do momento anterior, só que agora conveniados ao SUS; acrescentaram-se a esses locais de trabalho os programas municipais e estaduais de Saúde Mental e os serviços alternativos.

A demanda pelo Serviço Social em Saúde Mental no pós-64 foi feita pelo Estado, mais especificamente pelas exigências do INPS. Porém, o quadro de demandas à atuação dos assistentes sociais se alterou nos dias de

---

15. Em parte desligadas das origens norte-americanas do Serviço Social (a psicologia do ego), as referências à psicanálise em Serviço Social e Saúde Mental constatadas pela pesquisa nos anos 1990 estão ligadas às correntes freudiana, kleiniana e lacaniana.

hoje por três aspectos principais, ligados aos usuários, aos médicos e aos donos de hospitais e clínicas psiquiátricas:

- A necessidade de atendimento à população: as reformas no sistema de saúde não melhoraram o quadro sanitário brasileiro, a situação psiquiátrica permanece gravíssima, a associação da loucura com problemas sociais variados é uma constante, a relação de implicação entre a "questão social" e a Saúde Mental se dá em duas direções: os problemas sociais deflagram os problemas mentais e quem é portador de problemas mentais tem agravada a sua problemática social. Decorre daí uma grande população psiquiátrica que precisa de assistência social conjuntamente com a assistência médica.

- Uma das questões centrais no processo de desinstitucionalização e reforma psiquiátrica atual no Brasil é a ressocialização dos usuários, conforme preconizado pelos próprios médicos. Isto tem sido objeto da prática dos assistentes sociais nos estabelecimentos psiquiátricos reformados e serviços alternativos. Porém exige uma formação profissional com forte base em Saúde Mental, em estudos psicológicos e processos psicossociais dentro do contexto e objetivos do Serviço Social.

- Hoje já existe demanda de Serviço Social por parte dos estabelecimentos psiquiátricos, uma vez que o assistente social ajuda na minimização dos custos, na medida em que administra a entrada e saída dos pacientes em bases favoráveis para a direção dos hospitais: verifica a documentação do usuário relativa à concessão de benefício previdenciário, garantindo à clínica o ressarcimento pelo SUS dos serviços prestados; verifica as condições concretas de possibilidade de saída do internado após o prazo máximo de pagamento do tratamento pelo convênio; orienta a família para ajudar o parente internado, aliviando o estabelecimento de alguns encargos onerosos quanto à atenção ao paciente; prepara a família para a alta do paciente em tempo hábil para a produtividade hospitalar; atua na diminuição dos conflitos institucionais apresentados pela clientela etc.

Configura-se, então, atualmente, uma mescla de três posições analíticas de demandas para o Serviço Social em Saúde Mental no Brasil:

a) por parte dos usuários, devido à penúria social em que se encontram e à necessidade de assistência social conjugada à assistência psiquiátrica, como, por exemplo, a atenção à família e a concessão de benefícios previdenciários;

b) por parte dos profissionais de Saúde Mental que aderiram ao Movimento de Reforma Psiquiátrica, que vêem o problema social dos transtornos mentais como fundamental no processo de desinstitucionalização;

c) por parte dos donos e dirigentes de hospitais psiquiátricos ou serviços alternativos, que vêem o Serviço Social como benéfico em termos de lucratividade ou redução de custos.

A carência de pesquisas em Saúde Mental, em contrapartida à expressão do número de assistentes sociais na área de psiquiatria, conjuntamente com a nova atuação da profissão na mudança da trajetória de políticas sociais do movimento sanitarista para o movimento de desinstitucionalização da psiquiatria e desconstrução do aparato manicomial, justificam os estudos das metodologias de Serviço Social nesse campo.

Resumindo, os principais problemas para a resolução metodológica em Serviço Social e Saúde Mental na história do Brasil e no contexto do Movimento de Reforma Psiquiátrica são:

- entrada tardia de um número maior de profissionais neste campo de atuação;
- inadequações teóricas (paradigmáticas);
- dificuldades em ensino, pesquisa e publicação;
- atuação em equipes multidisciplinares;
- psicologização das relações sociais;
- ambiente "grupalizante".

O que está acontecendo hoje no Serviço Social em Saúde Mental é produto de três contextos diferentes, porém entrelaçados:

a) *no contexto social do Brasil*: das reformas pós-64 preconizadas pela ditadura na previdência social, na saúde pública e no ensino universitário, das reformas constitucionais de 1988, como a Reforma Sanitária; e do neoliberalismo nos anos 1990;

b) *no contexto do Serviço Social*: do Movimento de Reconceituação, do Debate Contemporâneo e do processo de renovação da profissão na pós-Reconceituação; e

c) *no contexto da Saúde Mental*: do Movimento de Reforma Psiquiátrica, do SUS (municipalização, universalização) e dos serviços psiquiátricos alternativos.

O Serviço Social em Saúde Mental no Brasil iniciou-se em 1946, pela atuação no Centro de Orientação Infantil (COI) e no Centro de Orientação Juvenil (COJ). Apesar disso, pode-se dizer que sua estrutura atual originou-se só após 1964 com a mudança do atendimento previdenciário na Saúde Mental dos indigentes para os trabalhadores e seus dependentes, com a prestação de serviços sociais necessários ou benéficos para a lógica dos manicômios para legitimá-los na situação de pobreza dos pacientes. Posteriormente, nos anos 1990, essa estrutura assistencial com equipes multiprofissionais e com visão social está sendo reaproveitada pelo Movimento de Reforma Psiquiátrica no Brasil.

No Movimento de Reforma Psiquiátrica o assistente social não deve ser apenas o profissional do "cuidado", da "atenção", mas o técnico que pode desenvolver a crítica à sociedade burguesa e à loucura na sua correlação com o capitalismo.[16] O assistente social não deve apenas se munir de técnicas para atuar na Saúde Mental, mas sim desenvolver metodologias, avançando na análise crítica da sociedade nas suas refrações com a loucura, para daí conceber as mediações para intervenção no campo psiquiátrico.

Rompendo com a tese endogenista e evolucionista do Serviço Social e acolhendo uma perspectiva histórica e crítica, pode-se propiciar uma ruptura com as práticas funcionais ao sistema burguês e ao capital também na atuação em Saúde Mental. A metodologia do assistente social em psiquia-

---

16. Não que o problema da Saúde Mental se reduza à "questão social", mas que ela também é importante, que o assistente social é um profissional que dirige boa parte de seu enfoque à relação capital-trabalho, e que o Serviço Social está na Saúde Mental atendendo os conveniados à seguridade social, em que a "questão social" está implícita.

tria não pode ser praticista ou iluminada por um conhecimento técnico pretensamente neutro (Montaño, 1998: 44). Porém, para romper de vez com as teses endogenistas é necessário resistir às perspectivas tradicionais da psiquiatria e do Serviço Social e abraçar o Movimento de Reforma Psiquiátrica, mas com a definição do papel da nossa categoria profissional de trabalhar com o social, a contradição, a politização, a ordem do trabalho produtivo, da subjetividade no campo econômico e histórico e da análise social.

> Como se esquecer a contradição se, conforme se verifica diariamente, a própria ação do Serviço Social assume caráter de reprodução do autoritarismo vigente na sociedade brasileira, autoritarismo imposto diariamente àqueles que procuram a Instituição [psiquiátrica] quando aquilo a que denominamos saúde mental caminha para uma desarrumação, para um caos (maior ou menor) que faz com que o indivíduo, de praxe já submetido às brutais pressões de uma fragmentação econômica e social extremamente assinalada pela desigualdade, sinta fugir de sob seus pés os liames com a realidade que lhe permitem, não raro precariamente, assegurar sua subsistência quase sempre tão distanciada de sua real existência? (Gonçalves, 1983: 19)

O Movimento de Reforma Psiquiátrica no Brasil floresceu em parte devido ao fato de que nas organizações públicas o empregado pôde se manter questionador e tentar modificar a instituição (conforme a gênese do Movimento dos Trabalhadores de Saúde Mental), buscando outra legitimidade para seu trabalho, diferente da demandada pelas políticas sociais do Estado autoritário, já que possui um grau de estabilidade no emprego, sem medo de demissões arbitrárias: este é o padrão de contrato de trabalho que as políticas neoliberais tentam, atualmente, eliminar, com a terceirização e a privatização do setor público na Saúde.

Tal como nos anos 1940, o Serviço Social está sendo colocado em Saúde Mental para ser mero executor final das políticas sociais concebidas por outros setores profissionais "pensantes". Nos anos 1970, o Serviço Social já tinha acúmulo crítico da profissão, mas contraditoriamente não conseguiu elaborá-lo de imediato para a prática em Saúde Mental. Desde os anos 1990, está sendo requisitado pelo SUS e pelo Movimento de Reforma Psiquiátrica: quais são os estoques de massa crítica que temos?

Uma contradição atual é como fazer a reabilitação psicossocial numa sociedade excludente, alienante, inabilitadora, e ainda por cima atuando em nível institucional ou organizacional (não macrossocial). Ao lado de funções típicas, como dar assistência social aos portadores de transtornos mentais, o Serviço Social também é alocado em Saúde Mental para diminuir os custos da assistência psiquiátrica, mas esta contenção de gastos não tem como objetivo alargar o atendimento a faixas maiores da população demandante, e sim abaixar os custos para aumentar a acumulação capitalista, pois a "mercantilização da loucura", apesar dos esforços contrários de uma parcela profissional, permanece intacta.

Capítulo II
A análise institucional

Para a análise das práticas das instituições concretas estamos nos utilizando do referencial teórico de José Augusto Guilhon Albuquerque, que estabelece categorias de Análise Institucional inspiradas no marxismo. Lançamos mão também, das contribuições de Jean Robert Weisshaupt, muitas baseadas em Albuquerque e outras originais, usadas para análise do Serviço Social. Além disso, servimo-nos de outras linhas da Análise Institucional, no sentido de contar com uma teoria estruturada sobre a prática do assistente social em organizações institucionais e que são usadas no capítulo seguinte na análise do Serviço Social em Saúde Mental. Este capítulo não tem a pretensão de esgotar o assunto.

O que queremos analisar são as possibilidades de prática do Serviço Social em estabelecimentos, particularmente nas instituições de Saúde Mental. Acreditamos que a análise da desapropriação que é impetrada nas práticas em organizações institucionais pode conduzir ao entendimento de algumas dificuldades profissionais do assistente social.

INSTITUIÇÕES COMO PALCO DA LUTA DE CLASSES

Na sociedade de classes as contradições sociais geram ameaças à estabilidade dos poderes estabelecidos. Dentro de uma estratégia de hegemonia, as instituições aparecem como mediação dos projetos sócio-políticos das classes, e seus agentes representam os diversos interesses sociais (Weisshaupt, 1988: 26). Dentro do projeto de hegemonia, para obtenção de algum consenso, os atores sociais formulam saberes que legitimam a apropriação de um objeto social, por exemplo, a Saúde Mental. Há uma luta social pela definição dos objetos das instituições e dos fins institucionais, através da imposição de saberes que estão ligados a relações de poder e a interesses econômicos, visando à manutenção e à ampliação do âmbito de atuação das instituições sociais. Com esses saberes, certos atores sociais pretendem também manter o mandato social sobre o objeto institucional "reservado" a grupos específicos, que representam projetos de classes. Tais grupos formulam definições teóricas e intervenções técnicas sobre as relações sociais sob seu mandato, e criam saberes e práticas aceitos socialmente, que lhes garantem que outros grupos fiquem em subalternidade no que concerne a esse objeto institucional.

As instituições não são meras formas organizativas e operacionais da sociedade, são também aparelhos econômicos, políticos ou ideológicos, que podem conduzir à exploração, à dominação e à mistificação. Nesse sentido, são considerados "palcos da luta de classes": "os aparelhos organizacionais não são encarados apenas como burocracias, e sim como palco das lutas dos agentes sociais em prol de seus interesses" (Weisshaupt, 1988: 27). Os interesses econômicos de classes não aparecem nitidamente em algumas instituições porque representam composições de outras mediações políticas e ideológicas (leia-se interesses corporativos, religiosos, interesses ambíguos das classes médias, indo até interesses machistas, racistas, entre outros). Nesse sentido, torna-se necessária uma análise histórica e estrutural das instituições.

> A herança gramsciana na concepção de Althusser amplia a noção de Estado e, portanto, de luta de classes, para o conjunto do que Antonio Gramsci chama de Sociedade Civil. As instituições e, com elas, a cultura, as ciências, deixam de ser instrumentos neutros do progresso da humanidade, para tornarem-se lugar de luta de classes pela *direção* da sociedade. (Albuquerque, 1987a: 17; grifos no original)

1. As instâncias econômica, política e ideológica

Introduziremos a questão da possibilidade de análise das sociedades, das instituições e das práticas através das instâncias econômica, política e ideológica.

Em um modo de produção social se incluem também as formas de sua própria reprodução, isto é, em convivência com um modo de produção econômico existe uma superestrutura político-jurídica e ideológica que contribui para a reprodução social do modo de produção econômico, e é ao mesmo tempo alimentada por este. A força e a coesão de certos fenômenos sociais estão na combinação de efeitos nas três instâncias, umas reforçando as outras.

> Em toda sociedade se constata, pois, sob formas às vezes muito paradoxais, a existência de uma atividade econômica de base, de uma organização política, e de formas "ideológicas" (religião, moral, filosofia etc.). (Althusser, 1979: 205)

Por exemplo, a exploração do trabalhador no nível econômico (a extração de mais-valia) torna-se possível por meio da dominação política exercida pela classe burguesa. Essa dominação da vontade do trabalhador, por sua vez, é possibilitada pela existência de ideologias que incutem na consciência do povo, de forma mistificada, a legitimidade dessa dominação e dessa exploração, através de discursos sobre a realidade que falseiam a verdadeira natureza de luta de classes das sociedades. Não há exploração econômica sem que se institucionalizem simultaneamente relações de poder autoritárias, mas também não é possível manter esse autoritarismo (dominação) sem apresentá-lo ideologicamente como necessário, natural e compensador (disciplina, sujeição e mistificação).

A sobredeterminação entre as instâncias econômica, política e ideológica se dá também em nível institucional. Vejamos, como exemplo, as instituições que circundam a loucura, tais como a instituição da psiquiatria e a da Saúde Mental. Os saberes tradicionais apregoam a existência de uma "doença" mental, mistificando a loucura como objeto de intervenção privilegiada dos médicos, o que lhes confere um status prestigioso na divisão sociotécnica do trabalho e, quase que conseqüentemente, melhores ganhos econômicos. O poder médico está reforçando ideologias organicistas sobre a loucura e vice-versa. O maciço investimento de capital na "indústria da loucura" reforça, como o terceiro eixo desse esquema analítico, a combinação entre o econômico, o político e o ideológico.[1]

A instância econômica abrange as relações sociais em torno da transformação da natureza, dos bens materiais, dos objetos concretos (ver Quadro 1). Como veremos adiante, na análise das instituições levamos em consideração também como econômicas as esferas da circulação das mercadorias, do consumo, das trocas, das finanças, do comércio entre outros. Isto é um tanto diferente da análise da sociedade, quando enfatizamos, no econômico, a esfera estrita da produção.

A instância política abarca as relações sociais que organizam os homens na sociedade, nas instituições ou em suas práticas cotidianas. Nela se incluem o Estado, as leis, as normas e costumes sociais, o planejamento do trabalho, os projetos societários, a cidadania, os direitos sociais.

A instância ideológica congrega as relações sociais que dão um significado à vida humana. Abrange as representações sociais e individuais, as ideologias, a cultura, o simbólico, a linguagem, a identidade pessoal etc.

A instância econômica é o lugar da produção, dos bens materiais, o lugar social do "ter". A instância política é o lugar da organização, das leis, regras, associações, o lugar social do "poder". A instância ideológica é o lugar da significação, das idéias, o lugar social do "saber". Ter, poder e saber são, portanto, relações sociais localizáveis, respectivamente, no espaço: econômico, da produção e circulação de bens; político, da organização da sociedade e do Estado; ideológico, da cultura.

Graças às práticas econômicas a sociedade existe materialmente, mas graças às práticas políticas ela funciona e às práticas ideológicas ela tem sentido. Todos os fenômenos do mundo têm uma base material, ao mesmo tempo que são relacionais, têm uma estrutura, e que tudo simboliza para o ser humano.

O Quadro 1 correlaciona os vários elementos em jogo na análise das instâncias econômica, política e ideológica.

---

1. Devemos sempre lembrar que esta divisão é analítica e não ontológica.

Quadro 1
Esquema de correlações econômico/político/ideológico

Instâncias	Econômica	Política	Ideológica
	Produção	Organização	Significação
	Bens	Leis/Regras	Idéias
Objeto	Ter	Poder	Saber
Sociedade	Existe	Funciona	Significa
Produto	Bens Materiais	Estado	Cultura
Meio	Natureza	Sociedade	Representações
Apropriação	Real	Institucional	Simbólica
Desapropriação	Exploração	Dominação	Mistificação
	Fazeres	Arranjos	Linguagens
	Mercado	Governo	Comunicação
	Consumo	Jurídico	Signos
	Dinheiro	Administração	Imaginário
Proposta	Distribuição	Participação	Conscientização

O social não se restringe à instância econômica. As práticas humanas não só transformam bens na qualidade bruta em valores de uso, mas também, concomitantemente, transformam a organização das práticas e transformam historicamente, o significado dessas práticas, dão novo valor simbólico para as organizações dos homens e até dos produtos de seu trabalho. Isto é, através da prática humana, nas três instâncias, há transformação de algo anteriormente dado em algo novo a ser incorporado à sociedade.

Essas transformações, o surgimento do novo, nem sempre são apropriadas de forma igualitária, com eqüidade ou justiça pelos atores sociais que participam da prática coletiva de criação. Atores que historicamente adquiriram ascendência social têm a propensão a se apropriar das "produções" materiais, organizacionais e simbólicas em prejuízo dos outros atores.

Por isso se pode dizer que nas relações de apropriação do real a classe burguesa se apropria da produção social através de relações sociais de exploração, que Marx categorizou como a extração de mais-valia. Através de relações de apropriação das formas de organização social, a elite no poder se apropria da vontade legítima do povo, através de relações sociais de dominação, que é objetivada, por exemplo, na divisão social do trabalho ou no Estado. Nas relações de apropriação dos significados do mundo a classe dominante perpetra relações sociais de mistificação da realidade, através de fetiches, falsas consciências, ideologias, reificações entre outros.

De acordo com o Quadro 2, o mundo, através das práticas sociais, é transformado material, organizacional e simbolicamente, de forma agregada, conjunta (no quadro as instâncias econômicas, políticas e ideológicas estão separadas para dar uma forma analítica e permitir a compreensão didática). Do mesmo modo, as relações sociais de transformação e de apropriação estão separadas no quadro por motivos analíticos, mas com freqüência se dão ao mesmo tempo, isto é, a mesma prática institucional que transforma o mundo também desapropria os atores mais fragilizados. Por exemplo, no mesmo processo de trabalho em uma indústria, fabricam-se os produtos e alienam-se os operários. De modo que, nessas relações de transformação e desapropriação no capitalismo, as elites se apropriam historicamente do "mundo" em detrimento do povo.

Voltando à concepção de combinação das três instâncias, pode-se dizer que existem relações sociais de opressão nas quais há sobreposição da exploração econômica, da dominação política e da mistificação ideológica.

O caráter institucional da sociedade permite a extensão de tais conceitos para as instituições sociais, tanto em seu sentido universal, por exemplo, a instituição "psiquiatria", quanto no seu sentido particular e concreto, o estabelecimento psiquiátrico. Por exemplo, quer se considere a instituição geral ou particular, o agente privilegiado é o médico psiquiatra no exemplo citado. Quer estejamos nos referindo a uma indústria privada particular ou ao modo de produção capitalista, o mandante será um conjunto de burgueses ou a burguesia.

As teorias em análise institucional não diferem muito entre as instituições universais, particulares e singulares, ou concretas e abstratas, a não ser exatamente por esses aspectos. Isto é, há uma validade universal das teorias da Análise Institucional desde que atendidas as particularidades

Quadro 2
Transformação e apropriação do mundo

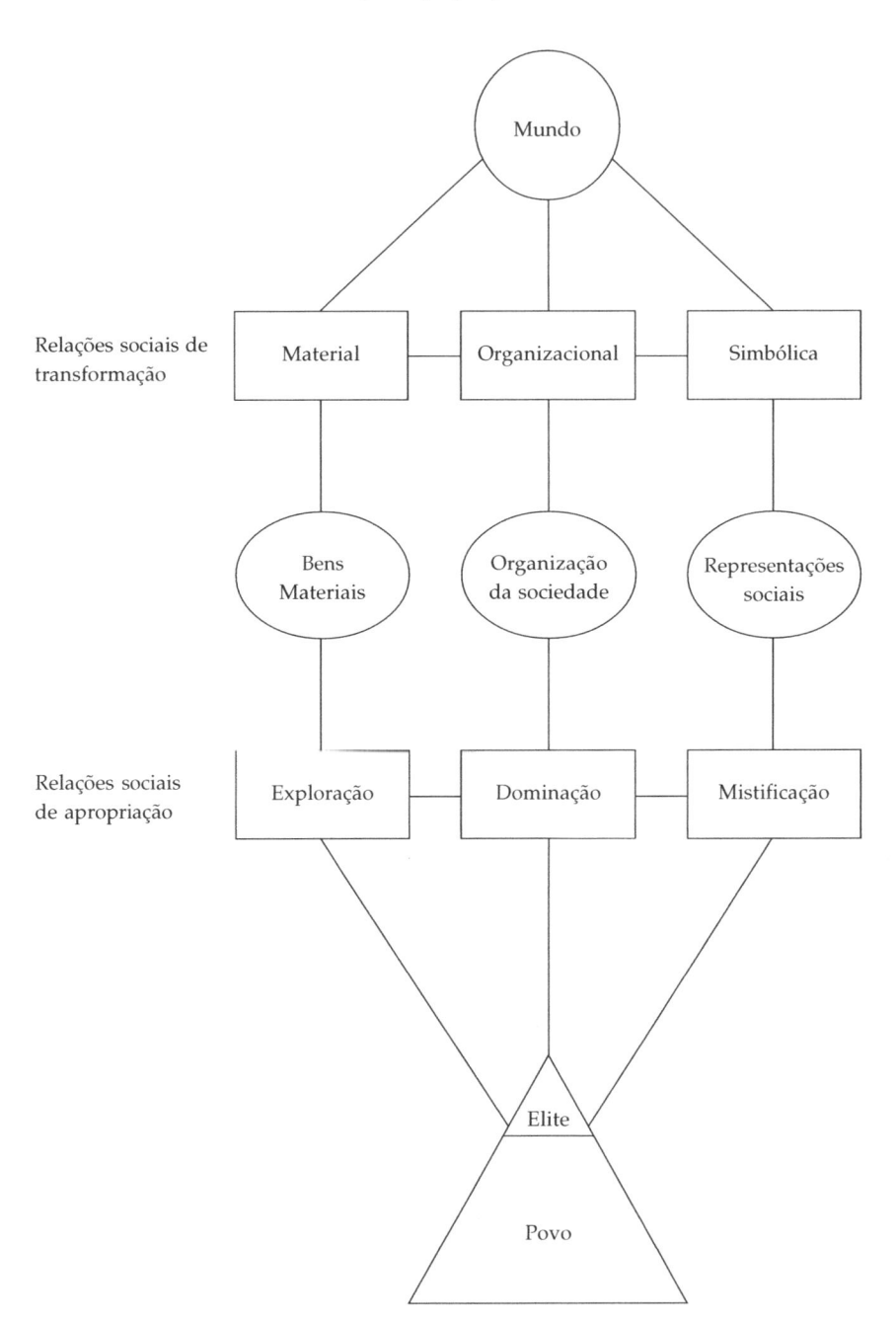

```
                          Mundo
                            │
         ┌──────────────────┼──────────────────┐
Relações sociais de   Material     Organizacional     Simbólica
transformação            │              │                │
                    Bens Materiais  Organização    Representações
                                    da sociedade       sociais
                         │              │                │
Relações sociais     Exploração     Dominação       Mistificação
de apropriação           │              │                │
                         └──────────┬───┴────────────────┘
                                  Elite
                                  Povo
```

inerentes à realidade. Nesse sentido, tais teorias são válidas tanto para os estabelecimentos (as organizações institucionais), quanto para os fenômenos sociais institucionalizados. No caso dos estabelecimentos é necessário levar-se em conta a articulação com os aspectos organizacionais da instituição, e no caso dos fenômenos sociais é necessário se atender às suas propriedades de generalidade e extensão social. Dessa forma, a organização também pode ser analisada como uma instituição:

> Podemos afirmar que uma fábrica é uma instituição, quaisquer quatro paredes/muros ou, mesmo, qualquer forma de organização material ou jurídica é uma instituição. (Lourau, 1993: 11)

1.1. Instituições econômicas, políticas e ideológicas

Albuquerque extrapola os conceitos de Althusser de "aparelhos ideológicos de Estado" e "aparelho (repressivo) do Estado" para a instância econômica, criando a possibilidade categorial e analítica de aparelhos econômicos, aparelhos políticos e aparelhos ideológicos.

> (...) não seria o caso de abrir espaço para aparelhos "econômicos" de Estado, efeito da articulação entre relações de produção, relações ideológicas e relações políticas, tal como os demais aparelhos de Estado, mas combinadas de outra maneira? (Albuquerque, 1987a: 30)

As instituições podem ser analisadas como econômicas, políticas e ideológicas, de acordo com a transformação que suas relações sociais engendram. O predomínio de transformações nas respectivas instâncias conceitua a instituição. Ou em outras palavras, que haja *dominância* do aparelho econômico, ou do aparelho político, ou do aparelho ideológico (ver Quadro 3), aparelho conceituado como uma estrutura de práticas articuladas (Albuquerque, 1986: 42).

Assim, uma fábrica pode ser dita como instituição econômica; um partido político pode ser considerado uma instituição política, pois tem um projeto de organização social; uma escola pode ser analisada como uma instituição da instância ideológica.

Esse tipo de análise é importante, pois estabelece as relações sociais privilegiadas na instituição e, portanto, qual tipo de relação de apropriação predomina e submete todas as suas outras relações sociais à sua lógica. Por exemplo, em um exército as relações de hierarquia têm de ser mantidas, apesar das suas contradições ideológicas ou econômicas, sob pena da instituição militar se inviabilizar. A dominância de uma instância tenta justificar a desapropriação em outra. Em uma escola, para impor um saber (a educação) tenta-se justificar a organização disciplinar dos alunos, a racionalidade econômica no ensino etc.

Dessa forma, algumas instituições, dentro do modo de produção e reprodução sociais, se caracterizam mais determinantemente pela exploração, ou pela dominação ou pela mistificação, apesar de essas três formas de desapropriação andarem juntas.

Na análise das práticas institucionais é necessário levar-se em conta que todos os aspectos analíticos se sintetizam de forma sobredeterminada: os fenômenos sociais são sobredeterminados (ver Quadro 3). *Sobredeterminação* é o tipo de causalidade pela qual um efeito social é o produto resultante da participação causal, deslocada e condensada de todas as forças, instâncias e representações que, sinérgica ou contraditoriamente, compõem o modo de produção de uma sociedade (Baremblitt, 1992: 190).

As instâncias econômica, política e ideológica podem ser:
- *instância determinante*, aquela que é condição de existência social, determinante em última instância;
- *instância dominante*, aquela que é condição de reprodução social, instância determinante mais imediata;
- *instância decisiva*, aquela que é condição de transformação social, instância revolucionária.

Entendemos que na análise das relações sociais do cotidiano nas organizações institucionais é útil usar a categoria de sobredeterminação, porque a complexidade das mediações entre a última instância e a instância dominante faz com que haja uma instância decisiva, que pode ser diferente das outras duas instâncias. E que, nas organizações institucionais, as possibilidades de autonomia da prática profissional e de reapropriação pela clientela são dadas pela apropriação sobredeterminada, isto é, há que se acabar não só com a propriedade privada dos meios de produção, mas também com a desapropriação do poder e do saber.

Na análise das instituições também se pode usar o conceito de *transversalidade*, quando a instituição apresenta ora a dominância de uma instância, ora de outra, ou, ainda, quando não se consegue perceber qual das três instâncias é a dominante. Casos como esses podem ocorrer em instituições como a família, a sexualidade, a saúde etc. Nesses casos é mais conveniente usar o conceito de transversalidade conforme as formulações de Albuquerque, isto é, em vez de um eixo transversal ao sociologismo e ao psicologismo, como usado nas correntes psicossociais de Análise Institucional, a transversalidade é definida como se houvesse um eixo que passasse transversalmente aos três eixos — econômico, político e ideológico — em uma combinação das instâncias (ver Quadro 3). A história social dessas instituições "transversais" mostra como há desapropriações típicas de suas práticas, isto é, além de alienações econômicas, políticas e ideológicas, há alienações sexuais, mentais, de gênero, raciais, geracionais, entre outros.

1.2. Práticas econômicas, políticas e ideológicas

As práticas sociais cotidianas, a partir do referencial teórico adotado aqui, também podem ser analisadas pelo referencial tripartite e conceituadas em econômicas, políticas ou ideológicas.

> Por *prática* em geral entenderemos todo processo de transformação de uma determinada matéria-prima dada em um processo determinado, *transformação* efetuada por um determinado trabalho humano, utilizando meios ("de produção") determinados. (...) Essa definição geral da prática inclui em si a possibilidade da particularidade: existem práticas diferentes, realmente distintas, embora organicamente pertençam à mesma totalidade complexa. (...) Além da produção, a prática social comporta outros níveis essenciais: a prática política (...) que transforma sua matéria-prima: as relações sociais, em

um produto determinado (novas relações sociais); a prática *ideológica* (a ideologia, quer seja religiosa, política, moral, jurídica ou artística, transforma também o seu objeto: a "consciência" dos homens). (Althusser, 1979: 144; grifos no original)

Quadro 3
Dominância, sobredeterminação e transversalidade

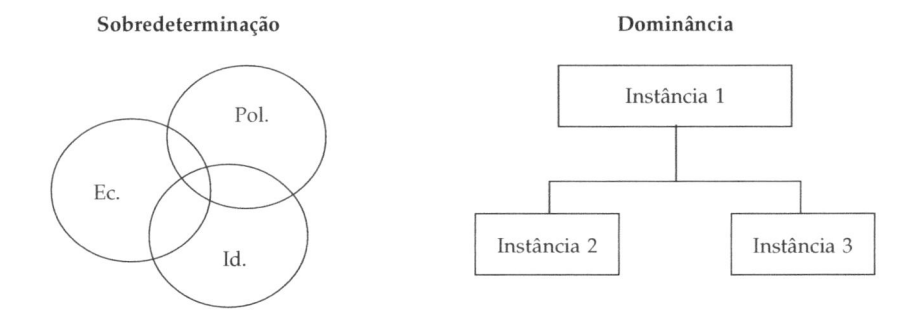

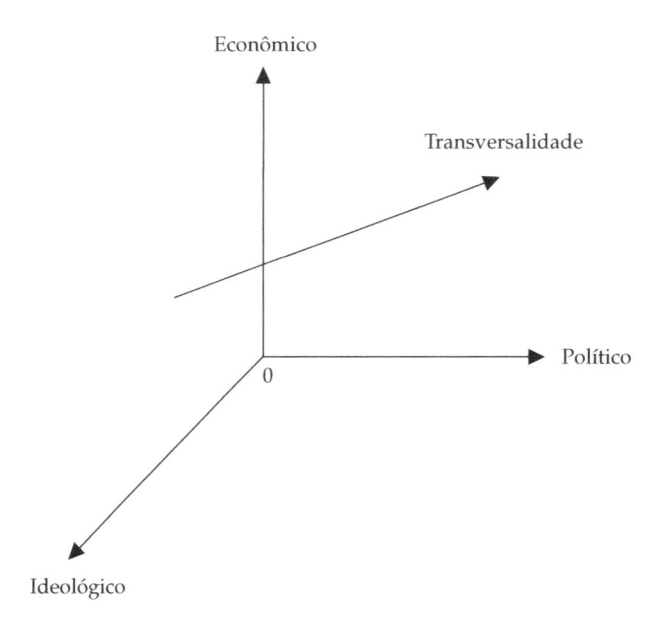

Porém, tal como a sociedade e as instituições, toda prática combina elementos das três instâncias e nelas tem efeitos. O que caracteriza a instância é o objeto que é transformado na prática social, se é econômico, político ou ideológico, respectivamente: algo material; a organização social; as idéias.

Chegamos a uma ferramenta de análise que, ao ser aplicada aos níveis da prática cotidiana, do estabelecimento e da sociedade, é capaz de forjar o elo com a história das sociedades, passando pela mediação das instituições e alcançando a ação do dia-a-dia.

Assim como Marx foi capaz de articular a prática à sociedade, isto é, ir do trabalho operário cotidiano dentro da fábrica até uma concepção de sociedade movida pelas lutas de classes, queremos mostrar, com o referencial da Análise Institucional, que em outras áreas de atuação do Serviço Social, que não a empresa (e no presente livro, a questão da Saúde Mental), também o trabalho cotidiano profissional está ligado ao movimento da história. Devemos fazer a ressalva de que a psiquiatria não engendra classes sociais antagônicas que movimentam a sociedade inteira, mas suas contradições ao longo da história na assistência psiquiátrica também geram contradições sociais e relações sociais de apropriação indevida, as quais contribuem para reproduzir a sociedade de classes capitalista. Como as contradições entre os atores sociais, por exemplo, na educação, saúde, não geram conflitos basilares na dinâmica social e histórica (a história das sociedades não é forjada pelas contradições entre professores e alunos ou entre médicos e pacientes), a Análise Institucional os trata como "questões institucionalistas", mas evitando a fragmentação típica da funcionalização da sociedade: são questões institucionalistas e também históricas, dialéticas, sociais e estruturais.

As práticas sociais tendem a ser institucionalizadas e o conjunto de instituições sociais recorta a realidade social, mostrando a organicidade entre o macro e o microssocial. Uma classe social desapropria a outra. Essa desapropriação se objetiva dentro das organizações institucionais, através das suas práticas sociais corriqueiras. Todas as instituições produzem "algo" e se apropriam (através de seus atores) desta "alguma coisa". Todas as práticas também "produzem" e alienam.

DESENVOLVIMENTO HISTÓRICO DAS CATEGORIAS "ECONÔMICO", "POLÍTICO" E "IDEOLÓGICO"

As categorias analíticas de econômico, político e ideológico são inspiradas em Marx.

> (...) na produção social da própria existência, os homens entram em relações determinadas, necessárias, independentes de sua vontade; estas relações de produção correspondem a um grau determinado de desenvolvimento de suas forças produtivas materiais. O conjunto dessas relações de produção constitui a estrutura econômica da sociedade, a base real sobre a qual se eleva uma superestrutura jurídica e política e à qual correspondem formas sociais determinadas de consciência. (Marx, 1988b: 82, Prefácio)

As instâncias econômicas, políticas e ideológicas se desenvolvem teoricamente em Gramsci e Althusser e desembocam na Análise Institucional por intermédio da crítica de Albuquerque a Althusser. Albuquerque remete sua metodologia de análise das instituições à proposta marxiana, mas através da proposição althusseriana: "O problema das relações entre o ideológico, o econômico e a política fica, portanto, colocado, e Althusser propõe uma solução de conjunto" (Albuquerque, 1986: 5). Albuquerque, *distinguindo o plano da análise do plano da realidade*, amplia o conceito de "Aparelhos Ideológicos de Estado" para outras instâncias.

> O problema, tal como resulta dessa crítica, é de dupla natureza: por um lado a questão da distinção entre teoria e realidade, por outro, a questão da tripartição estrutural da análise e da autonomia de cada uma das instâncias. (Ibidem: 9)

Albuquerque chega, então, à análise tripartite das práticas sociais, retomando o movimento dialético entre as três instâncias, crítica de que foi alvo o marxismo estruturalista francês pelo Serviço Social no Brasil.

> É bem evidente que qualquer comportamento ou conjunto de comportamentos concretos, qualquer que seja a unidade de análise, pode ser interpretado alternadamente dos pontos de vista econômico, político e ideológico. (Ibidem: 41)

As práticas concretas podem ser analisadas por esse esquema "analítico" tripartite; as instituições e as organizações sociais também podem ser avaliadas de acordo com as instâncias econômica, política e ideológica. "A instituição deve ser percebida como o ponto de convergência das instâncias econômica, política e ideológica" (Barbier, 1985: 136). Para a Análise Institucional, as instituições concretas são o lugar em que se sintetizam as práticas sociais: a instituição como forma geral das relações sociais (Lapassade, 1980: 88).

2. Níveis organizacional, institucional e social

Há que se distinguir também na análise das práticas institucionais o nível técnico-organizacional, o nível institucional e o nível social-contextual-histórico.

Organizar é dispor os recursos para atingir determinados fins. Por sua vez, uma prática institucional pode objetivar várias finalidades distintas. O que determina os objetivos da prática são teleologias sociais que estão conectadas a interesses econômicos, a imperativos éticos, a exigências políticas. Logo, há uma reciprocidade entre a complexidade social, os fins e os meios das práticas sociais, dando uma organicidade à totalidade histórica, novamente aglutinando o macro e o microssociais pelas mediações institucionais.

> Importa distinguir, portanto, o plano estritamente institucional do plano organizacional. Basicamente, o primeiro diz respeito à legitimidade dos comportamentos numa relação entre agentes que defendem interesses próprios, divergentes. O plano organizacional trata apenas dos recursos utilizados no confronto institucional para se atingir racionalmente determinados objetivos prefixados. (Weisshaupt, 1988: 27)

Instituição não se confunde com organização: as organizações são conjuntos de meios, concretamente, para se atingir fins institucionais. A discussão dos fins, dos objetivos, não está analiticamente no nível da organização. Esta só discute os meios; seu escopo é o da racionalidade. As concepções de instituição como coisa, como conjunto de normas, como contínua e integrada, naturalizam a idéia de instituição e levam a confundi-la com a organização. Essas concepções fazem com que o assistente social, que geralmente é empregado de uma organização institucional, não perceba que confundir instituição com organização corresponde ao modelo funcionalista, que leva a instituição a ser tratada com metodologia científica positivista. Não separar o nível organizacional do nível institucional significa calcar exclusivamente a atuação profissional nos meios, na racionalidade da atuação do assistente social, considerando os fins vigentes como dados e legítimos.

Ora, as contradições são inerentes à sociedade de classes. Estando o Serviço Social inserido na luta de classes, o não-questionamento dos fins significa reproduzir o atual modo de produção. É abdicar da perspectiva crítica do Serviço Social. É fundamental, para a linha crítica e histórica do Serviço Social, discernir o conceito de instituição do de organização. Se não fizermos corretamente essa distinção, corre-se o risco de acabar com a possibilidade de "fazer história", de definir novos objetivos para a sociedade: os fins sociais, não questionados, permaneceriam sempre os mesmos, bastaria então administrar racionalmente os meios disponíveis. Isto representaria a burocratização da prática e o fim da história, idéia descartada pela tendência histórico-estrutural do Serviço Social. Num Serviço Social crítico e comprometido com as classes populares, a todo momento está presente, explicitamente ou não, a discussão dos fins simultaneamente à discussão dos meios. Portanto, o nível institucional deve ser analisado permanentemente, caso contrário não haveria luta histórica e mudança ou transformação social.

CATEGORIAS DE ANÁLISE

Do processo de trabalho envolvendo objeto, produto e instrumental, Marx extraiu categorias históricas como classes sociais, burguesia, proletariado e luta de classes para explicar a sociedade: "A história de toda sociedade até hoje é a história de lutas de classes".

Do modelo marxiano de processo de trabalho, Albuquerque extraiu categorias institucionais, como objeto, âmbito e saber. As categorias primeiras de objeto da prática, produto e instrumental são, para Albuquerque, categorias do nível organizacional ou técnica.

Há, pois, que se distinguir, nas práticas institucionais, os níveis técnico-organizacional, institucional e social-histórico-contextual. "Enquanto a análise organizacional tem como escopo a racionalidade do sistema social, a perspectiva institucional coloca em questão sua legitimidade" (Weisshaupt, 1988: 27). Na análise do Serviço Social, como profissão institucionalizada, é necessário se fazer essa distinção (ver Quadro 4).

> Ao se tomar o Serviço Social como prática profissional, ou seja, como instituição reconhecida por um registro legal, reiterada socialmente em um determinado contexto social, situada em relação mútua com outras instituições de finalidades constituídas e legitimadas, influenciando e sendo influenciada por elas, necessário se faz apropriarmo-nos de uma definição que dê conta desse caráter institucionalizado, para abordarmos esta totalidade. Para tanto, propomos situar e avaliar a prática profissional do Serviço Social em três dimensões por entendermos que, embora específicas, diferenciadas e complementares, configuram uma *unidade*, pois que seriam as dimensões estruturantes de uma *totalidade* significativa.
>
> As dimensões referidas são a técnico-produtiva, a institucional e a contextual. (Arbex, 1992: 44; grifos nossos)

Através da história, no bojo da luta de classes, os homens definem fins que são socialmente legítimos. Como "a atividade do homem opera uma transformação, subordinada a um determinado fim" (Marx, 1988a: 205), e como os fins são apropriados pelas instituições sociais (*e não apenas* atribuídos a elas por um poder superior), define-se o nível institucional como o dos "fins".

> Toda forma social possui portanto uma unidade, um caráter específico produzido por sua finalidade oficial (a produção, a gestão, a educação, o controle, a ajuda, a proteção etc.). (Lourau, 1975: 12)

Dentro dessa ótica, a prática do Serviço Social precisa ser analisada com recorrência aos níveis institucional e social, além de seu nível técnico-organizacional (Arbex, 1992: 45).

O Quadro 4 esquematiza as relações descritas no texto:

Quadro 4
Social, institucional e organizacional

Nível	Escopo	Objeto
Social	historicidade	luta de classes
Institucional	legitimidade	fins, objetivos
Organizacional	racionalidade	meios, recursos

Nas práticas em organizações institucionais estamos limitados pelos meios (organização), pelos fins (instituição) e pelas estruturas sociais e históricas (luta de classes). Embora a existência desses limites seja óbvia, sua análise não é. *A organização institucional desapropria os atores nos três níveis*: no organizacional, por exemplo, por meio das normas burocráticas reificadas; no institucional, por exemplo, na determinação de objetivos que vão contra os direitos legítimos dos atores mais fragilizados; no social, por exemplo, com a alienação da classe social proletária. Como ilustração da articulação dos três níveis, vejamos o seguinte: as técnicas (nível organizacional) em Serviço Social só têm sentido à medida que estão conectadas a determinados fins, que esses fins sejam legítimos de acordo com a instituição Serviço Social e com a instituição em que se dá a prática do assistente social (nível institucional). Essa legitimidade é problematizada dentro de um Serviço Social com uma perspectiva de luta de classes como motor da história (nível social), uma vez que, então, os fins institucionais são matéria de embate e discussão, pois representam interesses econômicos e disputa por dar a direção societária.

É necessário que se distinga, também, nos três níveis, as relações de dependência que valorizam o profissional ou não: a subalternidade histórica é diferente da subordinação institucional, que é diferente da hierarquização organizacional. Há uma tendência generalizada a se confundir o assistente social como agente subordinado (o que é uma relação de seu saber sobre o objeto institucional prevalecente na organização em que trabalha) com sua condição de subalternidade dentro da divisão sociotécnica do trabalho (o que é uma relação entre os objetos institucionais diferenciados historicamente na sociedade). Dentro do referencial analítico que estamos apresentando, a subordinação é institucional e a subalternidade é social. Além disso, a posição de chefia ou de submissão hierárquica no organograma de um estabelecimento se remete a uma questão analítica simplesmente organizacional. Essa distinção implica em que, apesar da subalternidade histórica do Serviço Social, os assistentes sociais podem ser agentes privilegiados (dependendo da instituição) e/ou ocuparem cargos de chefia (dependendo da organização).

Também Alain Touraine, sociólogo francês, mostra como no estudo da ação social há que se considerar três níveis de análise: o Sistema de Ação Histórica (SAH), o Sistema Institucional Político (SIP) e o Sistema Organizacional (SO). Esses três níveis são necessários para entendermos a passagem da prática à historicidade e vice-versa, sendo fundamental a mediação feita pelo nível institucional (Weisshaupt, 1993: 26).

3. Elementos de análise institucional

3.1. Objeto da prática, produto e instrumental

As relações sociais podem ser analisadas como relações entre sujeitos e objetos. As relações sociais são complexas porque os sujeitos são múltiplos (ao se levar em conta os diferentes planos de análise da realidade) e os objetos também. E nas relações sociais humanas o chamado "objeto" é outro sujeito. Torna-se necessário caracterizar os diferentes objetos da ação humana nos distintos planos de análise.

Um objeto social é qualquer coisa que interaja na experiência humana em uma relação de prática, conhecimento, uso, transformação, reconhecimento, ação etc. Para haver um objeto precisa que se formule uma unidade e uma separação dos demais objetos, em outras palavras, uma ontologia.

> Não se institui, portanto, um objeto material, mas sim, um objeto social ou, mais precisamente, as relações sociais que sustentam todo objeto, material ou não, socialmente reconhecido. Instituir, portanto, é reproduzir e legiti-

mar relações sociais que fazem o objeto de uma instituição. (Albuquerque, 1989: 1-2)

As práticas sociais concretas, a organização das coisas no mundo (fatos, fenômenos, acontecimentos, situação, experiências) e a atribuição de significados a essas coisas instituem objetos nas sociedades humanas. Conforme citou Félix Guattari, a finalidade de uma análise institucional é reconhecer os sujeitos e objetos das relações sociais (Baremblitt, 1982: 51).

Partindo da prática institucional cotidiana, caracterizaremos as categorias analíticas de objeto da prática, o produto da prática e o instrumental. Conforme já alertamos, Guilhon Albuquerque se inspira em Marx:

> No processo de trabalho, a atividade do homem opera uma transformação, subordinada a um determinado fim, no objeto sobre que atua por meio do instrumental de trabalho. O processo extingue-se ao concluir-se o produto. (Marx, 1988a: 205)

Albuquerque chama o *objeto* do processo de trabalho em Marx de objeto organizacional: "O objeto de uma organização é um determinado tipo de recurso de que a organização — como sistema de meios — apropria-se, transformando-o". (Albuquerque, 1987b: 53) Já Weisshaupt, refletindo sobre a prática institucional, chama o objeto organizacional de objeto da prática.

> Em geral, a noção de objeto indica algo que deve ser transformado para obtenção de um determinado produto. O objeto é visto assim num processo caracterizado como produtivo. (Weisshaupt, 1988: 29)

O *produto* da prática institucional é o resultado do processo de transformações a que o objeto da prática é submetido ao longo da prática institucional. O produto objetiva a prática pela sua incorporação. De certa forma ele é o oposto do objeto da prática (ver Quadro 5) e reflete as finalidades da prática institucional (Weisshaupt, 1988: 109).

As transformações levadas a efeito na prática institucional são em nome do objeto institucional e não em nome dos objetos de prática ou dos produtos "em si", como veremos adiante.

O *instrumental* é o conjunto de técnicas ou ferramentas concretas, teóricas ou metodológicas necessárias para operar a transformação de objeto em produto. São usadas pelos atores institucionais no momento prático de sua intervenção profissional.

O Serviço Social usa um grande número de técnicas diferentes, pois historicamente se apropriou de várias técnicas de outras áreas de atuação como a Medicina, a Sociologia, a Comunicação Social, a Psicologia, a Educação etc. (Bisneto, 1993: 104). Porém, isso reforça um erro para os assistentes sociais que pensam que se pode transformar um objeto exclusivamente com o instrumental, que as técnicas têm autonomia, caindo no fetiche da "técnica pela técnica" (Weisshaupt, 1988: 79).

Um objeto da prática classifica-se no nível organizacional-técnico. Um carpinteiro transforma tábuas de madeira em uma mesa usando ferramentas, sua habilidade e conhecimentos. Analogamente (para descrever didaticamente), um médico transforma um corpo doente em corpo sadio usando os instrumentos, sua perícia e saber. Indo pelo mesmo caminho, pode-se analisar a prática do assistente social como aquela que transforma uma condição social problemática em uma pessoa ou coletividade em outra condição em que se espera que tais problemas tenham sido superados, usando para isso o conhecimento e os meios adequados à sua profissão. Há que se fazer a ressalva que na produção de bens materiais o uso de ferramentas se distingue do uso de técnicas em Serviço Social, pois esta última, como atividade de serviços agindo na esfera da regulação social, do controle dos comportamentos e da reprodução ideológica, a instância política das técnicas é sempre fundamental (Trindade, 2000). Analisaremos isto recorrentemente no livro.

OBJETOS, PRODUTOS E INSTRUMENTAIS HISTÓRICOS

A prática do Serviço Social é variada e complexa. Seus objetos, produtos e instrumentais não podem ser determinados de forma precisa como nas ciências da natureza. Tais categorias dependem de condições históricas e sociais e da área de atuação do assistente social. É necessário realizar uma pesquisa de campo para se saber, na realidade, quais são os objetos de prática, produtos e instrumentais do Serviço Social, em cada área de atuação, em um determinado contexto histórico e social.

A análise do processo de trabalho em Serviço Social está sendo discutida atualmente pela Associação Brasileira de Ensino e Pesquisa em Serviço Social (ABEPSS), também por uma via inspirada no Marxismo, refletindo no ensino do núcleo de fundamentos do trabalho profissional:[2]

> O conteúdo deste núcleo considera a profissionalização do Serviço Social como uma especialização do trabalho e *sua prática como concretização de um processo de trabalho que tem como objeto as múltiplas expressões da questão social*. Tal perspectiva permite recolocar as dimensões constitutivas do fazer profissional articuladas aos elementos fundamentais de todo e qualquer processo de trabalho: *o objeto ou matéria-prima* sobre o qual incide a ação transformadora; *os meios de trabalho* — instrumentos, técnicas e recursos materiais e intelectuais que propiciam uma potenciação da ação humana sobre o objeto; e *a atividade do sujeito* direcionada por uma finalidade, ou seja, o próprio trabalho. Significa, ainda, reconhecer o *produto do trabalho profissional* em suas implicações materiais, ídeo-políticas e econômicas. A ação profissional, assim compreendida, exige considerar as condições e relações sociais historicamente estabelecidas, que condicionam o trabalho do Assistente Social: os organismos empregadores (públicos e privados) e usuários dos serviços prestados; os recursos materiais, humanos e financeiros acionados para a efetivação desse trabalho, e a articulação do Assistente Social com outros trabalhadores, como partícipe do trabalho coletivo. (Cadernos ABESS, 1997: 66; grifos no original)

3.2. Objeto, âmbito e saber institucionais

Partindo das categorias de objeto da prática, produto e instrumental, iremos estudar três outras categorias de análise ligadas às primeiras: o objeto institucional, o âmbito institucional e o saber institucional.

---

2. A atuação do Serviço Social pode ser analisada como "processos de trabalho", conforme orientação atual da ABEPSS. Mas, nem toda prática institucional é processo de trabalho, como, por exemplo, práticas familiares. Mas, considerando que este texto aborda a prática institucional do Serviço Social em Saúde Mental, este referencial pode ser usado.

A teoria social já demonstrou que a sociedade não é uma entidade de natureza intencional ou teleológica, isto é: a sociedade não tem objetivos nem finalidades: ela tem, apenas, uma existência em si, puramente factual. Mas a mesma teoria sublinha que os membros da sociedade, homens e mulheres, *sempre agem teleologicamente*, isto é: as ações humanas sempre são orientadas para objetivos, metas e fins. A ação humana, seja individual, seja coletiva, tendo em sua base necessidades e interesses, implica sempre um *projeto*, que é, em poucas palavras, uma antecipação ideal da *finalidade* que se quer alcançar, com a invocação dos *valores* que a legitimam e a escolha dos *meios* para atingi-la. (Netto, 1999: 93; grifos no original)

A sociedade não tem fins, mas as pessoas, sós ou agrupadas, nas suas ações coletivas, têm fins. Isto é, as instituições têm teleologia.

Um *objeto institucional* é instituído por um saber sobre as práticas concretas da realidade, e como toda prática tem um produto e uma teleologia, e as instituições se definem pelos seus fins, os objetos institucionais são coisas que se quer alcançar através das práticas institucionais, conformando a legitimidade da instituição.

Concretamente, o objeto institucional se encontra mais do lado do produto da prática. De qualquer forma, o que precisa ser frisado é o princípio de estruturação da ação e das lutas sociais em torno de objetos institucionais específicos. O objeto institucional não preexiste à instituição, é a ação institucional que constitui o objeto. (Weisshaupt, 1988: 30)

Instituir é dar começo a alguma coisa, estabelecer, criar. Quando se começa algo, o que está em jogo é a legitimidade; depois é que se organizam os meios, os recursos. Instituir é tornar finalidades legítimas, é se apropriar de um objeto teleológico. O objeto institucional é a concepção sobre a objetivação de uma teleologia:

Para o agente institucional, o objeto jamais se esgota na sua materialidade; sempre conserva seu caráter abstrato e indeterminado que, na retórica institucional, se formula geralmente em termos de "objetivos" ou "finalidades". (Albuquerque, 1989: 7)

É em torno do objeto institucional que se estabelecem as relações de poder e as possibilidades de apropriação dos agentes históricos. O esclarecimento do objeto institucional leva à clarificação das posições na luta social, formulação de estratégias, ao entendimento dos interesses em jogo dentro da instituição.

O objeto institucional não é um objeto material, mas imaterial, impalpável, de caráter abstrato e indeterminado (pode parecer absurdo tal imprecisão, mas, por exemplo, o que é exatamente "saúde"?), pois é esse caráter que facilita a sua apropriação pela instituição e sua tendência a alargar indefinidamente os limites de seu âmbito.

> O objeto institucional é aquilo sobre cuja propriedade a instituição reivindica o monopólio de legitimidade. Definir-se como instituição é portanto apropriar-se de um objeto. (Albuquerque, 1987b: 53)

A apropriação do objeto institucional pela instituição se dá em detrimento da apropriação por indivíduos ou por outras instituições.

Na medicina, o objeto de prática é a doença, mas o objeto institucional é a saúde. Nas instituições religiosas, o objeto de prática é o pecado, mas o objeto institucional é a salvação. Numa organização institucional como a Companhia de Limpeza Urbana (COMLURB), na cidade do Rio de Janeiro, o objeto de prática é o lixo, mas o objeto institucional é a limpeza. Portanto, é em nome da saúde, da salvação e da limpeza, respectivamente, que as instituições médicas, religiosas e de limpeza atuam e obtêm legitimidade social. Essa conotação de oposição é que permite, metodologicamente, se determinar o objeto institucional a partir do objeto de prática na análise das relações sociais concretas (ver Quadro 5).

O sentido do objeto institucional é totalizante (monopólio) e dominador (controlador).

> O objeto institucional, portanto, não é exatamente algo que se transforma. É algo que se reivindica e de que se pretende o *monopólio*. Cada instituição tem por objeto um conjunto de relações sociais que considera significativas para o desenvolvimento de sua ação *controladora* na sociedade. Esse objeto é sempre resultante de um jogo de forças e será modificado constantemente em

função das mudanças na correlação dessas forças. (Weisshaupt, 1988: 30; grifos nossos)

O objeto institucional é tão difícil de determinar quanto o objeto da prática, pois também é histórico e social. O objeto institucional do Serviço Social está em discussão. Weisshaupt, em pesquisa da prática do Serviço Social no Nordeste do Brasil, por volta de 1980, tem uma hipótese:

> Se o objeto da prática do Serviço Social é constituído pelas falhas de institucionalização das relações sociais, o objeto institucional, aquilo sobre o qual poderá reivindicar o monopólio da legitimidade profissional será algo como o estabelecimento da cidadania efetiva da população. (Weisshaupt, 1988: 70)

Weisshaupt formula a hipótese de que o objeto institucional do Serviço Social será algo como a cidadania efetiva da população, cidadania no sentido do uso adequado dos aparatos de Estado. O assistente social tem a função política de mediar as relações entre a população e o Estado, no usufruto de seus aparatos (Weisshaupt, 1988: 70). Isto é, se o objeto de prática do Serviço Social consiste nas falhas de institucionalização dos cidadãos, por oposição, o objeto institucional do Serviço Social é a adequada institucionalização dos seus usuários. Veremos no capítulo seguinte como esta hipótese se coaduna com a nossa pesquisa da prática profissional do Serviço Social em Saúde Mental.

Como a prática do Serviço Social é também determinada pelo campo de atuação do assistente social, é necessário se pesquisar as especificidades profissionais em uma dada área, de modo a se articular os objetos institucionais do Serviço Social e os da área de atuação, que freqüentemente são diferentes, como é o caso, por exemplo, da atuação do Serviço Social nas áreas de saúde, educação e empresa. As formas de institucionalização em cada área são diferentes, e, historicamente, se desenvolveram peculiaridades.

Por exemplo, na área de Saúde Mental, devido ao Movimento da Reforma Psiquiátrica, o assistente social se tornou um dos profissionais-chave no processo de desospitalização. O componente social da Saúde Mental sob o enfoque da psiquiatria renovada é tão importante que torna-se fundamental estudar a relação entre as duas áreas de saber.

O *âmbito institucional* são todas as relações sociais em que a instituição encontra o seu objeto de prática. São todas as relações sociais em que a instituição tem reconhecido socialmente um saber sobre como transformar os objetos segundo um projeto próprio, a concepção de objeto institucional. O âmbito institucional compreende as relações e práticas sociais concretas que sustentam o objeto institucional. Seu único limite real são os limites de soberania de outras instituições sobre essas práticas sociais. Toda instituição tende a ampliar seu âmbito de ação e estender-se indefinidamente até esbarrar com o âmbito de outras instituições, de modo que o âmbito de uma instituição é definido pela história das lutas de sua institucionalização, no conflito com outras instituições.

O âmbito ultrapassa a demanda. Por exemplo, se uma pessoa procura um serviço médico, freqüentemente recebe uma intervenção nas suas práticas alimentares, familiares, sexuais, profissionais, entre outras, que são de natureza distinta da sua demanda médica, estritamente falando.

O âmbito do Serviço Social, portanto, não é fixo, nem definido *a priori* pelos profissionais ou professores do Serviço Social, pelo contrário, é definido pelo contexto, que é conflitante.

Na área de Saúde Mental o assistente social tende a ampliar o âmbito de atuação dos psiquiatras, estendendo-o até as relações sociais das famílias, da comunidade, do trabalho, ao lazer e aos direitos sociais.

É um equívoco crer que o âmbito institucional se limita às fronteiras concretas do estabelecimento. O âmbito de um hospital vai muito além do seu prédio; o âmbito de um manicômio ultrapassa os limites de seus muros. As relações sociais, os objetos institucionais vão além do nível organizacional dos estabelecimentos. As empresas pretendem regular todas as práticas dos trabalhadores, mesmo as que não estão ligadas à produção (por exemplo, lazer, educação, procriação), uma vez que criam um discurso para mostrar que tais práticas interferem na produção. A extensão da soberania de uma instituição, se apropriando de relações sociais, se dá em detrimento dos antigos atores concretos destas relações sociais (Albuquerque, 1987b: 55).

O *saber institucional* é o saber dos atores institucionais sobre o objeto institucional que legitimam sua atuação, intervenção e transformação dos objetos da prática em produtos da prática.

Este saber é diferenciado entre os atores, gerando estruturas de poder de acordo com o montante de saber que cada agente tem sobre o objeto institucional. As estruturas de saber institucional têm efeitos sobre as estruturas organizacionais (hierarquia, chefia). As organizações institucionais procuram se apropriar da verdade sobre o objeto institucional desapropriando os atores menos poderosos de seu saber.

O Serviço Social, como profissão institucionalizada, tem um lugar na divisão técnica do trabalho (sua especificidade prática) e um saber característico (sua especificidade teórica) que são históricos e sociais, mas não chegando a se constituir como ciência positiva, porém legítimo enquanto saber de intervenção na realidade social.

No Quadro 5 vemos que: o objeto de prática, o produto e o instrumental estão em nível organizacional; o âmbito, o objeto institucional e o saber, em nível institucional; e os objetos sociais, as classes, a história etc., em nível social. Todos esses elementos analíticos se ligam por relações de contigüidade ou oposição, interpenetrando os três níveis.

3.3. Dois objetos institucionais diferentes

O assistente social atua freqüentemente em estabelecimentos que não são de assistência social (por exemplo, em empresas ou em hospícios). Ocorre, então, que sua prática fica orientada para dois objetos: o objeto institucional do Serviço Social e o da área de atuação ou da organização institucional.

Como superar esta aparente dicotomia? De acordo com a pesquisa de Weisshaupt, podemos inferir analiticamente quatro estratégias de convivência por parte dos assistentes sociais com esta situação (Weisshaupt, 1988: 40):

- a aceitação plena do saber institucional do Serviço Social, ignorando as particularidades da área de atuação. Isto faz com que o assistente social perca a realidade do outro objeto institucional;
- a substituição do objeto institucional do Serviço Social pelo objeto institucional da outra área, aceitando-o incondicionalmente. Isto tem como conseqüência negativa a perda do "sentido" de sua própria profissão;

Quadro 5
Elementos de análise institucional

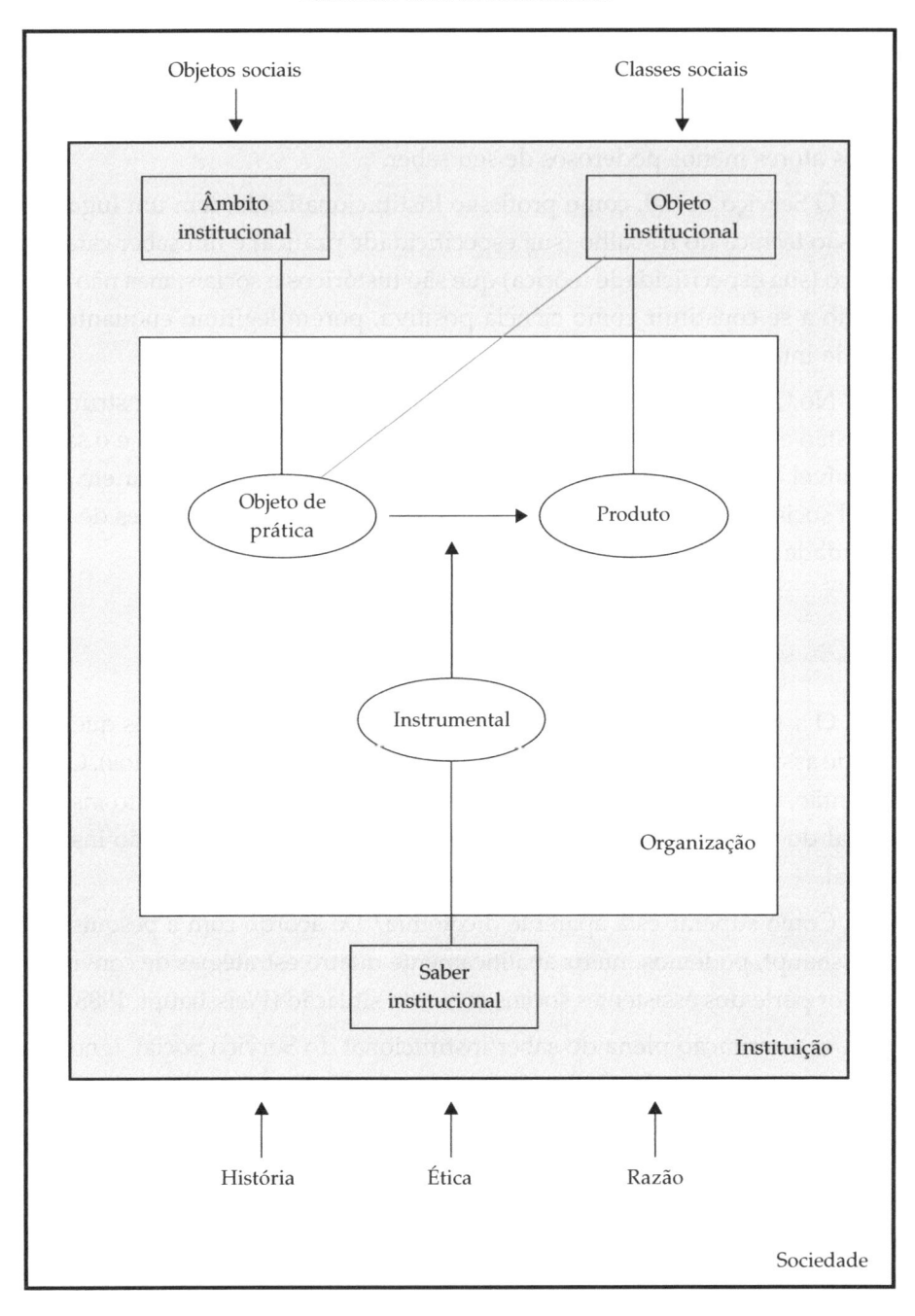

- Objetos sociais →
- Classes sociais →

Âmbito institucional

Objeto institucional

Objeto de prática → Produto

Instrumental ↑

Organização

Saber institucional

Instituição

↑ História   ↑ Ética   ↑ Razão

Sociedade

- a articulação entre os dois objetos institucionais nas formas mecânicas e funcionais da complementaridade, do antagonismo, do sincronismo ou da particularização. São articulações pouco elaboradas, incompletas, tendem a reproduzir reificações e mistificações das duas áreas de conhecimento;
- a articulação entre os dois objetos institucionais na forma de uma articulação histórica e social (portanto crítica e estrutural). Isto é uma atitude substancialmente diferente, pois propicia a superação dialética das diferenças na prática profissional concreta.

Para se proceder a articulação entre o objeto institucional do Serviço Social e o objeto institucional da área de atuação é necessário se proceder às análises de ambas as instituições, através da análise das práticas concretas do assistente social e das organizações institucionais da área de atuação, desvendando seus níveis organizacional, institucional e social, e formulando a ligação estrutural que une os dois objetos institucionais distintos.

O Serviço Social quando propõe uma atuação interdisciplinar para o enfrentamento dos problemas sociais faz com que seja necessário proceder à análise das relações de diferença entre os saberes que legitimam distintos objetos na divisão técnica do trabalho, isto é, as relações entre as várias especialidades e campos de atuação que permeiam a sua prática profissional. Que condições propiciam que dois saberes, sendo diferentes, possam ter uma atuação em comum?

Por exemplo, na prática do assistente social na área de Saúde Mental, os objetos de Serviço Social e da psiquiatria estão ligados, conforme os estudos epidemiológicos que comprovam que problemas sociais levam a problemas mentais. No sentido inverso, também a experiência mostra como problemas mentais levam os indivíduos a enfrentar sérios problemas sociais. Mas, para além dos estudos estatísticos, é necessária a análise histórica e estrutural da relação entre os fenômenos da Saúde Mental e da Assistência Social.

4. Os atores organizacionais, institucionais e sociais

Em qualquer relação social de produção coletiva vários sujeitos participam com posições estruturais diferenciadas, seja por suas diferentes instâncias econômicas, políticas e ideológicas, seja pela proximidade ou distanciamento do processo de trabalho (os níveis organizacional, institucional e social). São diferentes posicionamentos em relação à propriedade dos meios de produção, aos poderes de organizá-la e aos saberes sobre o objeto institucional.

Essas posições estruturais são complexas. Ao mesmo tempo há: uma complementaridade das diferentes funções; um conflito de interesses econômicos, políticos e ideológicos; e várias articulações complexas entre o organizacional, o institucional e o social.

Como são muitos os fatores intervenientes na análise das práticas institucionais, muitos atores distintos e muitas categorias de leitura da realidade institucional, vamos desenrolar os conceitos gradativamente até podermos ter uma visão de conjunto.

A força de trabalho opera o instrumental no processo de trabalho. São todos os atores institucionais portadores do saber sobre esse processo. A prática institucional é resultado da prática de seus agentes concretos e só existe quando encarnada em atores concretos que a constituem.

> Uma instituição só existe na prática de seus atores institucionais, prática que consiste em intervir nas relações sociais submetidas à soberania da instituição. (Albuquerque, 1987b: 55)

De acordo com Albuquerque, os atores institucionais (no sentido ampliado) se dividem em internos e externos (ver Quadro 6).

Atores internos "são aqueles que diretamente 'fazem' a instituição, desenvolvendo positivamente sua ação no quadro de um aparelho determinado" (Weisshaupt, 1988: 28). São os agentes técnicos (em geral profissionais) e a clientela. São sub-categorizados de acordo com o grau de "saber" em relação ao objeto institucional, o que lhes confere poder e posição estratégica em relação à ação institucional.

Agentes privilegiados são aqueles cuja prática concretiza plenamente a ação institucional. Têm um saber pleno quanto ao objeto institucional e a partir deste saber uma posição fundamental em relação à ação institucional.

Os assistentes sociais são agentes privilegiados em instituições de Serviço Social, como a antiga LBA, a FEBEM, o SESC, o SESI,[3] em alguns programas das secretarias municipais de desenvolvimento social, nas secretarias de assistência social. Porém, nada garante que os profissionais que dão nome a uma instituição sejam seus agentes privilegiados. É necessária uma análise concreta para elucidação da prática institucional. Por exemplo, em muitas instituições assistenciais o agente privilegiado é o padre ou o pastor.

O agente privilegiado não possui propriamente o saber: apenas tem uma relação de mandato para exercer o saber, na maioria das vezes concedida pelo registro legal no seu conselho profissional, a partir do diploma universitário e do pagamento das anuidades.

Agentes subordinados são atores cujas práticas também estão ligadas a ação ou objeto institucional, mas estão subordinados, na ordem do saber, aos agentes privilegiados. Têm saber apenas relativo quanto ao objeto institucional. Porém, em relação ao âmbito institucional mantêm uma posição estratégica importante quanto à ação institucional.

Por exemplo, o assistente social é agente subordinado em organizações institucionais como hospitais e hospícios. No hospício o agente privilegiado é o psiquiatra, mas como a saúde mental (o objeto institucional) depende da ação do assistente social junto à família, à comunidade e às outras relações sociais do usuário de serviços psiquiátricos (ou seja, na ampliação do âmbito institucional da psiquiatria), o assistente social é chamado a agir em nome do objeto institucional, porém subordinado ao poder e saber do psiquiatra.

Distinguir se o assistente social é agente privilegiado ou subordinado em seu trabalho é importante para a análise de sua prática: possibilidades, autonomia, estratégias, competência etc. No entanto, por falta de disseminação das teorias institucionalistas em Serviço Social, essa contradição da atuação profissional fica velada e distorce as análises em campos em que ele é subordinado, como veremos ser o caso na Saúde Mental.

No caso do Serviço Social, todavia, a autonomização do discurso profissional se dá numa situação peculiar. Construído apenas em função da situação

---

3. Ver Weisshaupt (1988: 67).

hipotética dos assistentes sociais, como agentes institucionalmente privilegiados, acaba marginalizando a maioria dos assistentes sociais, institucionalmente subordinados. (Weisshaupt, 1988: 108)

Agentes de apoio são aqueles que prestam serviços indispensáveis à manutenção da organização. Eles não são ligados à ação institucional e sim à ação organizacional. Como agentes não têm um saber sobre o objeto institucional.[4]

Em algumas empresas industriais, o Serviço Social trabalha apenas na administração de benefícios aos empregados. Nesse caso, o assistente social trabalha tão afastado do objeto institucional (a produção) que pode se tornar apenas um agente organizacional.

Clientela é o conjunto de indivíduos atingidos efetivamente pela ação institucional. São os atores cuja relação com a instituição é objeto da ação institucional. Nega-se que os clientes tenham "saber" sobre o objeto institucional. Na medida do possível, o cliente está reduzido à passividade (nega-se, no mais das vezes, sua condição de sujeito). No limite, o cliente é tornado "paciente". Nega-se até o conhecimento que os usuários de serviços têm sobre sua própria demanda.

Quando o assistente social como agente subordinado trabalha em uma empresa, sua clientela são os empregados da própria empresa, portanto seus colegas (e não a clientela da empresa); quando trabalha em um hospital, sua clientela não tem vínculo empregatício com essa organização institucional, são os pacientes (clientela) do hospital; quando trabalha nos aparelhos do Estado, por exemplo, em programas de comunidade, sua clientela é o público do estabelecimento. Logo, pelos exemplos, o assistente social pode ter clientela distinta da clientela da organização institucional em que trabalha. Quando o assistente social como agente privilegiado trabalha em

---

4. Estamos levando em conta, estritamente, a posição estrutural, pois se pensarmos nos aspectos pessoais é sabido que alguns funcionários meramente organizacionais, depois de anos em uma firma, adquirem conhecimentos acerca da produção que vão além de sua função explícita. Mas isto é um aspecto subjetivo que não entra na análise de Albuquerque e de Weisshaupt. Como estamos analisando a Saúde Mental, vamos fazer a articulação das categorias econômicas, políticas e ideológicas com as questões da subjetividade no capítulo IV.

uma organização de Serviço Social, sua clientela é a clientela da própria instituição. Esses exemplos mostram como o assistente social tem diferentes implicações estruturais com seus usuários.

Os *dirigentes* são atores organizacionais que ocupam os postos de chefia da estrutura hierárquica espelhada pelo organograma. Eles têm o poder de mando decorrente de um mandato para exercer o cargo de dirigente. Eles têm muito poder, mas podem perdê-lo a qualquer instante: seu poder é relativo, concessão das correlações de forças. Os assistentes sociais ocupam cargos de direção principal especialmente em estabelecimentos de assistência social. Em organizações institucionais de outras áreas é mais raro, mas espera-se que no mínimo os departamentos de Serviço Social sejam chefiados por um assistente social.

Atores externos são agentes que não têm ação direta nas instituições, estão fora delas, mas podem interferir "negativamente" no processo de produção, isto é, podem parar a "produção". São os mandantes, o público e outras instituições do seu contexto. São também atores sociais, isto é, seus interesses representam mais diretamente alguma classe social histórica.

> Os mandantes podem paralisar a ação institucional, impedindo os agentes institucionais de agir, mas não podem agir em seu lugar, senão tornando-se, por sua vez, agente institucional. (Albuquerque, 1987b: 75)

Os mandantes assentam seu poder na apropriação dos meios de produção e reprodução social, material, política ou ideológica, de acordo com a metodologia que categoriza as relações sociais em três instâncias: econômica, política e ideológica. O poder do mandante deriva da:

- apropriação dos meios de produção e reprodução material da instituição, de acordo com a relação de propriedade capitalista que rege a relação material entre os agentes sociais (instância econômica);
- apropriação dos meios de produção e reprodução política da instituição, na relação de organização, de acordo com a constituição político-jurídica que rege a relação de mando social (instância política);
- apropriação dos meios de produção e reprodução simbólica da instituição, na relação de verdade, em geral, em nossa sociedade, de

acordo com a racionalidade científica que rege a relação cultural central de valorização dos saberes dos agentes sociais (instância ideológica).

Os *mandantes econômicos* (assentados na relação de propriedade) são os que sustentam economicamente a instituição (garantem a sua reprodução material) e, baseados nessa propriedade, exigem uma prestação de contas em relação à ação institucional e, em particular, dos agentes privilegiados que se apropriam apenas simbolicamente (não materialmente) do objeto. Esses mandantes, portanto, se apropriam não do objeto institucional, mas do que a instituição produz economicamente.

Nas instituições ditas públicas o mandante econômico é o Estado, seja em nível federal, estadual ou municipal. Nas instituições ditas privadas é o capital (os acionistas ou os donos). O dono pode ser uma pessoa jurídica, isto é, uma empresa que é dona de outras empresas, por exemplo. Uma situação em que alguns atores concretos podem desempenhar vários papéis institucionais ocorre, por exemplo, nos clubes, associações e cooperativas, em que os agentes sócios, associados, cooperandos podem ser, ao mesmo tempo, clientes, agentes e mandantes econômicos porque são, coletivamente, os proprietários. É, portanto, a função ou sua prática que define a posição estrutural do agente, e não o contrário.

Os *mandantes políticos* (assentados na relação de poder) são aqueles que nomeiam o corpo de agentes institucionais e, sobretudo, dos agentes que exercerão a direção da organização institucional, isto é, nomeiam os dirigentes. Nas instituições públicas esses mandantes são os representantes do Estado (o governo, mandatário, que normalmente tem mandato legitimado por uma Constituição que lhe confere um poder limitado por um tempo estipulado). É necessário fazer a distinção entre Estado e governo, pois os governos passam e o Estado fica. Nas empresas privadas capitalistas, os donos ou o corpo de acionistas, apoiados na legislação comercial, exercem diretamente ou delegam o direito de administrar a produção a um agente que deverá prestar contas de sua gestão. Note-se que os dirigentes não são mandantes, são agentes internos à organização, que têm uma concessão temporária de mando que pode ser retirada a qualquer momento, de acordo com o estatuto do estabelecimento: são "cargos de confiança" do mandante. Nas pequenas empresas privadas, o dono pode ser presidente, diretor ou gerente. Neste caso é dirigente, mandante econômico e mandante político ao mesmo tempo.

Um exemplo clássico da diferença entre mandantes econômicos e políticos se dá nas empresas "sociedades anônimas" de capital aberto: o fato de uma pessoa comprar ações desse tipo de empresa lhe dá o direito de se apropriar de um certo quinhão do lucro, mas não lhe dá nenhum direito político sobre o trabalho que se realiza dentro da empresa. No máximo pode participar (dependendo da quantidade e do tipo de ações adquiridas) da Assembléia de Acionistas ou do Conselho de Administração.

Os *mandantes ideológicos* (assentados na relação de saber) são os guardiões da legitimidade de que a instituição se reveste. São os que se apropriam do saber relevante para a instituição e decidem quais são as práticas permitidas ou proibidas, segundo um critério de "verdade". O tipo de mando vai depender de legislação específica da área de atuação da organização institucional.

Nas instituições de Serviço Social os guardiões da "verdade profissional" são os Conselhos Regionais de Serviço Social (CRESS's), e o Conselho Federal de Serviço Social (CFESS) (as escolas também, até certo ponto, a "academia" e a Associação Brasileira de Ensino e Pesquisa em Serviço Social (ABEPSS). O assistente social está submetido a esses órgãos mesmo que trabalhe subordinado em uma instituição de outra área.

A diversidade dos vários mandantes pode propiciar um certo grau de autonomia para os agentes internos. Isto é, quando uma organização institucional tem mandantes distintos, e que representem interesses antagônicos na sociedade, os agentes internos podem se posicionar de acordo com o mandante que coincidir com seus interesses próprios. Os mandantes expressam as políticas sociais, mas quando há divergência entre eles, os agentes internos vão poder interpretar a complexidade das políticas sociais de acordo com seus próprios posicionamentos políticos e executá-las na prática institucional refletindo seus interesses de classe.

Por exemplo, uma empresa estatal pode ter como mandante econômico o Estado capitalista, mas pode ter como mandante político um governo de esquerda e ter como mandante ideológico um órgão profissional que manifeste posições típicas dos interesses das classes médias. Os agentes internos, nesse caso, podem se posicionar seguindo qualquer das três alternativas (ou recombiná-las em qualquer medida).

O caso inverso também pode acontecer: a situação em que os mandantes coincidem. Nesse caso sobra pouca autonomia para os agentes internos. E há casos em que a mesma pessoa pode acumular papéis estruturais ainda mais amplos, perfazendo uma quantidade de poder bem maior. Como exemplo, havia no início dos anos 1970 uma empresa de construção civil de porte médio, de um único dono, que, portanto, era também o mandante político. Além disso, ele próprio preferia dirigir sua empresa, logo era dirigente (presidente). Também era engenheiro civil, logo um agente privilegiado. Se algum funcionário quisesse reclamar do processo de trabalho poderia fazê-lo no Conselho Regional de Engenharia (CREA). Porém o dono dessa construtora fazia parte da diretoria do Conselho (àquela época não eram os engenheiros registrados que escolhiam a diretoria do CREA, só alguns conselheiros votavam para a designação de uma nova diretoria): acumulava o papel de mandante ideológico. Logicamente só o sindicato dos trabalhadores escapava ao âmbito de poder de tal pessoa e representava a possibilidade de autonomia dos empregados. Mas em plena ditadura militar que sufocava o movimento sindical isso era difícil.

Público é o conjunto dos atores coletivos ou individuais para quem a ação institucional é visível, podendo eventualmente integrar a clientela. Por exemplo, um posto de assistência médica tem toda a comunidade como público, mas só os adoentados como clientela. Outro exemplo: num hospital, os pacientes são clientela e seus parentes podem ser simplesmente público.

Observe-se que a opinião do público pode ser mais decisiva do que a opinião da clientela para a prática institucional. Por exemplo, no programa de privatização e desnacionalização de empresas estatais brasileiras, como a Siderúrgica Usiminas, a Companhia Siderúrgica Nacional de Volta Redonda, a Companhia de Mineração Vale do Rio Doce, a Petrobras, a Furnas, o Banco do Brasil etc., a opinião pública tem sido observada na condução do processo de venda. Num posto de saúde, a associação de moradores pode ter influência na política de atendimento. O público é o agente que vai mediar o controle democrático nas instituições. Nas democracias, é o "mandante privilegiado" das instituições. O público se identifica com a totalidade das relações sociais.

Contexto interinstitucional: na análise das instituições é necessário levar-se ainda em consideração as instituições que se relacionam entre si. Elas configuram o contexto, que consideramos também como ator social. São atores coletivos. Podem ser outras instituições que de alguma forma interagem com a instituição em análise. Por exemplo, a prática de ensino na UFRJ também é influenciada pelo que outras universidades ensinam no contexto brasileiro.

O Quadro 6 esquematiza os atores entre internos e externos, e depois em institucionais e organizacionais.

Quadro 6
Atores institucionais

Atores externos		Atores internos	
Sociais	Institucionais	Institucionais	Organizacionais
Público	Mandantes econômicos	Agentes privilegiados	Dirigentes
Contexto interinstitucional	Mandantes políticos	Agentes subordinados	Agentes de apoio
	Mandantes ideológicos	Clientela	

4.1. A prática institucional

Não é só no nível histórico que existem contradições nas práticas humanas. Albuquerque leva o aspecto contraditório das relações sociais para o nível institucional, mostrando que as práticas institucionais são conflituosas e resultantes das contradições entre os vários atores:

Estritamente falando, a ação institucional nada mais é do que a prática de um de seus agentes, mandantes, clientes etc. Ou, mais precisamente, o resultado de relações sociais entre agentes e mandantes ou agentes e clientes, e assim por diante. Ora, a prática de cada um desses atores é, com freqüência, divergente, e muitas vezes complementar e contraditória com respeito à de outros. A prática institucional é, portanto, a resultante das práticas conflitantes dos diversos atores. (Albuquerque, 1987b: 58)

Para pensar a prática profissional do assistente social, é necessário estudar as relações sociais nas instituições envolvendo todos os atores. É a partir do princípio de que a prática institucional é contraditória que analisaremos a atuação do Serviço Social em organizações institucionais de Saúde Mental.

O Quadro 7 mostra os atores no seu enquadre em relação aos diferentes processos de trabalho, administrativo e social.

DIFERENTES RELAÇÕES ENTRE TER, PODER E SABER

As relações econômicas, de poder e de saber tendem a se hierarquizar em uma linha em cuja parte superior estão os mandantes, logo abaixo os dirigentes (seus representantes), depois o agente privilegiado, em seguida os agentes subordinados, agentes de apoio e, por último, a clientela. Essa linha não é uma regra geral, havendo muitas exceções: a lei da oferta e procura em uma sociedade de mercado incide sobre as oportunidades sociais das profissões, mudando o salário dos atores; a capacidade de se organizar em associações, corporações, conselhos, e a possível combatividade daí emanada, pode alterar as relações de poder; a complexidade dos saberes e o grau de dependência tecnológica e científica das organizações institucionais também podem reconfigurar a hierarquia entre os atores. Vejamos algumas particularidades.

Nas relações de saber, o agente privilegiado tem mais conhecimento que os dirigentes, mas estes últimos, em geral, são escolhidos dentre os próprios agentes privilegiados.

Quando o estabelecimento é do Estado, o público deveria ter mais poder, mas para isso precisa se organizar, enquanto o Estado já tem a sua organização prévia e se autonomiza em relação ao povo.

Quadro 7
Atores institucionais por processos

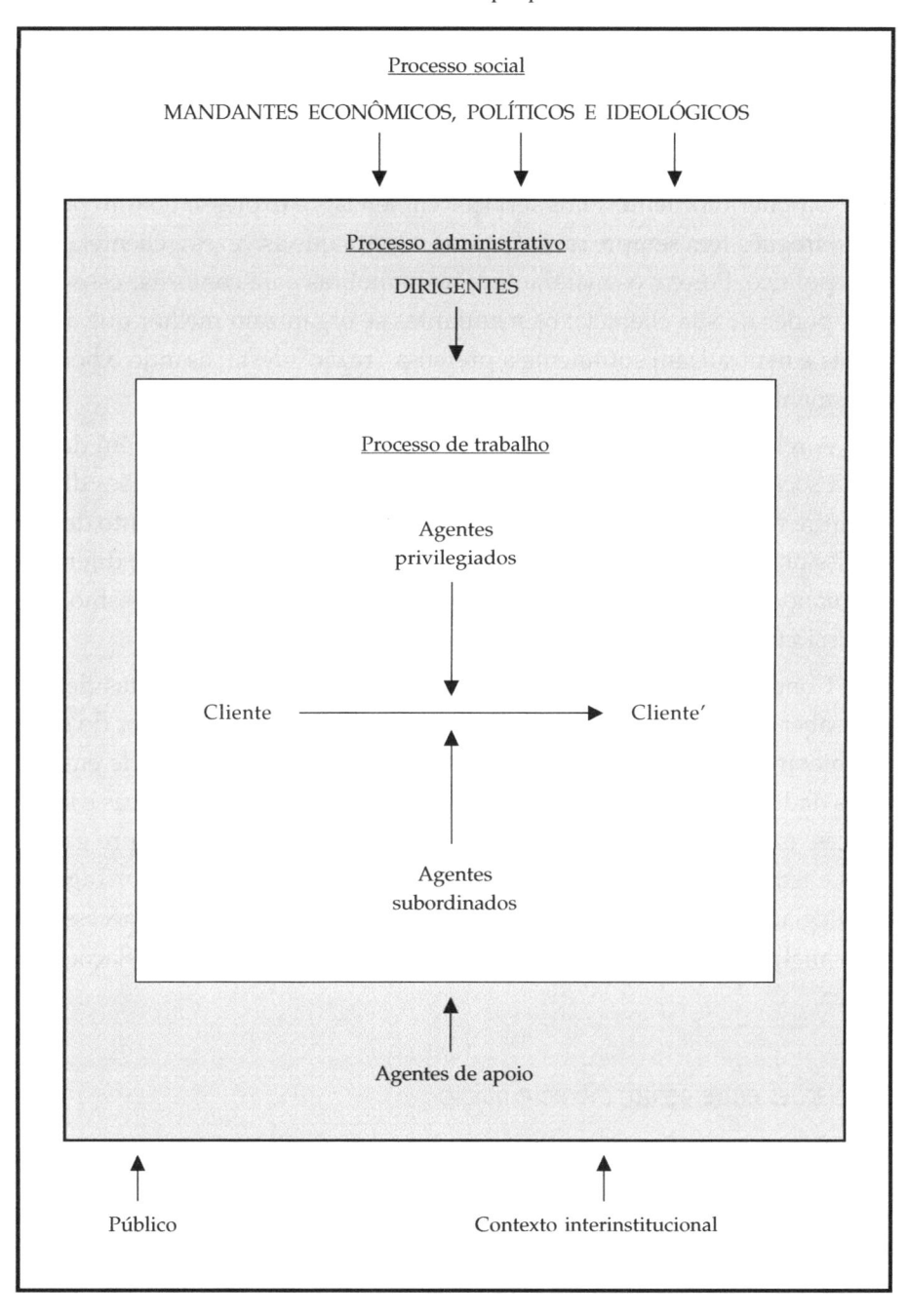

Processo social

MANDANTES ECONÔMICOS, POLÍTICOS E IDEOLÓGICOS

Processo administrativo

DIRIGENTES

Processo de trabalho

Agentes privilegiados

Cliente ⟶ Cliente'

Agentes subordinados

Agentes de apoio

Público   Contexto interinstitucional

No plano econômico, nem sempre os salários seguem a linha citada inicialmente, pois há injunções do mercado profissional. Por exemplo, uma reclamação histórica dos empregados da Seguridade Social é de que os profissionais "Analistas de Sistemas de Computação" têm os maiores salários no Ministério, apesar de serem estruturalmente apenas agentes de apoio, isto é, quase nada saberem de previdência social.

O poder da clientela nos serviços comerciais é expresso no dito popular "o freguês tem sempre razão", o que mostra que às vezes a clientela tem peso político. Porém, os mandantes têm manobras para contornar esse possível poder de sua clientela: os mandantes se organizam melhor que a freguesia e neutralizam sutilmente a pretensa "razão" desta, usando o bordão para manter mistificada a aura de bom atendimento.

A relação entre profissionais e seus usuários depende também da camada social de ambos: é bem diferente quando se dão combinações diversas entre ricos, pobres e classes médias. Por exemplo, o atendimento de um profissional de classe média alta a um cliente pobre é uma relação diferente de quando uma pessoa rica contrata serviços de outra pobre, mesmo que profissional autônomo, em um contrato liberal.

Concluindo, não devemos, portanto, fazer inferências diretas de poder, saber e ganhos econômicos por fatores funcionais, como valor do salário, hierarquia no organograma ou títulos de cursos superiores de ensino. Estes dados são apenas indicativos de relações econômicas, políticas e ideológicas, mas não dão a análise final. Quem sabe mais nem sempre ganha mais e tem mais poder, muito menos pode ser considerado, *a priori*, agente privilegiado. Todas as combinações são passíveis de exceção. É necessário uma análise concreta da instituição para se identificar as reais relações de poder.

5. Relações entre perito, cliente e objeto

De acordo com Goffman, em *Manicômios, prisões e conventos*, as relações de serviço profissional pessoais envolvem, analiticamente, um perito, um cliente e seu objeto. A relação entre o cliente e o objeto é uma relação de *propriedade*; a relação entre o perito e o cliente é uma relação de *compromisso*;

a relação entre o perito e o objeto é uma relação de *perícia*. Guilhon Albuquerque, em *Elementos para uma análise da prática institucional*, mostrou como as relações de propriedade, compromisso e perícia são alteradas quando a prática é organizada e institucionalizada.

> As relações de serviço pessoal são relações em que um ator-cliente entrega um objeto-sistema a um ator-perito para que este reponha o objeto-sistema em estado de uso. (Albuquerque, 1987b: 60)

Jean Robert Weisshaupt, em *As funções sócio-institucionais do serviço social*, explicita a distinção entre os níveis *organizacional*, *institucional* e *social* (respectivamente, os níveis dos recursos, dos objetivos e da luta de classes, conforme o Quadro 4) para explicar os limites às relações sociais de propriedade, compromisso e perícia na prática dos assistentes sociais nas organizações institucionais (ver Quadro 8). Isto cria uma matriz esquemática de análise da autonomia profissional em instituições, que usaremos no campo da Saúde Mental,[5] conforme o Quadro 9.

Na prática institucional, na área humana e social, é útil usar o modelo característico dos serviços pessoais para estudar a relação entre os clientes, seus objetos "em mau estado" e o perito que os repara.

> Mas quais são os elementos em jogo? Considerando a raiz da questão, destacam-se três elementos:
>
> 1) o assistente social;
>
> 2) o cliente;
>
> 3) o objeto de prática.
>
> E três relações:
>
> a) a relação entre o assistente social e o objeto de prática, isto é, a perícia profissional;

---

5. Em Serviço Social, essas concepções de Goffman da quarta parte do livro citado ("O modelo Médico e a hospitalização — algumas notas sobre as vicissitudes das tarefas de reparação") já foram apropriadas por René Barbier, em "Une analyse institutionnelle du Service Social", e as de Weisshaupt e Albuquerque por Sandra Arbex, em *Produção e reprodução do Serviço Social em uma organização institucional de saúde*".

b) a relação entre o assistente social e seu cliente, isto é, o compromisso profissional;

c) a relação de propriedade estabelecida entre o cliente e o objeto da prática. (Weisshaupt, 1988: 148)

O Quadro 8 mostra que a relação perito, cliente e objeto é enquadrada dentro de limites organizacional, institucional e social.

Quadro 8
Autonomia profissional

[Diagrama: Restrições sociais englobando Restrições institucionais, que engloba Restrições organizacionais, contendo um triângulo com PERITO, CLIENTE e OBJETO, ligados por: compromisso (perito-cliente), perícia (perito-objeto) e propriedade (cliente-objeto).]

Na análise do processo de trabalho do Serviço Social em Saúde Mental, Carla Filgueira usa um modelo analítico semelhante, baseado no *Capítulo VI inédito de O capital*, onde Marx mostra que a atividade de serviço exprime o valor de uso do trabalho útil como atividade e não como objeto.

As *atividades de serviço* materializam um valor de uso que se expressa a partir de uma relação que se estabelece entre *quem presta o serviço* e o *consumidor*, consolidando o efeito útil de seu trabalho. (Filgueira, 2000: 435; grifos nossos)

Num quadro de inserção em uma organização institucional, esse triângulo relacional sofre importantes injunções. As relações entre perito, cliente e objeto, quando o perito é um profissional liberal, como, por exemplo, um médico atendendo em consultório particular, são substancialmente diferentes das mesmas relações quando estas se dão no âmbito de um estabelecimento, como, por exemplo, o médico atendendo o paciente em um hospital.

Dentro do quadro das organizações institucionais as relações entre perito, cliente e objeto sofrem limitações organizacionais e institucionais, além das sociais, modificando as relações de propriedade, perícia e compromisso. Essas relações são intermediadas pelas organizações institucionais, desaparecendo o contexto liberal anterior entre perito e cliente, de livre contrato de serviço e atendimento.

Na análise da prática do Serviço Social em organizações institucionais é necessário se perceber como a organização institucional desapropria tanto o assistente social quanto seu cliente das relações de compromisso, propriedade e perícia nos níveis organizacional, institucional e social. Logo, faz-se útil um quadro de análise como o desenvolvido (em forma de texto) no capítulo 5.2, Parte II, do livro *As funções socioinstitucionais do Serviço Social*, de Weisshaupt:

Quadro 9
Níveis combinados com relações

Níveis	Relações sociais		
Organizacional	Perícia	Compromisso	Propriedade
Institucional	Perícia	Compromisso	Propriedade
Social	Perícia	Compromisso	Propriedade

Temos três desapropriações assinaladas por Goffman, Albuquerque e Weisshaupt:

1. Quando se trata de relação de atendimento humano, no caso do perito-médico, por exemplo, não é possível, em alguns casos, se apropriar de uma parte do corpo do cliente sem se apropriar de todo o indivíduo. Não se pode fazer a operação cirúrgica em uma coluna vertebral sem internar o paciente inteiro. Há aí uma apropriação do cliente para além do objeto a ser reparado.

2. Quando um perito se apropria de um saber sobre o objeto de um cliente (um saber com regras reconhecidas socialmente e institucionalizado), está desapropriando o cliente do saber que ele tem sobre seu próprio objeto. No ensino de Serviço Social se passa a idéia de que é preciso ouvir o usuário, ter atenção às suas concepções, valorizar o conhecimento que ele tem sobre seu problema, dialogar com as pessoas etc. Mas nem sempre essas idéias são seguidas pelo assistente social. Porém, há outras profissões que nem sequer atentam para essa concepção de abordagem nas suas prestações de serviço, reforçando a desapropriação do saber dos usuários.

3. A instituição e a organização desapropriam tanto o cliente quanto o perito, quando reivindicam para si a única racionalidade do serviço, e a única legitimidade do atendimento. Isto é, a relação de serviço profissional tem de ser como a organização quer, e não como o querem o perito e o cliente; tem de ter a finalidade que a instituição quer e não as que o perito e o cliente imaginam. Nessa múltipla desapropriação há autores de Serviço Social, como Vicente Faleiros, que propõem desenvolver o potencial dos usuários num processo conjunto e gradativo de organização e conscientização, para a união de forças com o assistente social, em uma proposta contra-institucional ou contra-hegemônica institucionalmente (Faleiros, 1991 e 1993).[6]

---

6. Apesar da desapropriação institucional incidir sobre profissionais e clientela, muitas vezes estes atores não conseguem se unir numa proposta alternativa, porque processos ideológicos escondem a desapropriação, fazendo com que, em nível pessoal, as atitudes tomadas sejam reacionárias. Como veremos no capítulo IV, a subjetividade é constituída de forma contraditória a partir dos aspectos sociais particulares de cada indivíduo.

Outro exemplo: foi uma conquista histórica do Estatuto da Criança e do Adolescente (ECA) permitir que o pai ou a mãe de criança internada em hospital possa passar a noite na enfermaria com seu filho,[7] apesar de isso contrariar todos os dispositivos organizacionais da racionalidade hospitalar. Ao Serviço Social compete defender os direitos da criança mesmo que vá contra os interesses imediatistas da organização. A desapropriação da criança de suas relações parentais quando está internada se afigura como uma perda de direitos fundamentais.

Um cliente não vai ficar muito disposto a ser desapropriado pela organização institucional e pelo perito. Numa instituição total o que ocorre muitas vezes é o emprego da força, mesmo que de forma escamoteada, para a prestação do serviço: o cliente é submetido a serviços profissionais de maneira forçada (Albuquerque, 1987b: 64). Franco Basaglia já comentava algo semelhante quando dizia que os manicômios eram os campos de concentração dos tempos de paz (Basaglia, 1991). Afinal, escritórios e fábricas parecem campos de trabalhos forçados diurnos, ao contrário de prisões-albergue: num se dorme preso à noite e se sai de dia, noutro se trabalha forçado de dia e se tem liberdade à noite.

Mais um exemplo: se uma pessoa tem um saber médico, mas não tem registro no Conselho, ao aplicar esse saber pode sofrer sanções sob o argumento, por exemplo, de exercício ilegal da medicina. Se a pessoa é médica, mas tem um saber sobre a saúde que o Conselho não reconhece, ao aplicar esse saber o médico pode ter seu registro cassado, por exemplo, por curandeirismo, falsa aplicação da medicina etc. Logo, há um dono do saber: na sociedade não há apenas os donos dos meios de produção, nem somente os donos da política (caciquismo, coronelismo, caudilhismo, os feudos, as capitanias hereditárias, currais eleitorais). Para além, há também a "propriedade privada" do saber.

Assim, se por um lado, o cliente já não é proprietário nem juiz último de uso de seu objeto (a saúde, por exemplo), o perito também não é dono de sua

---

7. Apesar de não estar garantido ao responsável (pai ou mãe) o abono da ausência ao trabalho em função desse cuidado com o filho.

própria perícia: o que define o médico não é um saber sobre a doença e a cura, é aquele saber *reconhecido* pela instituição e o que o autoriza a praticar não é sua perícia em si, mas o *registro* legal a que se submete, e que pode ser-lhe retirado. (Albuquerque, 1987b: 63; grifos no original)

6. A desapropriação institucional

Para nosso estudo da prática do Serviço Social em organizações institucionais, o mais importante é perceber como, nas relações sociais, os diferentes atores sociais se apropriam dos objetos de suas instâncias: o ter, o poder e o saber (a propriedade, o arbítrio e a verdade), a riqueza, o mando e o prestígio. Para Albuquerque, as instituições reproduzem as assimetrias entre os privilegiados e os carentes:

> A institucionalização portanto não reproduz somente relações sociais que sustentam um objeto socialmente reconhecido; no mesmo movimento, se reproduzem relações sociais assimétricas. Por analogia com a mais-valia que sanciona a assimetria das relações de produção, poder-se-ia falar de um mais-saber e de um mais-poder que sancionam as assimetrias entre, de um lado, sujeitos que encarnam de modo privilegiado a plenitude do objeto institucional, e pelo outro, os sujeitos que encarnam a carência. (Albuquerque, 1989: 4)

Por uma análise das práticas econômicas, Marx concebeu que historicamente a burguesia se apropriou de bens materiais, em particular dos meios de produção. Nesse processo desapropriou o proletariado do valor de sua produção, no processo de extração de mais-valia, que chamamos de exploração. Por um processo correlato existe uma desapropriação dos objetos nas instâncias política e ideológica.

> Numa sociedade de classes, a exploração da força de trabalho, a dominação da vontade coletiva e a sujeição à ideologia dominante geram contradições que, do ponto de vista dos dirigentes, ameaçam o funcionamento do sistema como um todo. (Weisshaupt, 1988: 26)

Na instância política vários autores se referem a uma apropriação de poder por parte de atores sociais que impõem sua dominação sobre outros atores.

Foucault, através de análise histórica das relações de poder, mostra como se exercem relações de dominação, técnicas de sujeição e modos de institucionalização. Foucault coloca o poder na infra-estrutura, como fator de produção.[8]

> Se é verdade que a estrutura econômica caracterizada pela acumulação do capital tem como propriedade transformar a força de trabalho em força produtiva, a estrutura de poder caracterizada pelo seqüestro tem por finalidade transformar o tempo da vida em força de trabalho. O seqüestro, em termos de poder, é o correlato do que representa a acumulação do capital, em termos econômicos. (Foucault, 1979: 49)

Gérard Mendel, sociopsicanalista institucional francês, propõe que há três alienações dos trabalhadores em uma indústria: a) econômica: seu salário é apenas uma parte do trabalho produzido; b) do trabalho: sua ação é fragmentada; c) de poder: não têm poder institucional.

Mendel, fazendo uma analogia com o conceito marxista de exploração de classes, diz que as categorias privilegiadas de atores institucionais desapropriam as outras de uma parcela de seu poder nas práticas dentro da organização. Os dominantes extraem uma parcela de poder que é legitimamente dos dominados. Na elaboração teórica de Gérard Mendel, essa "exploração" é chamada de mais-valia de poder (*plusvalía de poder*): o ato do trabalho institucional revela-se não só como economicamente produtivo, mas também como criador de certa quantidade de poder social, do qual se extrai uma mais-valia específica. Nesse sentido, a dominação pode e deve ser considerada também uma exploração (Mendel, 1974: 10, v. 2).

Félix Guattari considera a mais-valia de poder complementar à mais-valia econômica, e ambas, juntamente com a apropriação das formas de

---

8. Foucault não é marxista, mas suas contribuições são importantes na análise histórica das instituições.

energia intercambiáveis, os pilares do Capitalismo Mundial Integrado (Guattari e Rolnik, 1986: 24).

Herbert Marcuse, em uma interlocução com Freud, conceitua a categoria de mais-repressão estabelecida para a dominação de classes, além dos conceitos psicanalíticos de recalque e pulsão (repressão e instinto no livro):

> Mais-Repressão: as restrições requeridas pela dominação social. Distingue-se da repressão (básica): as "modificações" dos instintos necessários à perpetuação da raça humana em civilização. (Marcuse, 1975: 51)

Também, na instância ideológica, há uma luta histórica pela atribuição do significado às coisas. A apropriação dos saberes por uma categoria de atores se dá pela desapropriação de outras e pela imposição de verdades. Deleuze e Guattari, por exemplo, chamaram a isso de "mais-valia de código" (Deleuze e Guattari, 1976: 191).

Resumindo, as três desapropriações fundamentais nas organizações institucionais são: do valor, do arbítrio, e da verdade. Porém, seja com os nomes de: mais-valia econômica, mais-valia de poder e mais-valia de código; ou exploração, dominação e sujeição; ou mais-valia, mais-arbítrio e mais-verdade; ou mais-repressão, mistificação, mais-valia simbólica etc.; vários autores da Análise Institucional concordam com a relação de apropriação e desapropriação histórica nas práticas sociais, conforme Gregorio Baremblitt resume:

> Então, cada sociedade, em seus aspectos instituintes e organizantes, sempre tem uma utopia, uma orientação histórica de seus objetivos, que é desvirtuada ou comprometida por uma deformação que se resume em: *exploração* de uns homens pelos outros (expropriação da potência e do resultado produtivo de uns por parte de outros), *dominação*, ou seja, imposição da vontade de uns sobre os outros e não respeito à vontade coletiva, compartilhada, de consenso, e *mistificação*, ou seja, uma administração arbitrária ou deformada do que se considera saber e verdade histórica, que é substituída por diversas formas de mentira, engano, ilusão, sonegação de informação etc. (Baremblitt, 1992: 34; grifos nossos)

Se o empobrecimento da classe trabalhadora pode ser entendido pela análise da instância econômica, outros problemas sociais, campos de enfrentamento do Serviço Social, precisam ser analisados com a percepção da articulação entre as três instâncias. Isso se dá com problemas como, por exemplo, o racismo, o machismo, a loucura, a dependência química, entre outros.

Do mesmo jeito, a prática do assistente social nas organizações institucionais, lugar do cotidiano, precisa dessa análise, pois nas instituições também há a relação de apropriação e desapropriação.

> (...) o processo de apropriação desse objeto é permanente, como processo de desapropriação dos indivíduos ou de outras instituições, no que concerne ao objeto em questão. (Albuquerque, 1987b: 53)

A desapropriação institucional incide sobre a sua clientela e sobre os seus trabalhadores. A qualidade de vida para ambos é diminuída quando são submetidos a injustiças, desconsiderações, a éticas espúrias, a vivências de infantilização, nas suas práticas institucionais. Estes são apenas alguns dos motivos que causam sofrimento psíquico ao trabalhador e a quem recebe serviços. Quando a instituição é muito alienadora é uma questão de sobrevivência a aliança entre técnicos e usuários.

Os seres humanos nas suas práticas cotidianas partem de si mesmos, das suas condições reais de vida. No entanto, suas práticas acabam por se darem contra eles mesmos, devido aos processos históricos da divisão social do trabalho, da propriedade privada, da exploração de classes e de outras mediações. Isto é alienação do indivíduo em relação às suas práticas. Parafraseando Marx e Engels em *A Ideologia Alemã*, a utopia institucionalista é substituir a dominação das condições dadas institucionalmente pela autodeterminação dos atores institucionais (auto-análise, autogestão e auto-sustentação).

6.1. Fatos analisadores

Chamamos de opressão a conjugação das desapropriações nas três instâncias, isto é, a exploração acrescida da dominação e da mistificação.

Nas instâncias política e ideológica, a desapropriação se dá de forma diversa da instância econômica. O poder é exercido pelos atores sociais, e, nessa dinâmica, eles alargam ou encolhem o âmbito de sua vontade. No caso do saber, há a imposição das verdades de alguns atores sociais sobre outros, em uma disputa pelo significado das coisas e pela memória social.

Porém, respeitando as diferenças entre as instâncias, por um método análogo, como já fez Marcuse no caso da "mais-repressão" (que considera haver uma repressão a mais que a necessária para a civilização), pode-se também considerar que existe uma maior ou menor dominação, pois é exigida uma obediência a mais que a necessária para a manutenção (funcional) de uma instituição.

Igualmente, uma maior mistificação pode ser necessária para manter as crenças que dão funcionalidade à organização institucional, para manter um saber que interesse aos atores poderosos.

Nas organizações institucionais, há fatos analisadores que desocultam o grau maior ou menor da relação de apropriação e desapropriação entre os diversos atores.

Na *instância econômica*, além da taxa de mais-valia e do trabalho excedente, a exploração pode ser evidenciada, mesmo o estabelecimento não sendo uma fábrica, por outros fatos, como o nível salarial, a existência de plano de cargos e salários, o tipo de estabelecimento comercial (Sociedade Anônima de Capital Aberto ou não — S/A, Sociedade por Cotas de Responsabilidade Limitada — Ltda., cooperativa, associação), pagamento de horas extras de trabalho, políticas de benefícios aos empregados, serviços terceirizados, grau de automação, robotização e informatização.

Na *instância política*, uma prática que indica a apropriação é a imposição ou a eleição dos dirigentes pelas bases. E, ainda, se o trabalhador tem estabilidade ou pode ser demitido. Se as admissões são por concurso público ou por indicação. Se há representação legítima dos atores institucionais, como sindicatos. Se há assembléias para as decisões, com presença de todas as categorias. Se há formas de administração com gestão participativa, co-gestão ou autogestão. Na administração da produção ou na organização do trabalho, se há controle intensivo do empregado durante o expediente, como roletas eletrônicas, controle por escuta randômica de telefonistas, ou *softwares* especiais para inspeção de possíveis afastamentos de conduta por parte dos funcionários de padrões idealizados, na instalação das unidades produtivas propositadamente em lugares não urbanizados, isolando os trabalhadores no local de trabalho etc.

Na *instância ideológica* são fatos analisadores: se as idéias que perpassam a prática institucional são conservadoras ou progressistas; se há interdisciplinaridade na prática profissional e pluralismo de idéias; se o saber que norteia as práticas são emanados pelos atores ou importados de outras organizações.

Cada área de atuação profissional tem suas peculiaridades e possibilita analisadores particulares. Na área de educação a possibilidade da organização e representação dos estudantes é um indicador para avaliar a democracia interna. Nas organizações sem fins lucrativos é preciso analisar a participação de religiões, seitas, ideários exóticos etc., na apropriação das receitas dos serviços prestados, a diferença entre práticas de caridade, de filantropia, de beneficência, entre outras.

Em Saúde Mental há analisadores importantes para os estabelecimentos psiquiátricos, que serão retomados no próximo capítulo, tais como:

- se o estabelecimento é público, privado ou filantrópico;
- se o tipo de serviço prestado é da Psiquiatria tradicional ou é alternativo;
- se a assistência psiquiátrica é paga pelo usuário ou conveniada;
- se a prática psiquiátrica é tradicional ou se insere no Movimento da Reforma Psiquiátrica;
- se os serviços são terceirizados ou não;
- se há estabilidade no emprego para os trabalhadores;
- se os cargos são ocupados por concurso público;
- se há interdisciplinaridade e pluralismo;
- que teorias iluminam a prática profissional, isto é, quais as concepções de Saúde Mental; entre outros.

Porém, esses analisadores não significam nada *a priori*, eles só apontam possibilidades de análise. São indicativos e indicadores de direções contraditórias. Por isso fazemos um rol deles, mas qualquer análise coletiva deve ser feita a partir de relações concretas que revelem os efeitos de cada fato analisador nas práticas institucionais.

A análise dos fatos acima descritos vai proporcionar uma avaliação qualitativa das desapropriações a que estão submetidos os atores em uma organização institucional, incluindo sua clientela e técnicos (e assistentes sociais).

No Serviço Social essa análise pode levar ao aprofundamento da questão da autonomia profissional e às formas de subalternidade social, subordinação institucional e submissão hierárquica a que o assistente social está condicionado, bem como à análise da reversão das formas históricas de desapropriação a que estão impelidos os usuários dos serviços sociais.

Para essa análise é útil uma matriz que cruze os níveis com as instâncias, como aponta o Quadro 10:

Quadro 10
Relação entre instâncias e níveis

		Instâncias		
		Econômica	Política	Ideológica
Níveis	Social			
	Institucional			
	Organizacional			

7. A análise das práticas institucionais

Para proceder à análise das práticas nas organizações institucionais é útil o método de José Augusto Guilhon Albuquerque:

> Em "Instituições e Poder", Guilhon dedica-se a apresentar um método que torne possível a análise das instituições como práticas sociais. Aí, sobretudo: a) demonstra que o plano da análise não se confunde com o da "essência" das instituições, ou melhor, com o plano da realidade: a totalidade concreta

não se confunde com o objeto teórico ou o objeto do pensamento; b) demonstra ainda que, enquanto análise, é impossível tomar-se como objeto esta totalidade concreta; c) propõe que este último se coloque em planos ou níveis de análise, sob pena de não se tratar de um trabalho analítico: efeitos ideológicos, políticos e econômicos de determinadas práticas; d) propõe, então, que, a nível de análise, possa afirmar-se a compreensão de uma prática institucional concreta enquanto prática política, ideológica ou econômica: cada uma delas como um nível ou plano de análise, como uma apropriação do real, feita de um ângulo específico. (Guirado, 1987: 50)

Albuquerque propõe que a totalidade concreta que são as instituições reais seja estudada em planos ou níveis de análise. E, como procedimentos de análise, propõe o exame dos rituais, do fazer cotidiano, das representações, dos discursos, dos documentos escritos, dos regimentos e da fala dos agentes e da clientela (Guirado, 1987: 50).

O assistente social ao arranjar um emprego em um estabelecimento precisa fazer uma análise institucionalista para poder se orientar nas suas práticas. Precisa saber quais os verdadeiros fins a que se destinam as práticas do estabelecimento. As finalidades podem parecer evidentes por si próprias, mas aí é que está a armadilha, a mistificação da realidade, isto é, muitas vezes, quanto mais evidentes *parecem* ser os objetivos, mais reificados eles estão, mais se dá a autonomização dos fins em relação aos interesses econômicos, políticos e ideológicos, em relação à história das sociedades e à luta de classes. O Serviço Social necessita ir além das aparências, dos objetos fetichizados, da assistência social a-crítica, da ajuda pela ajuda, do humanismo idealista.

Porém, saber quais são os fins também é difícil: por vários processos sociais, institucionais e organizacionais de ocultamento da verdade, os fins são "inocentemente" velados. Por exemplo, ao indagar em uma empresa de auditoria contábil para saber a que fins a auditoria realmente se destina, os profissionais antigos tendiam a responder, em vez dos fins, o que é auditoria, como se faz auditoria, qual a lei que obriga a auditoria contábil no balanço de certas empresas. Só através da análise mais ampla da instituição é que se é capaz de desvelar as finalidades históricas da auditoria e que interesses de classe representa. A auditoria contábil é passada como uma questão técnica, como se pudesse ser uma prática profissional a-classista e a-histórica.

Em um outro exemplo, ao fazermos consultoria em uma indústria metalúrgica os responsáveis informaram que eram produzidas peças "comuns" de ferro etc., sem ser explicitado em nenhum momento que "peças" eram essas. Só após algum tempo de atividades pudemos perceber que eram armas de guerra, tais como canhões, peculiares e não comuns, como foi apregoado.

A qualidade de um emprego não está só no valor do salário e no bem-estar físico (tamanho da sala, tapetes, ar-condicionado), mas na possibilidade de se ter uma prática profissional não alienada. E a análise da prática não se faz apenas pelas aparências. A valorização do trabalho não deve ser apenas superficial.

Ao se aceitar um emprego é bom levar em consideração se estar-se-á empregado como agente privilegiado, agente subordinado, de apoio ou dirigente etc. Também, precisa-se levar em conta a finalidade para que se está sendo contratado. Sem análise da instituição, o profissional corre o risco de se tornar um tarefeiro, e se o serviço profissional for complexo, ele estará a um passo da incompetência, mesmo que o estabelecimento só queira isso mesmo, um mero tarefeiro.

Concluindo, por meio da investigação das práticas em organizações institucionais e do estudo: dos processos de trabalho; da estrutura das organizações institucionais; dos atores em questão; da relação apropriação/desapropriação; e da articulação das diferentes determinações e efeitos; conduzido pelas categorias explicitadas neste esquema teórico, podemos compor um quadro analítico da atuação do assistente social em instituições nos diversos campos profissionais, no que tange à sua autonomia e possibilidades de prática. Ou seja, "conhecer melhor o instituído e os diversos níveis contraditórios na instituição. E é a isso que visa toda análise institucional, toda Socioanálise" (Lourau, 1993: 12).

Capítulo III
Análise institucional do Serviço Social em Saúde Mental

Não estamos analisando os estabelecimentos, mas sim a prática do Serviço Social neles. Assim, o que pesquisamos acerca desses estabelecimentos está relacionado com os elementos de análise das práticas institucionais: quem são os atores e como se dá a prática concreta. Nesse aspecto tomamos informações sobre: quem são os donos, como se constitui a equipe multiprofissional, quem são os usuários, em que contexto está situada a instituição, quais os serviços de assistência que oferece, se é conveniada, se está inserida no Movimento de Reforma Psiquiátrica, se as práticas são interdisciplinares, se é democrática, qual é a prática do Serviço Social, se seu trabalho é burocrático, paramédico ou de assistência social, se é muito subordinado aos psiquiatras etc.

A coleta de dados da prática profissional se deu de várias maneiras: por meio da supervisão, orientação e ensino de alunos estagiários e profissionais de estabelecimentos psiquiátricos, tanto em graduação quanto em pós-graduação; através das visitas institucionais sistemáticas a entidades psiquiátricas, por força de convênios da Escola de Serviço Social da UFRJ com os campos de estágio; por meio de entrevistas não diretivas com profissionais e supervisores de campo da área de Saúde Mental; pela participação em fóruns de debates nesse campo profissional; pelo nosso trabalho anterior em um estabelecimento psiquiátrico; pela participação em outras instituições de Saúde Mental, com formas de engajamento diversas. Portanto, os dados foram colhidos ora de forma direta pela participação na área, ora de forma indireta através de alunos e profissionais.

Os casos concretos e exemplos pontuais só são utilizados sob o ponto de vista de "fatos analisadores", na concepção da Análise Institucional de Lourau e Lapassade e da metodologia de pesquisa baseada em René Barbier (sem que isso implique pesquisa-ação, com intervenção na modalidade socioanalítica nas instituições psiquiátricas).

A sistematização usada para coleta de dados e sua elaboração analítica, na sua expressão formal, foi:

- a análise das contradições da prática, reveladas pelos fatos analisadores, históricos ou construídos, através da participação cotidiana, trabalhos profissionais e militantes, visitas, supervisões, orientações etc.;
- a análise da oferta dos serviços profissionais e das demandas oficiais e encobertas dos mesmos;
- a análise em grupos com pessoas envolvidas na prática profissional, juntamente com a análise da implicação dos atores envolvidos;
- a articulação com as teorias em Serviço Social e em Saúde Mental, com as determinações sociais, institucionais e organizacionais, e com as transversalidades e atravessamentos históricos;
- a indicação de apontamentos analíticos para superação das contradições e para encaminhamentos práticos de atuação (táticas e estratégias).

Os dados apresentados a seguir são para se entender a pesquisa e conhecer a amostra, e não pretendemos reivindicar nenhuma representatividade estatística em relação ao universo dos serviços no Rio de Janeiro.

Pesquisamos a prática do Serviço Social em 23 estabelecimentos no estado do Rio de Janeiro. Eles apresentam, ora serviços psiquiátricos tradicionais, tais como enfermarias para internação ou ambulatórios clínicos, ora serviços alternativos à internação, tais como centros de atenção psicossocial, oficinas assistidas, clubes de lazer ou lares abrigados. Muitos têm ambos os tipos de serviços, que chamaremos de estabelecimentos com serviços mistos. Dividem-se em estabelecimentos públicos, privados e sem fins lucrativos:

Quadro 11
Tipos de estabelecimentos analisados

Estabelecimento	Públicos	Privados	Sem fins lucrativos	Totais
Tradicionais	2	3	2	7
Alternativos	5	1	2	8
Mistos	6	2	0	8
Totais	13	6	4	23

Se contabilizarmos os serviços mistos tanto como tradicionais e como alternativos poderemos verificar que há 15 estabelecimentos com serviços tradicionais e 16 estabelecimentos com serviços alternativos. Isso quer dizer que nessa pesquisa a análise da atuação do Serviço Social em estabelecimento de um tipo e de outro apresenta peso na investigação da prática dos assistentes sociais. Isto é, a participação do Serviço Social em práticas tradicionais da psiquiatria ainda é grande. A principal diferença para uma análise institucionalista entre psiquiatria tradicional e uma com serviços renovados está no campo político das práticas, mas esta é a diferença fundamental, tanto para os assistentes sociais quanto para os usuários, como explicitaremos nas análises e no Capítulo IV.

Todos os estabelecimentos contam com convênios do setor público. Isso caracteriza a inserção do Serviço Social em Saúde Mental no Brasil. Os estabelecimentos diretamente públicos são municipais, estaduais e federais, estes ligados aos Ministérios da Saúde, Educação, Marinha e Justiça. Obtêm fundos de organismos tais como a Secretaria Municipal de Desenvolvimento Social (SMDS), Secretaria Municipal de Saúde do Rio de Janeiro, órgãos federais e estaduais de fomento à pesquisa, Fundação Banco do Brasil, entre outros. Os estabelecimentos privados também angariam verbas do SUS e de outros órgãos estatais.

Todos os estabelecimentos pesquisados têm atendimento multiprofissional, afirmação esta tautológica, uma vez que estamos investigando a atuação do Serviço Social. Em grande parte essa inserção de assistentes sociais é em decorrência dos convênios com o SUS, fruto das portarias ministeriais que estabelecem o atendimento em equipes multidisciplinares, como foi visto no Capítulo I.

Dos estabelecimentos pesquisados, 6 têm ensino e pesquisa, e pelo menos 12 deles contaram com estudantes estagiários de Serviço Social durante a investigação. As entidades filantrópicas pesquisadas foram duas. Os estabelecimentos se concentram na capital, com 15 entidades; no Grande Rio são 4 e em outras regiões do estado, também 4. Os estabelecimentos podem ter muitos ou poucos assistentes sociais trabalhando. Na realidade, observamos locais que vão de 1 ou 2 assistentes sociais até 30, entre profissionais e estagiários.

Não compilamos dados tais como estabelecimentos com atendimento masculino ou feminino, ou número de leitos por estabelecimento, por exemplo, pois não mostraram impacto na análise da prática institucionalizada do Serviço Social nesta pesquisa. Tivemos contato com estabelecimentos de pequeno até grande porte, com atendimento exclusivamente feminino ou masculino, ou atendimento misto.

USUÁRIOS E SERVIÇOS

Em relação à categoria "clientela" de Albuquerque, chegamos algumas variáveis típicas na caracterização dos usuários de estabelecimentos psiquiátricos que podem trazer implicação para a prática do Serviço Social:

a) Renda: o perfil do usuário do Serviço Social nos estabelecimentos psiquiátricos pesquisados tem como fator mais importante a origem de classe social: há uma predominância muito grande de pessoas de baixa renda e despossuídas de bens. Há também os desfiliados, pessoas internadas há muitos anos ou moradores de rua que já perderam os laços parentais. Isso é decorrência do fato de o Serviço Social estar inserido em estabelecimentos conveniados ao sistema de seguridade social, que une Saúde, Previdência Social e Assistência Social e atende a população mais carente que usufrui diretamente da seguridade pública. Devemos ressalvar que nos estabelecimentos são atendidas todas as pessoas, independentemente de renda, mas há poucas abastadas (porque são atendidas em clínicas privadas não conveniadas), e em geral não demandam assistência do Serviço Social.

b) Escolaridade: varia do analfabetismo à universidade, porém com predomínio da deficiência escolar típica dos extratos pobres. Em uma das instituições há um programa de ensino especial para crianças psicóticas e autistas com a participação do Serviço Social.

c) Gênero: os serviços pesquisados atendem homens e mulheres sem que se criem especificidades para a análise. Há alguns estabelecimentos voltados exclusivamente para um dos sexos. Dentro dos estabelecimentos mistos há alguns programas dirigidos para o público feminino ou masculino, como grupos de reflexão da mulher, por exemplo.

d) Idade: há programas para atendimento desde crianças até idosos. Há a predominância de atendimentos voltados para adultos.

e) Bairro de moradia: nem sempre os usuários moram próximos ao local de atendimento, apesar de estar havendo a implementação na cidade do Rio de Janeiro de Centros de Atenção Psicossocial (CAPS) distribuídos pelas diversas áreas programáticas de saúde de forma descentralizada. No caso de internação há pacientes que moram em outras cidades. Uma das poucas ações para contornar as dificuldades de transporte dos usuários até os centros de atendimento é a obtenção de passes livres em ônibus, uma das reivindicações do movimento de usuários de Saúde Mental.

f) Diagnóstico: variado; há predominância das *psicoses* e grande número de *dependentes de drogas* lícitas ou ilícitas. Há atendimento do Serviço Social para dependentes químicos. Em geral, o Serviço Social inserido nos programas oferecidos pelos estabelecimentos trabalham com pacientes de todos os diagnósticos.

g) Estado civil: bem heterogêneo; não há programas especiais para segmentos particulares.

h) Etnia: diversificada, segue os padrões locais, não há programas dirigidos a grupos étnicos ou raciais.

As diferenças de gênero, etnia etc., da clientela, apontadas acima, não criaram tipificações para um estudo da prática do Serviço Social em termos de análise das contradições sociais e autonomia profissional em estabelecimentos psiquiátricos (relações de poder, submissão à psiquiatria ...). A categoria que influencia a análise desenvolvida aqui é realmente a classe social empobrecida.[1] Por exemplo, apesar de o Rio de Janeiro ser uma cidade de recebimento de emigrantes de todo o Brasil, não vimos oferta de serviços diferenciados para eles. Em termos de tempo de internação de usuários, o Serviço Social atende a todos, e há inclusive programas especiais para retorno ao lar de pacientes internados há muito tempo, mas não introduz contradições particulares à pratica do assistente social. As religiões dos usuários são variadas, mas não há práticas profissionais específicas em Serviço Social e Saúde Mental para serem analisadas.

1. Elementos de análise da prática

Ao longo da história já existiram diferentes objetos institucionais do Serviço Social em Saúde Mental no Brasil. Estamos em um momento conjuntural em que convivem vários enquadramentos e formulações práticas desses objetos. Isto é possível porque na sociedade há a possibilidade de coexistência de projetos sociais diferentes, e entre estes alguns são conflitantes e outros até antagônicos. A nossa análise vai discorrer sobre os objetos institucionais, mas não para determiná-los com exatidão como em uma ciência positiva. Como os objetos institucionais são sobredeterminados (econômicos, políticos e ideológicos), e como temos interesses econômicos e políticos diversos, e concepções distintas sobre os transtornos mentais, na realidade há vários objetos institucionais para o Serviço Social na Saúde Mental. E na mesma organização institucional podem coexistir mais de um objeto institucional, porque dentro das instituições há atores diversos representando interesses variados, há vários programas diferenciados de atendimento aos usuários com certa autonomia entre si, em suma, várias práticas institucionais.

Para proceder à análise da prática concreta do Serviço Social nas instituições psiquiátricas, devemos começar pela explicitação do processo de

---

1. Não queremos dizer com isso, porém, que as outras categorizações citadas não são importantes em Saúde Mental.

trabalho real do assistente social. A questão de saber o que o Serviço Social realmente faz é complexa. O assistente social quase sempre reflete, como objetivo, sua adesão a uma teoria, ou ao estatuto do estabelecimento, ou a um programa da organização institucional, ou às políticas sociais que julga adequadas. Os objetivos expressos nas publicações de Serviço Social e nos estatutos dos estabelecimentos psiquiátricos são espelhos de uma intenção que nem sempre se dá concretamente. Os objetivos declarados nem sempre são alcançados, e nem por isso o trabalho do Serviço Social é invalidado.

Não raro, o assistente social reconhece que o estabelecimento psiquiátrico deve perseguir os objetivos estatutários, mas não vê na realidade institucional a plena capacidade de atingir esses objetivos. O mesmo se dá com relação à teoria em Serviço Social, em que o assistente social adere, mas também não encontra na realidade institucional da psiquiatria os meios para alcançar os objetivos preconizados pelo ensino em Serviço Social. E quando os objetivos são explicitados por noções de valor, corre-se o risco de permanecer no plano do idealismo.

Algumas questões conceituais emergem: quando se pergunta ao assistente social o que ele faz, há uma tendência a responder com as categorizações funcionais da intervenção (Weisshaupt, 1988: 67). Daí as respostas podem ser variadas. Quando ele diz que faz entrevistas, grupos, encaminhamentos, está caracterizando os instrumentais em Serviço Social. Quando o assistente social diz que faz caso, grupo e comunidade, está se referindo às metodologias clássicas. Ao responder que trabalha com crianças, dependentes químicos, idosos, está se referindo a grupos sociais que são segmentos-alvo da atuação do Serviço Social em Saúde Mental. Se diz que trabalha em enfermaria, ambulatório, oficina, está caracterizando sua atuação pelos diferentes departamentos do estabelecimento. Se faz recepção, família, está designando de forma metonímica os tipos de atendimento. Porém, precisamos ir para além das categorizações funcionais. Queremos saber as atividades efetivamente desenvolvidas por assistentes sociais. Devemos ver a prática institucional, ou seja, o que o Serviço Social transforma nos seus processos de intervenção. O Serviço Social na Saúde Mental é uma atividade que transforma algo, é um serviço que tem uma finalidade:

Os resultados de suas ações existem e são objetivos, embora nem sempre se corporifiquem como coisas materiais autônomas, ainda que tenham uma objetividade social (e não material), expressando-se na forma de serviços. (Iamamoto, 1998: 68)

1.1. Objeto de prática

Vamos começar pela definição do objeto do Serviço Social neste campo de atuação. Qual é o seu objeto de prática, que, através de sua ação, sai modificado em produto da prática institucional?

Nas instituições psiquiátricas em geral o assistente social não é solicitado a definir o seu objeto de prática nem seu objeto institucional, pois isso fica em segundo plano em relação aos objetos da psiquiatria, considerados mais importantes: a doença mental e a saúde mental, respectivamente. Em geral o assistente social se queixa de não saber definir o seu objeto de prática dentro das instituições de assistência psiquiátrica com a mesma exatidão que, por exemplo, os psiquiatras, psicólogos, terapeutas ocupacionais, enfermeiros e terapeutas familiares. Na realidade, tais profissionais também têm suas dúvidas, principalmente nos ambientes modernos de reforma psiquiátrica. Nos serviços reformados há uma dissolução dos objetos específicos e uma certa descaracterização profissional, que é inclusive politicamente desejável, mas que tem trazido mais indefinições aos assistentes sociais.

Uma contradição que surge na prática do assistente social em instituições psiquiátricas é decorrente da dissociação entre o objeto do Serviço Social e o desta organização institucional. A princípio o usuário[2] do Serviço Social é o mesmo da instituição psiquiátrica, o portador de problemas mentais, mas analiticamente (e não ontologicamente) o objeto de prática é outro, como desenvolveremos a seguir.

---

2. Serão usados os termos paciente, cliente e usuário para se referir aos portadores de transtornos mentais quando respectivamente se tratar de: paciente da instituição médico-psiquiátrica; cliente como conceito em Albuquerque (aquele que sofre a ação institucional); usuário dos serviços de assistência psiquiátrica como cidadão (veja Eduardo Vasconcelos, em *Do Hospício à Comunidade*, página 113). Optamos por usar as três formas neste livro, já que nenhuma delas é consensual.

Apesar do discurso idealista do Serviço Social tradicional, não é o homem por inteiro o objeto da atuação profissional. São algumas propriedades do usuário que serão objeto da intervenção da instituição e do Serviço Social. São algumas propriedades sociais pessoais consideradas insatisfatórias que precisam ser transformadas (Weisshaupt, 1988: 51). Mas, quais são esses problemas sociais?

O Serviço Social atua em diversos programas e projetos nas instituições psiquiátricas e sua prática tem se modificado em função das transformações pelas quais tem passado a assistência psiquiátrica no Brasil. A pluralidade de sua atuação remete a uma complexidade que a torna potencialmente contraditória (ibidem: 57). Além disso, nem sempre os programas do estabelecimento psiquiátrico têm uma homogeneidade.

As instituições psiquiátricas, em geral, não dão resposta à demanda global do paciente, aos seus problemas na totalidade. No caso dos transtornos psíquicos, vários aspectos interferem no bom andamento do restabelecimento mental e não são tratados pela psiquiatria; daí outros profissionais são acionados. Quando certos aspectos do problema global situam-se na área social, o Serviço Social é chamado a atuar. Porém, podemos observar que no Movimento de Reforma Psiquiátrica a problematização teórica e o leque de programas vão além da assertiva acima.

Na psiquiatria tradicional, os "outros" profissionais atuam no sentido de complementar o trabalho dos psiquiatras de forma a atingir a melhor realização da finalidade institucional, a recuperação mental do paciente. O assistente social dentro desse tipo de instituição trabalha com a mesma finalidade da psiquiatria, mas garantindo a eficácia dos profissionais psiquiatras pela ampliação do âmbito da intervenção, pela garantia que o paciente se encaixe na demanda à qual a instituição de assistência psiquiátrica está respondendo, isto é, para garantir o processo de trabalho principal, o tratamento psiquiátrico. Na ocorrência de qualquer fato que interfira no planejamento do atendimento psiquiátrico e que seja considerado como fenômeno social ou contextual, o assistente social é convocado a recolocar o paciente no processo de trabalho organizacional considerado "normal" pelo estabelecimento psiquiátrico. O Serviço Social intervém em tudo que escapa à racionalidade desse processo no que tange à situação objetiva (dita social) ou a aspectos contextuais diversos (é por isso que alguns assistentes sociais em Saúde Mental declaram "servirem para tudo", serem "quebra-galhos"). Essa prática funcional à lógica psiquiátrica é antiga no Serviço Social em Saúde Mental. Ela é o modelo de Serviço Social tradicional em hospitais psiquiátricos desde os anos 1950. Desde essa época, "tudo que não é concebido como diretamente associado com o especificamente psíquico e somático (...) é empurrado nestas instituições para o Serviço Social" (Vasconcelos, 2000c: 188).

Resumindo, o Serviço Social atua na contradição entre a racionalidade da organização institucional e a irracionalidade das outras condições ditas sociais (ou outros tipos de racionalidades não previstas na funcionalidade da organização) para atingir a melhor forma de tratar o usuário de serviços psiquiátricos. Nessa perspectiva, o assistente social precisa ajudar na garantia do espaço da prestação do serviço.

> Para constituir e preservar esse espaço é de interesse da instituição:
>
> a) garantir a remuneração do serviço prestado;
>
> b) evitar reivindicações, reclamações ou comportamentos que venham a interferir na qualidade ou até na própria prestação deste serviço;
>
> c) mobilizar todos os recursos possíveis para colaborar para a perfeita realização de sua finalidade, incluindo nessa preocupação o próprio cliente. (Weisshaupt, 1988: 57-58)

Por exemplo, em uma instituição ao longo de nossa pesquisa, um paciente internado era portador de hanseníase, e a instituição não tinha recursos para dar a medicação para tratamento dessa doença, nem ele tinha dinheiro para adquirir os remédios. Foram necessários alguns dias de mobilização do Serviço Social para que o medicamento para hanseníase tivesse seus custos divididos em um terço para a família do paciente, um terço pago pelo estabelecimento e um terço doado por uma instituição de beneficência. O paciente pôde submeter-se ao tratamento psiquiátrico apesar de sua dificuldade de acesso ao tratamento da hanseníase.

Em instituições com serviços alternativos, condizentes com o Movimento de Reforma Psiquiátrica, o Serviço Social também age no sentido de contribuir para o melhor tratamento psiquiátrico, só que este último é redefinido para incluir as questões advindas de rupturas do usuário com seu meio social. O melhor tratamento psiquiátrico também é o melhor tratamento social, assim são os objetivos da reabilitação psicossocial. De modo que o Serviço Social é demandado para, junto com outros profissionais, intervir sempre que houver ruptura por parte do paciente, tanto à sua integração institucional (à psiquiatria renovada), quanto à integração social. Por exemplo, se um hospital-dia prescreve um tratamento em que o paciente deve ir todos os dias ao centro de atenção psicossocial e este não tem dinheiro para a passagem, o Serviço Social, com o intuito de o usuário se encaixar no planejado, intervém para tentar conseguir passes de ônibus gratuitos.

Raramente o Serviço Social intervém em problemas sociais do usuário quando estes não apresentam relações diretas com o tratamento psiquiátrico ou com a reabilitação psicossocial. Em nossa pesquisa constatamos que o Serviço Social, quando possui os recursos necessários (tempo, verba, local etc.), contempla esses "outros problemas", não por demanda do estabelecimento, mas por demanda do usuário ou das diretrizes de sua própria profissão. Afortunadamente, os novos rumos da psiquiatria reformada apontam para a junção da assistência psiquiátrica com a assistência social.

Conseguimos identificar no Serviço Social em Saúde Mental alguns objetos de prática diferenciados. O assistente social intervém quando: 1) há uma potencialidade de ruptura do tratamento psiquiátrico por motivos sociais ou contextuais; 2) há uma potencialidade de ruptura em relação ao convívio social do portador de transtornos mentais que prejudique seu prognóstico; 3) há uma perda dos direitos básicos do usuário.

1) Na psiquiatria tradicional, em especial, o objeto da prática do Serviço Social são as causas ou efeitos da *ruptura da racionalidade do processo de trabalho* dessas instituições psiquiátricas quando situados em nível social ou contextual (Weisshaupt, 1988: 66). O Serviço Social em Saúde Mental, não raro, tem dificuldade de reconhecer esse objeto, entre outras razões, por falta de análise institucional do campo psiquiátrico e de deficiência de articulação dos objetos do Serviço Social e da Saúde Mental. Na loucura, a ameaça de ruptura com a racionalidade organizacional, institucional e social é permanente, exige uma atenção contínua sobre o usuário. Por isso, na

internação, o assistente social não age somente na entrada e saída do usuário e sim ao longo de todo o tratamento (a não ser nas instituições muito conservadoras, pouco democráticas, não reformadas, em que o controle dos pacientes se dá por normas rígidas, por técnicos e funcionários que fazem o papel de inspetores disciplinadores e por medicação pesada, tipo "instituição total" no conceito de Goffman).

2) Na psiquiatria renovada, a *ruptura do convívio social* se constitui como parte do problema do usuário, e não apenas efeito colateral do seu problema, como pensa a psiquiatria tradicional. Na nova psiquiatria, de forma duplamente justificada, a atuação do Serviço Social se dá como intervenção contínua, em contato com o usuário, em geral inserido em equipes interdisciplinares. Quando se admite que os problemas sociais são constitutivos do problema mental, o outro objeto da prática proposto seria ajudar diretamente na recuperação do portador de sofrimento psíquico, através de atividades sociais com efeito terapêutico ou através de ressocialização e reabilitação psicossocial, que são consideradas a terapêutica possível. Só que esse objeto do Serviço Social ainda está em fase de reconhecimento institucional nas novas demandas em Saúde Mental. O que o Serviço Social vai ser solicitado a transformar, geralmente junto a equipes multiprofissionais, são condições sociais particulares dos usuários que, como causa, efeito ou constituição do transtorno mental, se apresentam como direitos sociais perdidos, recursos econômicos reduzidos, relações sociais empobrecidas, vínculos relacionais estereotipados, situações de alienação social. Nessas condições a assistência psiquiátrica renovada visa à reabilitação psicossocial, procurando melhorar a qualidade de vida de seus usuários, dar condições para que eles levem uma vida não tão prejudicada pelos seus próprios sintomas ou transtornos, em todos os aspectos, tanto biológicos quanto psicológicos e sociais. Daí a necessidade do trabalho multiprofissional.

3) Há também espaço em algumas organizações institucionais de Saúde Mental para a atividade do Serviço Social como promotor da cidadania e de melhores condições sociais, independentemente do ato profissional reverter-se diretamente em benefício terapêutico para o paciente ou em ganho organizacional para o estabelecimento. Devido a um certo grau de au-

tonomia que o Serviço Social tem como agente subordinado em Saúde Mental,[3] o assistente social pode atuar em benefício do usuário em relação aos seus problemas sociais. Nesse caso, como o saber psiquiátrico não domina totalmente a assistência social, o Serviço Social pode fazer valer os preceitos da profissão, quando há recursos organizacionais para isso.

1.2. Produto da prática

O produto da prática é difícil de caracterizar, pois a intervenção do assistente social é em forma de processo (e não uma intervenção pontual), em que, a cada instante, há modificações do objeto da prática, e não se sabe em que momento o trabalho do Serviço Social está acabado. Além do mais, na psiquiatria moderna existe a intervenção de vários profissionais, em equipes multidisciplinares (e suas variantes), o que dificulta ainda mais a caracterização do produto da prática do Serviço Social. (Weisshaupt, 1988: 110). Analisaremos aqui as várias práticas coletadas na pesquisa.

O Serviço Social em Saúde Mental faz entrevistas com o usuário e mantém ao longo do atendimento um processo de escuta da pessoa. Isto, juntamente com outros procedimentos (até visitas domiciliares), serve para reunir dados que possibilitam um maior conhecimento do paciente,[4] uma vez que obtêm-se informações relevantes, como a sua realidade pessoal e social, um histórico de vida, que permitem ao estabelecimento o controle do processo de prestação de serviço, no que tange ao comportamento previsto ou imprevisto do paciente. Essas informações são também usadas na admissão e na alta do paciente, bem como no seu processo de adaptação institucional e social.

O Serviço Social atua na obtenção de algum benefício, direito ou assistência material que permita ao usuário uma melhor integração ao atendimento psiquiátrico ou à sua vida social. Um caso clássico é o "Benefício

---

3. Parece contraditório, mas, como explicamos no Capítulo II, a subordinação institucional diminui a autonomia em relação ao objeto institucional e aumenta-a em relação ao âmbito.

4. Essa interação com o paciente produz também uma afinidade, um vínculo, cujo emprego mais tarde servirá para reafirmar os procedimentos que dependem de uma relação de referência entre o assistente social e o usuário do estabelecimento psiquiátrico.

de Prestação Continuada" para idosos, carentes e deficientes. Outras pensões ou aposentadorias são requisitadas com o apoio do Serviço Social, assim como outros remédios gratuitos, passes livres para ônibus, obtenção de cesta básica e outros tipos de auxílio.

O Serviço Social atua no encaminhamento dos usuários para serviços diversos não prestados pelo estabelecimento psiquiátrico, tais como dentistas, fisioterapias, vários tipos de radiografias, outras especialidades médicas, entre outros. Essas intervenções têm como finalidade dar suporte ao tratamento psiquiátrico, evitar a disfuncionalidade do atendimento, ensejando ao paciente melhores condições de restabelecimento.

O assistente social faz encaminhamentos para a justiça gratuita, INSS e abrigos para moradia. Realiza ainda encaminhamentos internos para oficinas, grupos e outros programas de dentro do próprio estabelecimento. O Serviço Social promove festividades entre os usuários, ensejando maior integração social e institucional e bem-estar aos pacientes.

Em enfermarias o Serviço Social mantém contato constante com a família de pacientes internados, com vistas a divulgar as normas institucionais e facilitar a interação entre família e paciente, propiciando que o internado receba ajuda de forma hábil dos parentes (isto, inclusive, auxilia na diminuição dos custos hospitalares). O acompanhamento da família permite alcançar dois objetivos opostos: 1) garantir a saída do internado logo após a alta médica, otimizando os recursos hospitalares; 2) garantir ao paciente um maior tempo de internação, se isto for melhor para sua recuperação, caso haja fatores familiares que justifiquem sua permanência no estabelecimento. O contato entre assistente social, família e paciente serve também para dar subsídios na avaliação de possibilidades de saída do internado em forma de licenças em feriados, festejos ou apenas fins de semana. O Serviço Social também fornece atestado de visita de familiares à clínica psiquiátrica para justificar abonos por falta ao emprego dos parentes trabalhadores que só podem fazer visita no horário de expediente.

Os assistentes sociais atuam também em grupos de discussão entre famílias de usuários ou egressos de serviços psiquiátricos para esclarecimento, conscientização e sensibilização dos problemas concernentes aos portadores de transtornos mentais.

O Serviço Social tem estado atento à proteção social dos usuários de assistência psiquiátrica. Isto tem ficado bastante patente, principalmente nos estabelecimentos que são perpassados pelo Movimento de Reforma Psiquiátrica, em que a atenção psicossocial é tida como relevante. Nesses casos há uma junção dos objetivos da profissão com aqueles almejados pela psiquiatria renovada. O Serviço Social atua na proteção da mãe que recebe serviços psiquiátricos em relação à guarda legal de seus filhos. Tem atuado, também, na preservação do emprego das pessoas com transtorno mentais.

Em clínicas conveniadas o assistente social ajuda na verificação da habilitação do internado ao direito pleno à assistência psiquiátrica. Isto garante à clínica o ressarcimento dos serviços prestados de acordo com o convênio previdenciário.

Nos estabelecimentos psiquiátricos têm sido deixadas a cargo do Serviço Social tarefas que poderiam ser executadas por outras categorias profissionais que também estão em contato permanente com os internos, mas, por razões variadas, atribuídas às relações entre os diversos agentes no processo de trabalho, às vezes recaem sobre o Serviço Social. Não há finalidades que as justifiquem, apenas a história do estabelecimento para explicar. Por exemplo, guardar os bens dos usuários durante a internação, receber roupas ou presentes da família, administrar a poupança de pacientes crônicos, internados há muito tempo, e acumulada a partir do recebimento de pequenos benefícios ou pensões, entre outras.

O Serviço Social tem atuado principalmente no bojo do Movimento de Reforma Psiquiátrica, nos mais diversos programas de atendimento que visam possibilitar aos usuários melhores condições de vida ou de reintegração social, e ainda de reabilitação psicossocial ou ressocialização. Daremos alguns exemplos. Grupos de usuários para discutir vários temas, como questões masculinas ou femininas, sexualidade, prevenção de doenças sexualmente transmissíveis e AIDS, alcoolismo, drogas lícitas ou ilícitas, entre outros. Oficinas de arte ou de trabalho (ou as duas juntas), poesia, pintura, artesanato, teatro, costura, culinária, jardinagem, fabricação de doces para venda, carrocinha de pipoca, cooperativas de trabalho. Em projetos de reintegração social por meio de lazer assistido, moradia protegida, lar abrigado, trabalhando em equipes multiprofissionais, junto com profissionais tais como terapeutas ocupacionais, musicoterapeutas, artistas, profissionais de educação física etc.

O Serviço Social em Saúde Mental também é usado para "abrir exceções à regra", como, por exemplo, levar o paciente ao pátio quando isto não lhe é facultado livremente ou deixá-lo receber visitas fora do horário estipulado. Estas são ações necessárias para contornar a rigidez das normas institucionais, contraditoriamente, com vistas à melhor adaptação do usuário à organização.

Dos exemplos citados se pode deduzir que questões financeiras se tornam "sociais", e da mesma forma os problemas legais. Questões de moradia e transporte também são consideradas como sociais. Problemas organizacionais entre a clientela e a instituição viram "problemas sociais". No atendimento à clientela conveniada do SUS não é obrigatório o trabalho profissional de economistas, advogados, contadores, urbanitários, administradores, entre outros. Muitos problemas contextuais caem nas mãos dos assistentes sociais. Na contratação de mão-de-obra especializada, a lógica do capital não é otimizar os serviços, mas minimizar os custos (otimizar o lucro), não é "dar mais empregos", mas "reduzir a folha de pagamento". Sob essa visão, o Serviço Social executa várias ações de disciplinas diferentes por conta de sua "generalidade social".

Então, para análise do produto da prática, vemos que o que é transformado, através do processo de atendimento ao usuário pelo Serviço Social em Saúde Mental, em geral, são certas propriedades variadas, ditas sociais ou contextuais do usuário, que têm como produto:

a) um reforço à assistência psiquiátrica dentro dos moldes da previdência social;

b) uma reintegração social em aspectos parcelares de sua vida: trabalho, moradia, lazer, entre outros;

c) uma melhoria das condições sociais de existência do portador de transtornos mentais.

Esses três produtos aparecem de forma integrada ou não, mas estão descritos separadamente por necessidade analítica, uma vez que representam objetivos ora ligados à psiquiatria tradicional, ora à psiquiatria renovada e ora à assistência social, pois várias dificuldades genéricas, tanto sociais quanto institucionais, são motivo de intervenção, visando atender à lógica organizacional, à lógica da psiquiatria e à lógica do Serviço Social.

O produto da prática, na demanda tradicional, é o paciente devidamente instituído, normalizado na instituição psiquiátrica, sem portar problemas contextuais ou sociais que prejudiquem o bom andamento dos serviços psiquiátricos. Às novas demandas oriundas do Movimento de Reforma Psiquiátrica acrescenta-se um produto da prática que se identifica com a atenção psicossocial, qual seja, a integração social, vista como uma readaptação (crítica) à sociedade.

É aí que se põem esses produtos em questão: quando a instituição psiquiátrica tem uma racionalidade emancipadora, o Serviço Social faz um trabalho que colabora com a restauração da saúde mental do usuário. Quando a instituição psiquiátrica é exploradora, dominadora, mistificadora, o Serviço Social, se não atuar de forma crítica e em aliança com outros atores progressistas, corre o risco de alienar mais ainda seu usuário, o que é conflitante com os objetivos da profissão estabelecidos no seu Código de Ética. Por isso os paradoxos da atuação do Serviço Social em Saúde Mental dependem muito do tipo de instituição empregadora.

A possibilidade de a racionalidade da instituição psiquiátrica estar de acordo ou não com a racionalidade da sociedade capitalista introduz novas contradições na atuação do Serviço Social em Saúde Mental. Por essa razão se torna necessário para o assistente social discutir as relações entre sociedade capitalista, alienação social, atuação do Serviço Social, loucura, racionalidade, seguridade social e possibilidades de cura. O Movimento de Reforma Psiquiátrica veio introduzir vertentes teóricas e práticas com novas concepções sobre as relações entre o social e o sofrimento psíquico (Amarante, 1996). Essas relações são fundamentais para pensar a prática do Serviço Social nesse campo.

O assistente social, além de tentar compreender a lógica da assistência social (que aprende na faculdade de Serviço Social), precisa entender a lógica que reveste a racionalidade de funcionamento dos estabelecimentos de Saúde Mental e a lógica da instituição psiquiátrica (a institucionalização histórica e social da psiquiatria). Infelizmente as duas últimas são assuntos que dificilmente são ensinados na sua formação profissional, no entanto são demandados na sua atuação em Saúde Mental como agente subordinado ao saber e poder psiquiátricos. Um dos dilemas da atuação em Saúde Mental é que a profissão Serviço Social enquanto instituição (categoria profissional institucionalmente organizada e legitimada na divisão sociotécnica do trabalho) tenta se apropriar de suas práticas, objetos, produtos etc., mas as relações sociais no espaço da Saúde Mental são até hoje muito mais apropriadas pela psiquiatria e por outras instituições do mundo "psi". Nessas condições é difícil para os assistentes sociais se apropriarem de seu trabalho. O produto da prática do Serviço Social é apropriado pelo estabelecimento assim como o objeto institucional o é pela psiquiatria. Como agente subordinado essa condição é previsível, porém há outros fatores, que iremos aprofundar posteriormente, que problematizam de maneira peculiar mais esse campo de atuação do Serviço Social.

1.3. Objeto institucional

O objeto institucional se obtém pela oposição ao objeto de prática ou pela justaposição ao produto. Isto se deve ao efeito de transformação realizado pela prática institucional (ver Capítulo II).

No conjunto de atividades exercidas pelos assistentes sociais em Saúde Mental podemos colocar analiticamente (sem separação rígida) algumas possíveis práticas:

- a *primeira* ocorre em todos os estabelecimentos psiquiátricos: é contornar, nas condições sociais do paciente, qualquer fator negativo que impeça a melhor intervenção psiquiátrica;
- a *segunda* se dá nos programas alternativos: é trabalhar junto com os usuários, no sentido de eles poderem estabelecer uma socialização mais satisfatória;
- a *terceira* é típica do Serviço Social, se dá quando há autonomia do assistente social e recursos no estabelecimento psiquiátrico: é tentar resolver suas condições de cidadania, garantia de direitos e uma certa proteção social aos usuários.

Procedendo metodologicamente por oposição e justaposição, chegamos a três hipóteses (ora complementares, ora estanques) sobre o objeto institucional do Serviço Social em Saúde Mental:

A *primeira* diríamos que concorda com os resultados da pesquisa das funções socioinstitucionais do Serviço Social. Weisshaupt define como objeto institucional, nesse caso, a integração do usuário na lógica institucional. Trata-se de uma "integração dos usuários à psiquiatria", nas suas manifestações tradicional ou renovada, e à previdência social brasileira.

A *segunda* refere-se à reabilitação psicossocial levada a efeito pelos serviços alternativos à internação, preconizada pelo Movimento de Luta Antimanicomial. Trata-se da "atenção psicossocial".

Na *terceira* diríamos que o Serviço Social tem contribuído para o aumento da cidadania e a garantia de direitos nos campos em que atua. Trata-se do objeto "assistência social".

No que diz respeito à psiquiatria reformada, não há uma delimitação tão clara entre os dois últimos objetos.

O que é universal, pois se dá tanto nos estabelecimentos tradicionais quanto nos mistos e alternativos, é a primeira prática, e é o que caracteriza mais propriamente o objeto institucional do Serviço Social em Saúde Mental. A segunda prática está inserida nos novos serviços ligados ao Movimento de Reforma Psiquiátrica, e é uma novidade. A terceira prática é esporádica quando não é constitutiva à psiquiatria renovada, ou seja, está pouco presente na psiquiatria tradicional e é recente na nova psiquiatria.

Nos primeiro e segundo casos o objeto institucional do Serviço Social é a expansão do âmbito da psiquiatria, o que é uma característica do agente subordinado, que tem como seu objeto institucional o âmbito do agente privilegiado. O que é objeto para um é âmbito para o outro (conforme o Capítulo II).

O objeto institucional não é aquilo que se quer como ideal, é o existente nas práticas institucionais concretas. O objeto institucional do Serviço Social em Saúde Mental, dentro das práticas reais atualmente nos estabelecimentos psiquiátricos em geral, é a contribuição do assistente social em integrar o portador de sofrimentos mentais na racionalidade do tratamento psiquiátrico, tradicional ou renovado, oferecido pela organização institucional dentro da lógica do sistema de seguridade social brasileiro que une saúde, previdência e assistência social na área de Saúde Mental, e na racionalidade da sociedade mais ampla, isto é, a institucionalização do paciente na organização e na lógica societária. É em nome dessa "integração social e institucional" que o assistente social atua. A dialética presente nesse objeto institucional é que as racionalidades da psiquiatria tradicional e da psiquiatria renovada são bem diferentes e em vários aspectos opostas. Da mesma forma há propostas divergentes de organização societária no seio da Saúde Mental.

Só que as propostas de desinstitucionalização da psiquiatria, enquanto não forem concretizadas, não se constituirão em um objeto institucional diferenciado para o Serviço Social, uma vez que esse elemento de análise reflete a prática real e não intenções propositivas de projetos que ainda estão se encaminhando para tornar-se realidade. Enquanto isso, o Serviço Social subsidia e reforça a finalidade do estabelecimento psiquiátrico, como agente subordinado. Ele intervém na área humana e social (e psicossocial) para contribuir com os objetivos do tratamento, tradicional ou renovado. Vamos discutir propostas de mudança na prática institucional do Serviço Social na conclusão da seção 2.9 do Capítulo III.

1.4. Âmbito institucional

O âmbito institucional do Serviço Social em Saúde Mental abrange toda relação social em que encontrar seus objetos de prática, ou seja, as rupturas entre o paciente e a lógica da instituição psiquiátrica, dentro ou fora do estabelecimento, e as necessidades de reabilitação psicossocial e de assistência social.

A assistência psiquiátrica é um processo com várias etapas e vários níveis de atendimento. Os problemas entre o paciente e a organização institucional podem ocorrer em todas as etapas e níveis do processo de atendimento. Desse modo o Serviço Social é chamado a atuar em um âmbito muito extenso: na admissão ao serviço, no acompanhamento na enfermaria e na alta do paciente; nas triagens em ambulatórios ou em todos os processos nos programas do tipo dos Centros de Atenção Psicossocial (CAPS); no acompanhamento aos usuários em serviços alternativos em vários projetos diferenciados.

Em termos de níveis de análise, o assistente social pode intervir tanto nos processos terapêuticos, como nos aspectos administrativos, e ainda nas relações sociais de controle da clientela que a organização exige.

O Serviço Social amplia o atendimento até a família do paciente, às vezes até o trabalho profissional (emprego, por exemplo), ou comunidade, quando necessário. Realiza visitas domiciliares, ampliando o âmbito institucional do estabelecimento. Participa, também, de programas com as vizinhanças de alguns estabelecimentos psiquiátricos, está presente em feiras públicas com produtos manufaturados pelos pacientes, promove atividades artísticas e exposições públicas, projetos de integração com as famílias e filhos de internos, atividades públicas de lazer assistido, recreações com finalidades psicossociais.

No âmbito institucional inclui-se também a intervenção em outros profissionais da mesma instituição, até entre os médicos, os funcionários, a direção, pois eles se relacionam com os pacientes. Os problemas do paciente com as normas organizacionais da instituição são considerados meramente contextuais, ficando muitas vezes a cargo do assistente social. Na relação da família com a administração do estabelecimento, o Serviço Social é chamado a intermediar: o assistente social funciona como uma mola amortecedora nos choques entre os parentes e os dirigentes da entidade. Porém, nos serviços alternativos a relação com a família dos usuários é distribuída entre os vários técnicos.

Um problema do qual os assistentes sociais se queixam recorrentemente é a demanda do Serviço Social por tarefas que aparentemente não se relacionam com a profissão. Cremos que, na maioria dos casos, a questão não está em fazer encargos que são ou não do Serviço Social. Não existem essas delimitações *a priori*. Abstendo-nos de analisar sob o aspecto subjetivo, isto é, se o profissional gosta ou não de fazer aquilo a que foi solicitado, o problema está em poder se apropriar ou não de novas práticas. Se são apropriáveis, é bom profissional e politicamente que o Serviço Social se incumba de maneira competente das novas tarefas e amplie seu âmbito de atuação. O problema é quando fica evidente que tarefas novas são alienadas, ou quem mandou o assistente social executá-las está na intenção de usar o Serviço Social como agente de ampliação do âmbito de outra categoria profissional, sem permitir um mínimo de apropriação (ou compartilhamento dessa apropriação) pelo Serviço Social, numa espécie de manipulação técnica. Muitas vezes os assistentes sociais percebem a desapropriação, mas não conseguem se expressar analiticamente, criticando de forma subjetiva o companheiro, ou de forma mecânica e funcional a atividade, e aí fica vulnerável a réplicas e mal-entendidos. Isto acontece tanto na psiquiatria tradicional quanto na renovada.

1.5. Instrumental

Os instrumentais nas práticas institucionais são meios para se atingir determinados fins. Esses fins estão ligados à teleologia dada pela visão de mundo que conduz as práticas. O Serviço Social em Saúde Mental tem várias indefinições em relação aos instrumentais. Para que o uso das técnicas fique esclarecido é necessário clarificar quais são os fins do Serviço Social em Saúde Mental e qual seu objeto institucional. Como já vimos, isso não fica evidente para os assistentes sociais, assim se corre o risco de usar as técnicas "por usar". Muitos assistentes sociais se queixam de que precisam entender mais de técnicas, por exemplo, de entrevista, quando na verdade o uso dessa ferramenta se mostra frágil, não por falta de aprimoramento, mas porque é difícil ligar a entrevista com os fins da profissão nos estabelecimentos psiquiátricos. A entrevista é terapêutica? A prática do Serviço Social visa à cura? À reabilitação psicossocial? À integração do paciente à instituição? À cidadania? Com que objetivo se faz a entrevista? Em poucas palavras: se não fica claro o que é cura, reabilitação psicossocial, cidadania na loucura ou o que o assistente social faz em Saúde Mental, torna-se confuso usar as técnicas com eficácia.

Além disso, os fins estão ligados à concepção de mundo, a teorias que explicam a realidade. Se concepções de sociedade em psiquiatria não são iguais às do Serviço Social histórico-estrutural, as técnicas requisitadas pela primeira não dão conta do segundo. Constitui-se uma falta de consistência teórico-metodológica e não uma falta de domínio da técnica em si.

E mais ainda, o instrumental é determinado pelos fins, mas situa-se como meio, pois analiticamente categoriza-se como nível organizacional. Como há déficit de recursos alocados para o Serviço Social em Saúde Mental, muitas vezes a técnica fica comprometida por falta de meios. Por exemplo, em um estabelecimento psiquiátrico pesquisado, o Serviço Social não tem sala separada para fazer entrevista com os pacientes ou parentes, assim a conversa dá-se obrigatoriamente no pátio, onde não há privacidade. Acaba-se por empregar as técnicas sem eficiência por restrições organizacionais, e não por falta de "desenvolvimento metodológico da técnica".

Ademais, são importadas técnicas da medicina ou da psicologia sem serem feitas as necessárias adaptações para a abordagem do Serviço Social. Isso representa mais um afastamento do que uma apropriação de tais técnicas. Em Saúde Mental, o assistente social às vezes usa técnicas de acompanhamento de casos clínicos ou terapêuticos, anamneses, consultas, diagnósticos, sem se dar conta da diferença para com a medicina. Utiliza técnicas de interpretação, reflexão, aconselhamento, continência, escuta, dinâmicas de grupo ou grupos operativos, sem atentar para a distinção em relação à Psicologia. No caso do Serviço Social em Saúde Mental a solução é se apropriar dessas técnicas médicas ou psicológicas dando-lhes um novo sentido, dentro da perspectiva do Serviço Social. Essa seria uma apropriação não alienada.

Muito das tentativas de obter eficácia nas práticas institucionais pelos assistentes sociais deu-se através da pretensão de aprimoramento do uso de instrumentais. Os assistentes sociais reclamam que precisam aperfeiçoar as técnicas de entrevista, relatórios, acompanhamento, triagem, encaminhamento, elegibilidade, entre outras, como se esta fosse a solução para os dilemas da profissão. Segundo Marilda Iamamoto, o "mito da técnica" constitui-se em um falso dilema para a profissão (Iamamoto, 1992: 200). O mesmo exprime Yolanda Guerra: "*grande parte dos problemas apontados pelos profissionais como provocados pela ausência de sistematização do instrumental técnico, não se localiza nele*" (Guerra, 1998: 22; grifos no original), e também Aparecida Cassab: "a instrumentalidade jamais poderá constituir-se como fim em si mesma, não pode ser autonomizada, ela apenas é a forma como se otimiza a metodologia na produção dos resultados da intervenção" (Cassab, 1995: 34).

1.6. Articulação dos dois objetos institucionais

A difícil relação entre os objetos institucionais do Serviço Social e da outra área de atuação, que foi constatada na pesquisa sobre o Serviço Social da antiga ABESS (Associação Brasileira de Ensino de Serviço Social), ocorre também na área de Saúde Mental:

> "O objetivo da instituição é o tratamento de doentes mentais. Agora, o Serviço Social tem o seu objetivo neste hospital: ajudar o paciente e a família nos problemas e no atendimento de suas necessidades de ordem social" (assistente social).
>
> "(...) a identificação dos fatores psicossociais que interferem no tratamento médico" (assistente social). (Weisshaupt, 1988: 42)

Na pesquisa da ABESS, como eram usadas entrevistas formais, talvez se pudesse classificar as respostas dos assistentes sociais de acordo com cada estratégia de convivência. Na nossa pesquisa participante, conhecendo durante um longo período a atuação dos assistentes sociais em Saúde Mental, percebemos que, além de os vários assistentes sociais articularem de forma diferente o Serviço Social e a Saúde Mental, cada profissional pode combinar diferentes estratégias ao longo de sua atuação, dependendo das circunstâncias. O mesmo profissional tem discursos e atos diferentes para articular Serviço Social e Saúde Mental. Os assistentes sociais tendem a assumir as categorias abaixo de forma indiferenciada. Elas foram separadas para efeitos analíticos do presente estudo:

a) Há assistentes sociais que em algumas ações trabalham tentando não ver as particularidades de seus usuários com transtornos mentais, não percebendo as especificidades do campo Saúde Mental. Parecem querer praticar como se pudessem trabalhar com Serviço Social indistintamente em qualquer área de atuação, ou até mesmo como se o estabelecimento psiquiátrico fosse uma organização institucional de assistência social.

Apesar do bom trabalho feito em Serviço Social, estritamente falando, esbarra-se nas contradições advindas desta postura. Por exemplo, a questão da cidadania e direitos das pessoas já rotuladas como "doentes mentais" é muito limitada, e não há como avançar no paradoxo entre "cidadania e loucura" sem articular profundamente Serviço Social e Saúde Mental. Alguns tentam tratar o usuário como uma pessoa normal, igual às outras, o que é louvável em termos de não-estigmatização, mas dependendo da situação é tecnicamente impossível e ética e teoricamente não desejável.

Às vezes, para poderem ficar isolados da questão dos transtornos mentais, trabalham em programas pontuais, sem envolvimento maior com os usuários (por exemplo, em triagem). Mas isto traz outra contradição, porque é tido como um valor da profissão um bom contato e maior vínculo com os usuários. O assistente social que adota esse afastamento sente a precariedade de sua atuação em relação aos ditames da profissão.

b) Há assistentes sociais que têm vocação para o mundo "psi" e encontram nos estabelecimentos psiquiátricos espaço para atuarem mais na Saúde Mental que em Serviço Social propriamente dito. Em geral fazem cursos suplementares de psicanálise ou terapia de família, o que dá respaldo para atuações mais psicoterapêuticas. Como há uma falta de profissionais de psicologia e psicossociologia em alguns estabelecimentos, esses profissionais de Serviço Social têm tido um papel importante, levando uma visão mais social aos processos terapêuticos.

Existem, porém, muitas contradições nessa postura, tais como: a falta de atualização no debate atual do Serviço Social; as dificuldades com os limites corporativos das atuações em Serviço Social e em psicologia, como ilustrado na tese de doutorado de Sônia Beatriz Sodré Teixeira, *O Serviço Social com famílias e as terapias familiares*; subjetivamente há alguns problemas de identidade profissional, que podem ser resolvidos até mudando de profissão, após um curso completo de graduação universitária em uma área "psi".

Às vezes, também é difícil caracterizar quando estão atuando em Serviço Social ou não, já que agem de forma mista ou dúbia. Quando é explícito que algum técnico graduado em Serviço Social não está trabalhando como assistente social, sua prática nem foi objeto de análise neste livro, ficando só o registro de existência dessa estratégia.

Há também os assistentes sociais que adotam um discurso psiquiátrico e se pautam por uma atuação paramédica. Incorporam os valores e concepções da psiquiatria médica, de modo que suas visões de sociedade e cidadania acabam por distar muito das disciplinas ensinadas nas escolas de Serviço Social.

c) Há estratégias profissionais em Serviço Social que percebem o espaço complementar entre o processo terapêutico psiquiátrico e as necessidades de assistência social dos usuários de serviços psiquiátricos. A atuação desses assistentes sociais é no sentido de promover um reforço mútuo pela sincronicidade das duas assistências (psiquiátrica e social). Paradoxalmente, há estratégias exatamente inversas: as dificuldades sociais dos usuários, devido ao comprometimento mental, são tidas como insuperáveis e insolúveis, e justificam a ineficácia, ora do tratamento psiquiátrico, ora da assistência social. Isto é, ao invés das duas assistências se darem de forma sinergética, se dão de forma contraproducente, uma em relação à outra.

Uma estratégia freqüente é a da particularização, isto é, de que em Saúde Mental um caso social é uma questão diferente do caso "psiquiátrico". As atuações, eficazes ou não, não refletem uma articulação geral entre fenômenos sociais e fenômenos mentais, mas apenas articulações isoladas válidas para cada pessoa atendida. Apesar de uma abordagem singularizada, atenta aos detalhes de cada usuário, ser importante, não se deve, por isso, deixar de perceber o indivíduo imerso numa estrutura de relações sociais mais abrangente e generalizável.

Os assistentes sociais mais comprometidos em equipes multiprofissionais fazem um esforço para acompanhar *pari passu* o atendimento psiquiátrico. Freqüentemente não recebem apoio e reconhecimento recíproco dos profissionais psiquiátricos: fica a cargo do Serviço Social esse esforço de atuar de forma complementar à psiquiatria. Apesar de receberem pouco apoio, sua competência profissional é avaliada pelos psiquiatras na medida em que conseguem acompanhá-los ou não.

d) Poucas vezes há a estratégia profissional de articular os objetos institucionais do Serviço Social e Saúde Mental de forma social, dialética e histórica (faremos apontamentos dessa possível síntese no Capítulo IV). Como esse tipo de articulação (a síntese histórica-estrutural entre sociedade e loucura) em geral não é incentivado pelos donos ou dirigentes de estabelecimentos, mais preocupados com a produtividade, pode ser até uma contra-estratégia evitar explicitar essa elaboração conceitual em Serviço Social e Saúde Mental, até que se possa encontrar um terreno propício. Mas o ensino de Serviço Social até hoje no Brasil não dá subsídios para essa articulação, e as tentativas de interdisciplinaridade em Saúde Mental têm encontrado dificuldades de realização na prática.

1.7. Apropriação do objeto

Esta exposição analítica dos elementos institucionais tem a intenção de mostrar que há uma possibilidade de apropriação pelo Serviço Social de práticas concretas, de reconhecimento político e de sentido (significado) para sua própria atuação em Saúde Mental, desde que se reconheça, se distinga, ou se tome consciência de sua prática institucional (no sentido amplo, organizacional, institucional e social) através dos objetos, produtos, âmbito e outros elementos institucionais. Para essa apropriação, o assistente social precisa ir além do reconhecimento restrito da dimensão exclusivamente técnica (organizacional) da prática, como que autonomizando-a. Também precisa ir além da dimensão exclusivamente social e histórica (a luta de classes). Necessita fazer a investigação da mediação institucional, pois sem esse nível fica dificultada a ligação da dinâmica da sociedade com o cotidiano da prática como empregado de um estabelecimento psiquiátrico. Na possibilidade dessa apropriação assentam-se as fundações para um bom trabalho junto a seus usuários: a desapropriação histórica que a psiquiatria tradicional faz na área da loucura atinge tanto os pacientes quanto os profissionais de Saúde Mental.

O objeto institucional notório é a complementação da psiquiatria no que se refere à intervenção social. Esse objeto não é o idealizado pelos assistentes sociais: é o encontrado nas práticas. Na nossa interlocução com assistentes sociais, vemos que muitos não aceitam esse objeto complementar à Psiquiatria. Os assistentes sociais não são preparados na universidade para isso.[5] O Serviço Social não valoriza esse objeto, e os assistentes sociais também não gostam de sua posição subordinada na Saúde Mental.

---

5. Aliás, em reabilitação psicossocial também deveríamos estar mais bem preparados pelo ensino superior, mas a própria psiquiatria não formalizou bem o que é, ainda está em processo de construção (Saraceno, 1999; Pitta, 1996).

No entanto, há uma demanda concreta por esse objeto, o Serviço Social é uma profissão apta a vários tipos de intervenção social, esse trabalho é útil para os usuários e importante para o tratamento. Em vez de rejeitar o objeto institucional é necessário trabalhar para redefini-lo para uma combinação econômica, política e ideológica na direção de uma psiquiatria reformada e de um Serviço Social histórico-estrutural, isto é, incorporando à Saúde Mental uma posição política e social progressista, não negando o caráter previdenciário que assume no Brasil no âmbito em que o Serviço Social atua, criando uma reabilitação psicossocial de forma crítica, mostrando que a assistência social é importante e que as questões sociais estão relacionadas com os transtornos mentais.

É importante mostrar que a psiquiatria no Brasil atualmente não pode prescindir do Serviço Social, que é um trabalho de agente subordinado mas de relevante papel. Integrar os usuários na lógica psiquiátrica é uma função importante dentro dos estabelecimentos, para o melhor tratamento. Porém, o Serviço Social precisa estar atento para que a psiquiatria exercida nas organizações institucionais em que atua seja uma psiquiatria renovada, que é melhor, mais complexa, humana e justa, pois então esse objeto "integração psiquiátrica" constituirá um objeto institucional para o Serviço Social de acordo com o projeto ético-político expresso em seu regulamento profissional e em seu código de ética.

Tratando-se da "atenção psicossocial", a prática dos assistentes sociais tem sido importante. Os assistentes sociais nesses tipos de atendimento precisam ter em mente que as problemáticas da sociedade e do sofrimento mental andam juntas, o que justifica a atuação do Serviço Social. E que os assistentes sociais, por sua formação profissional voltada para as grandes questões da sociedade, são técnicos bem capacitados para atuar na atenção psicossocial.

Quando se fala em "assistência social", os profissionais precisam mostrar que é um objeto válido em Saúde Mental, que os usuários de serviços psiquiátricos precisam de assistência social devido ao nível de pobreza, estigmatização, exclusão, que perpassa esse problema. O Serviço Social deve reafirmar os princípios de direitos fundamentais e de cidadania universal como valores inalienáveis, e defender o valor da assistência social sem o medo do fantasma do "assistencialismo", porque o Serviço Social moderno já elaborou sua análise crítica (Sposati et al., 1986).

O Serviço Social necessita desenvolver um discurso que o legitime em Saúde Mental em nível do "saber", pois em termos de prática institucional o Serviço Social já está mais do que legitimado no Brasil. Em nossa participação nessa área, porém, temos visto assistentes sociais questionando o valor de sua atuação. Longe disso, os assistentes sociais devem ter a cabeça erguida na Saúde Mental: as nossas finalidades são importantes, legítimas e imprescindíveis. Graças ao Serviço Social no sistema de seguridade social a psiquiatria amplia seu âmbito institucional e isto precisa ser reconhecido e valorizado.

O Serviço Social, entretanto, precisa se apropriar melhor de sua atuação em Saúde Mental. Em termos de prática profissional já existe uma consolidação: há décadas que o Serviço Social atua em Saúde Mental. Para exemplificar, diríamos que na apropriação institucional: em nível econômico, o assistente social precisa ter mais recursos; em nível político, precisa ter mais poder; e em nível ideológico, precisa ter seu saber mais reconhecido.

É necessário ao assistente social reconhecer seu próprio valor, saber o que está fazendo, criar um discurso profissional, publicar idéias, lutar por seus princípios, fazer alianças, se expor profissionalmente em Saúde Mental. É claro que o profissional de campo precisa contar com a colaboração de seus colegas de academia: a universidade também deve desenvolver esse discurso profissional com pesquisas, aulas, extensão, publicações, conferências, entre outros recursos.

As práticas institucionais na Saúde Mental têm como objeto "sujeitos" (que são sociais). A intervenção meramente técnica é impossível, pois a instância política está sempre presente. Logo, existe a necessidade da incorporação do Serviço Social na prestação do serviço.

Uma das dificuldades do reconhecimento do trabalho do Serviço Social em Saúde Mental está na não-aceitação do aspecto contraditório das políticas sociais na loucura (e o Serviço Social atua em geral nessas contradições). O ocultamento das disfunções do sistema manicomial torna o trabalho do Serviço Social pouco visível: o assistente social age, porém o objeto de sua ação é quase sempre encoberto pelos mandantes e pelos agentes privilegiados.

2. Contradições entre os atores institucionais

Vamos abordar agora as contradições entre os atores institucionais. No processo de transformação (na prática institucional) vários atores estão presentes. Outros atores têm uma participação indireta ou à distância. Numa concepção idealista os vários atores deveriam colaborar em direção aos fins comuns para que todos se beneficiassem de suas atuações. Porém, a prática institucional é constitutivamente contraditória, palco de luta dos agentes institucionais, o que tentaremos esclarecer (Weisshaupt, 1988: 27).

A prática institucional é a resultante das práticas contraditórias de todos os atores organizacionais, institucionais e sociais, que representam os diversos interesses existentes na sociedade. Estruturalmente, nas instituições, destacamos os interesses econômicos, de poder e de saber. Os atores têm uma posição histórico-estrutural conflitante em relação à propriedade dos meios de produção, ao mando hierárquico e ao saber sobre o objeto institucional, em cada instituição singular. A análise dessas relações traz uma luz sobre as contradições da prática profissional.

Algumas contradições que nos interessam são as várias apropriações indevidas, alicerçadas historicamente, que alienam atores em relação a outros (Weisshaupt, 1988: 28-29). Isto é, as contradições muitas vezes são resolvidas pela apropriação de um ator institucional em detrimento de outro, e não buscando uma simetria de poder e de apropriações.

2.1. Agentes privilegiado, subordinado e de apoio

Nas instituições psiquiátricas o assistente social desenvolve as suas práticas de forma subordinada ao saber médico psiquiátrico, que é o saber com mandato social, isto é, o reconhecimento social no plano legal sobre o campo da Saúde Mental, nas condições econômicas, políticas e ideológicas da sociedade burguesa (Amarante, 1996). Isto é, o saber psiquiátrico tradicional encontra respaldo em interesses econômicos da atual sociedade de mercado e reforça estruturas de poder e saber, também ligadas à sociedade capitalista. Portanto, a psiquiatria mantém esse mandato social por determinações também no plano econômico e no político, não só no plano do saber.

No Movimento de Reforma Psiquiátrica, quando se questiona o saber psiquiátrico tradicional, pela introdução de questões pertinentes à complexidade das relações sociais na constituição do fenômeno da loucura e com vistas à ressocialização como tratamento terapêutico, o saber do Serviço Social torna-se importante, porque o assistente social tem uma formação voltada para apreender os aspectos sociais. Porém existe a contradição de que o mandato social da psiquiatria tradicional ainda perdura, e, em conseqüência, o agente privilegiado institucional também continua sendo o psiquiatra, sem partilhar essa condição com outras categorias profissionais. Nas condições propostas pelo Movimento de Reforma Psiquiátrica, os saberes de vários atores deveriam compartilhar a execução das práticas de Saúde Mental, pois os saberes médicos, psicológicos, sociais, terapêuticos, antropológicos, entre outros, e os saberes da clientela passam a ser constituintes da nova concepção de existência-sofrimento junto às relações sociais de tratamento do portador de transtornos mentais.

O assistente social se queixa de não ter o seu saber e a sua competência sobre a "sociedade" reconhecidos em condições em que há demandas de intervenção no plano social.

Há problemas também quando a psiquiatria, apesar de valorizar o social, tem uma concepção de sociedade como harmônica, como sistema orgânico, funcional, de ajustamento, de integração etc. Nesse caso, quando o assistente social abraça a perspectiva marxista pós-reconceituada não se reconhece "fazendo" Serviço Social, pois no seu saber o "social" é contraditório e constituído pela luta de classes.

Nas condições da psiquiatria tradicional, às vezes puramente medicamentosa, o assistente social corre o risco de ser relegado disfarçadamente a um agente meramente organizacional, sendo incumbido de tarefas administrativas, tais como conferir a documentação do paciente para constatar seus direitos ao atendimento conveniado, verificar as suas possibilidades de retorno ao lar no tempo hábil de alta, ou mobilizar a família apenas por recursos que ajudem a organização. Dessa forma a concepção de social se reduz a uma perspectiva funcional à ordem administrativa, um trabalho para atender aos regulamentos e exigências organizacionais. Nessas condições o assistente social não reconhece no seu trabalho os preceitos da profissão aprendidos na faculdade de Serviço Social. Ele corre o risco de se tornar um agente de apoio administrativo.

Há, portanto, tanto na organização psiquiátrica quanto no Serviço Social em Saúde Mental, concepções bem diferentes do que seja o social: dialético histórico-estrutural; harmônico, ajustador, integrativo, adaptativo; conjunto de pessoas; administrativo ("social" sem o social). Também a definição do social pode ser feita até por exclusão: passa a ser social tudo que não é biológico, nem psicológico.

CONTRADIÇÕES ENTRE PROFISSIONAIS DE MESMA POSIÇÃO

É sabido que a disputa pelo saber hegemônico envolve ganhos econômicos e de prestígio. Mas há também conflitos de interesses envolvendo profissionais subordinados. Os conflitos não são só hierarquizados, uma disputa de quem está por baixo com quem está por cima, tipo patrão *versus* empregado, por exemplo. Há contrariedades que envolvem poder político, que não se trata de político partidário, nem poder de chefia, mas disputa pela concepção de organização das práticas dos estabelecimentos.

Segundo a pesquisa de Dalva Costa, uma das principais ocupações do Serviço Social na área da Saúde é a de flexibilizar as normas rígidas para propiciar o melhor atendimento aos usuários, pois visa atender às excepcionalidades nos casos que merecem individuação ou medidas especiais. O Serviço Social se torna assim "uma atividade 'supridora' da inflexibilidade das normas diante da realidade da população" (Costa, 2000: 51; destaque no original).

O Serviço Social em Saúde Mental não foge à regra. Uma das contradições recorrentes do Serviço Social em Saúde Mental é com *enfermeiros*, por um aspecto muito peculiar e ambíguo: como já citamos, o Serviço Social também contribui para a melhor adaptação do paciente à organização psiquiátrica. Como as normas em hospícios são rígidas, fica sob a responsabilidade do Serviço Social contorná-las quando há necessidade de exceções à regra, nos casos em que uma flexibilidade às normas pode levar a uma melhor adaptação do paciente ao estabelecimento psiquiátrico. Mas como os enfermeiros vivem mais tempo junto à internação, como têm que zelar com presteza pela manutenção dessas mesmas normas organizacionais, muitas vezes é necessário uma negociação entre Serviço Social e enfermagem para se chegar a uma ação junto ao paciente que contemple as necessidades ao mesmo tempo do internado e da instituição.

Algumas vezes presenciamos queixas bilaterais entre essas duas categorias profissionais no hospital psiquiátrico, colocadas em nível pessoal, subjetivo, quando na realidade se trata de posições estruturais distintas dentro da organização que levam à divergência. Trata-se de duas perspectivas organizacionais diferentes que entram em oposição algumas vezes: a flexibilização e a rigidez das normas.

Por outro lado, a enfermagem solicita o trabalho do Serviço Social com freqüência: o contato prolongado com muitos pacientes na enfermaria sobrecarrega o trabalho dos enfermeiros, ora em termos de muitas tarefas, ora em termos de muito estresse. Dependendo da demanda do paciente, os enfermeiros chamam o Serviço Social para intervir. No entanto, nem sempre os assistentes sociais interpretam que sejam demandas que lhes cabem responder profissionalmente. Torna-se necessário novamente um espaço de negociações entre Serviço Social e enfermagem.

TERCEIRIZAÇÃO DE SERVIÇOS PSIQUIÁTRICOS

Com a crescente onda de *terceirização* de mão-de-obra dos serviços psiquiátricos,[6] estão acontecendo discrepâncias salariais entre agentes do mesmo nível, trabalhando no mesmo lugar e com as mesmas funções, mas com contratos diferentes, o que gera reclamações e incompatibilidades entre membros da mesma equipe profissional. Tais desacordos não são propalados, de modo que a eficiência do atendimento fica prejudicada, mas

---

6. Numa tendência recente, há também a terceirização de projetos em Saúde Mental, isto é, o repasse de serviços para ONGs.

as razões não vêm à baila. A terceirização é ambivalente: ora os profissionais contratados de forma temporária têm mais vantagens que os funcionários do quadro permanente do estabelecimento (maiores salários, por exemplo), outras vezes é o oposto, têm piores condições de remuneração e trabalho. É evidente que em ambos os casos essa dissonância é desgastante para o serviço. Há vantagens e desvantagens na terceirização, mas as vantagens (por exemplo, a rápida contratação de profissionais) atendem mais às mazelas decorrentes do próprio modelo ligado às reformas no mundo do trabalho (reestruturação produtiva, precarização...).

A terceirização também introduz uma situação dúbia em relação à posição estrutural do mandante político dos agentes funcionais terceirizados: quem são realmente seus patrões? É lógico que só uma análise do poder concreto em cada organização institucional pode revelar a verdadeira face do mando, uma vez que há delegações de mandato em série, em cadeia, em cascata.

Juntando-se à esvanescência do mando efetivo, com as insatisfações estruturais dos membros de equipes mistas (funcionários "da casa" com estabilidade empregatícia e terceirizados com contratos precários) é comum a esquiva de tarefas com justificativas do tipo: "meu salário é menor, não é justo que eu tenha que fazer isso" ou "meu contrato é temporário, não estou aqui para isso", muito embora esse tipo de explicação não seja dado claramente à equipe. Aparecem na hora do desabafo e só são captados pela participação direta na prática institucional.

Podemos ampliar a análise para os casos de vínculos estatais diferenciados, pois com a unificação do sistema de saúde juntou-se pessoal de várias redes da administração: Ministério da Saúde, Ministério da Previdência, do estado e município. Disto decorrem quadros técnicos com discrepâncias salariais, cargas horárias diferenciadas, funcionários com deslocamento de função, dicotomia na lotação do funcionário público em unidades diversas daquelas em que exerce a função. Estas são algumas das razões da difícil organização dos quadros de agentes internos em órgãos estatais. Muitos assistentes sociais estão trabalhando em Saúde Mental com contratos precários, terceirizados, ou com deslocamento de função.

2.2. Mandantes econômicos

A relação do assistente social com os proprietários do patrimônio das instituições de assistência psiquiátrica (que se apropriam dos resultados da prática institucional) também introduz contradições. Basicamente os donos dos estabelecimentos psiquiátricos são o Estado (município, estado ou União) nas instituições públicas; os médicos psiquiatras são geralmente os donos dos estabelecimentos privados; e organizações religiosas ou filantrópicas nas entidades sem fins lucrativos. Há a participação de ONGs (Organizações Não-Governamentais) na Saúde Mental, mas que não se constituem como estabelecimentos psiquiátricos de atendimento e com a inserção do Serviço Social institucionalizado, até o momento. Exemplo disso é o Instituto Franco Basaglia (IFB), que opera com linhas de terceirização em contratações de recursos humanos para serviços municipais nos CAPS, e a Associação de Usuários e Familiares que atua na militância em prol da luta antimanicomial. Na Colônia Juliano Moreira, a associação APACOJUM atua em projetos residenciais geridos por pessoal contratado por ela, através de convênio com a prefeitura. Porém, não os incluímos nesta pesquisa pelos critérios estabelecidos de delimitação do objeto, já definidos anteriormente.

De determinações provindas do mandante, por trás do objeto institucional manifesto, a saúde mental, encontram-se latentes outras concepções de saúde diferenciadas. Para instituições psiquiátricas esse conceito pode oscilar entre saúde como direito ao bem-estar global (físico, psicológico e social), ora como simples ausência de doenças, ora como normal *versus* patológico, ora com um ponto de vista reduzido ao fisiológico, até à simples reprodução social da força de trabalho na ótica capitalista, a saúde como um corpo apto para o trabalho, como valor de troca (Kinoshita, s.d.: 82). Nas instituições psiquiátricas privadas a saúde mental pode ser atravessada pelos interesses econômicos imediatos e se tornar um pretexto para o lucro indiscriminado, virando mercadoria nas mãos de empresários gananciosos. Nas instituições psiquiátricas filantrópicas o conceito de saúde pode se reduzir a um conceito humanista abstrato ou a uma adaptação a valores idealistas de cunho religioso.

Em instituições sem fins lucrativos, inseridas no Movimento de Reforma Psiquiátrica, o objeto "saúde mental" pode ser concebido como um processo saúde-doença, articulado com as relações sociais e não simplesmente saúde e doença como dois fenômenos reificados.

Para o Serviço Social é interessante que a saúde seja pensada como um processo que abarque as condições sociais concretas das pessoas, tal como a proposta da Reforma Sanitária:

> A saúde seja entendida como resultado das condições de vida das pessoas. Isto é, que a saúde não é conseguida apenas com assistência médica, mas principalmente pelo acesso das pessoas ao emprego, com salário justo, à educação, a uma boa condição de habitação e saneamento do meio ambiente, ao transporte adequado, a uma boa alimentação, à cultura e ao lazer; além, evidentemente, do acesso a um sistema de saúde digno, de qualidade e que resolva os problemas de atendimento das pessoas quando necessitem. (Rodrigues Neto, s.d.: 11).

Se o estabelecimento psiquiátrico privado tem fins lucrativos, o trabalho do Serviço Social se insere na relação capital-trabalho na forma de serviço, que é explorado pelo empresário para acumulação de capital, encoberto pelo rótulo de salário ou de serviços pessoais (Marx, 1988a: 584 e s.d.: 115-118; Iamamoto, 1998: 68).

Em instituições psiquiátricas sem fins lucrativos o imperativo econômico paradoxalmente também se impõe, pois muitas delas visam arrecadar uma receita excedente da assistência psiquiátrica para custear a catequese, a evangelização e a disseminação de seus ideais religiosos. Vejamos alguns exemplos investigados na pesquisa.

Um hospital psiquiátrico espírita, de propriedade de uma entidade religiosa, paga salários bem mais altos para os funcionários ligados à entidade espírita e que fazem militância kardecista. Nesse estabelecimento, apesar de os técnicos em Saúde Mental serem respeitados, não há muita possibilidade de ascensão profissional e social se não fizerem alianças nas suas vidas pessoais com a religião dos donos. Os cargos de burocracia e alta direção, em conseqüência, são ocupados por seguidores do kardecismo. O depoimento das assistentes sociais, por um lado, não denotou prejuízos em relação às assistências (psiquiátrica, psicológica e social), mas revelou grandes insatisfações no nível da autonomia e realização pessoal e profissional.

Uma clínica psiquiátrica de propriedade de uma irmandade católica não tem fins lucrativos, porém visa obter um excedente de receita que financie sua missão religiosa no Brasil e até envie dinheiro para o exterior para ajudar a custear a sede da instituição missionária. As práticas psiquiátricas e a assistência social estão condicionadas ao imperativo de reduzir custos, mesmo com prejuízos na eficácia e qualidade dos serviços, pois a determinação de obter um superávit é primordial para a boa eficiência da catequese, a outra atividade adicional da ordem religiosa proprietária deste estabelecimento psiquiátrico.

A prática do Serviço Social fica dividida pela ambigüidade de atender ao objeto institucional "saúde mental" em uma perspectiva contextualizada do processo saúde e doença, com visão de complexidade (crítica), ou atender a objetos institucionais implícitos por detrás da demanda aparente de saúde mental.

O imperativo econômico está sempre atuando, pois nas instituições psiquiátricas do Estado a redução de custos de atendimento à população também força à introdução de uma racionalidade técnica econômica que busca submeter a concepção de tratamento do sofrimento mental a uma visão instrumental. Nos tempos de neoliberalismo e de redução de investimentos públicos na saúde esse quadro se radicaliza.

É através dos mandantes que os agentes profissionais recebem as orientações sobre a execução das *políticas sociais* de Estado ampliado (Weisshaupt, 1988: 28). Mas os interesses sociais dos mandantes estão sujeitos à reinterpretação pelos atores técnicos, que têm um certo grau de autonomia dentro das instituições. As políticas sociais atuais em Saúde Mental refletem a correlação de força dos atores sociais importantes ao longo da história da assistência psiquiátrica no Brasil. Mas as práticas concretas daí resultantes dependem das mediações dos atores encarregados das suas execuções, dos quais os assistentes sociais são uma categoria profissional de peso. No cotidiano, os atores institucional e organizacional são os executores e possibilitadores destas políticas. Concretamente, as práticas psiquiátricas reais dependem dos atores sociais, institucionais e organizacionais. Elas são a resultante do empenho destes diferentes agentes.

Gostaríamos de assinalar que as diversas polarizações comentadas neste texto, tais como: instituições psiquiátricas públicas ou privadas, psiquiatria tradicional ou reformada, concepção de sociedade dialética ou funcionalista, entidades sem fins lucrativos ou com lucro etc., não podem ser usadas de forma maniqueísta para julgar as instituições ou o trabalho do Serviço Social. Na pesquisa acadêmica é necessário se criar e se usar categorias da realidade (elas são as ferramentas do pensador) para se distinguir e nomear os fenômenos sociais. Mas procuramos manusear as categorias opostas no sentido dialético e histórico, não de forma polarizada e mecanicista. Na maioria das instituições psiquiátricas há um amplo espectro de concepções sobre a assistência, podendo coexistir concepções radicalmente opostas. A maioria das instituições concilia conformações complexas. As instituições psiquiátricas se encaixam nas categorias de análise de forma não reduzida a pólos categoriais.

2.3. Mandantes políticos

Os mandantes políticos das organizações institucionais de Saúde Mental são: nos estabelecimentos públicos, o poder executivo dos governos municipais, estaduais e federais; nos estabelecimentos privados, os próprios donos médicos; nos estabelecimentos sem fins lucrativos, a diretoria das entidades religiosas ou filantrópicas proprietárias. Os mandantes políticos indicam os dirigentes e os funcionários dos estabelecimentos psiquiátricos. Os governos indicam os diretores dos hospitais públicos (às vezes esses diretores são escolhidos em eleições pelas bases — técnicos e funcionários —, mas nem sempre essa escolha é respeitada). Os médicos-donos dirigem suas próprias clínicas ou indicam outro psiquiatra para administrá-las. As diretorias das entidades religiosas ou filantrópicas escolhem médicos psiquiatras de sua confiança para dirigir seus estabelecimentos psiquiátricos.

O Estado está à mercê de mudanças de governo, o que pode provocar a reorientação da assistência quando os governos alternam entre neoliberais ou tendências de esquerda, por exemplo. Isto é, os mandantes políticos variam sazonalmente nos estabelecimentos psiquiátricos estatais. Nas organizações institucionais privadas e filantrópicas há uma permanência estável desses mandantes.

2.4. Mandantes ideológicos

Os assistentes sociais convivem com donos do saber: as instituições de regulamentação da prática e outras de produção de conhecimento, respectivamente, os conselhos profissionais e as escolas universitárias. Os Conselhos Profissionais de Serviço Social têm sido um ponto de apoio às práticas comprometidas e engajadas dos assistentes sociais, pois têm representado interesses contra-hegemônicos na sociedade de classes.

As duas principais escolas de Serviço Social na cidade do Rio de Janeiro (UFRJ e UERJ) vêm mantendo a discussão de Serviço Social em Saúde Mental através de seminários e publicações. Elas têm firmado convênios com estabelecimentos psiquiátricos para estágio curricular de Serviço Social. Tanto nos seminários quanto nos estágios tem havido um debate em torno da distância entre a teoria e a prática, com queixas de ambos os lados: os profissionais de campo se queixam que na prática não recebem apoio suficiente da universidade; os professores reclamam que os profissionais abandonam a teoria. Muitos proclamam que falta "boa vontade" de ambos os lados, mas não analisam as restrições sociais que impedem o pleno intercâmbio entre a universidade e empresas na sociedade burguesa: o saber crítico fica em segundo plano quando não pode ser instrumentalizado imediatamente para a produção e reprodução social.

O CRESS-RJ também tem dado a sua contribuição na aproximação entre o saber e a prática através de congressos regionais de Serviço Social em Saúde Mental. O mais importante é a afirmação dos conselhos profissionais de Serviço Social por um projeto ético-político em Serviço Social que está de acordo com os princípios do Movimento de Reforma Psiquiátrica. O Sindicato dos Assistentes Sociais do Estado do Rio de Janeiro (SASERJ) também tem promovido aulas e cursos de Serviço Social em Saúde Mental.

Em psiquiatria há os conselhos de medicina e as associações psiquiátricas, por exemplo, a Associação Brasileira de Psiquiatria (ABP) e a Associação Psiquiátrica do Estado do Rio de Janeiro (APERJ). O profissional que atua nessas associações ou conselhos pode ter um apoio extra em termos políticos e ideológicos: maior força de alianças e respaldo de entidades prestigiosas, o que tem reflexos na sua prática institucional. O mesmo se pode dizer do Serviço Social, com os CRESS e com o CFESS, o Centro Brasileiro de Cooperação e Intercâmbio de Serviços Sociais (CBCISS) e a Associação Brasileira de Ensino e Pesquisa em Serviço Social (ABEPSS).

RESULTADOS DA AÇÃO DOS MANDANTES

As políticas sociais tradicionais no campo da Saúde Mental reforçavam a reprodução da sociedade de classes. Os asilos, com suas práticas de exclusão e isolamento, eram também usados para neutralizar as pessoas que procediam de forma diferente dos ditames das elites dominantes. Desse modo, as clínicas psiquiátricas podiam ser usadas para internar "desviantes sociais", tais como usuários de drogas leves, pessoas de sexualidade "imoral" (homossexuais, sodomitas, adúlteras), adeptos de religiões diferentes da dominante (umbandistas), pessoas de etnias diferentes da elite, entre outros. No Brasil, isto ocorreu com freqüência até praticamente a década de 1970.

Além disso, a psiquiatria tradicional reproduz, com sua hierarquia do saber médico, a divisão do trabalho entre os que pensam, planejam, e os que executam e trabalham. Do primeiro lado os médicos psiquiatras e do outro os enfermeiros, assistentes sociais etc.

A psiquiatria tradicional reforça o que se denominou "indústria da loucura", em que clínicas privadas internam portadores de transtornos mentais indiscriminadamente, obtendo assim o dinheiro do convênio previdenciário, mas dando somente um tratamento medicamentoso barato; este, em boa parte das vezes, só elimina temporariamente os sintomas, de modo que o paciente tem alta, porém, em um curto período de tempo retorna à internação com os mesmos problemas. E isto tudo gira em uma roda incessante: tratamento paliativo para o paciente, recebimento do pagamento previdenciário pelo dono da clínica, como em uma máquina fabril, gerando altos lucros para a indústria da loucura.

Estes são alguns exemplos em que reside o interesse de classes dos mandantes econômicos, políticos e ideológicos da psiquiatria tradicional. O fato de os estabelecimentos psiquiátricos se apresentarem como neutros, independentemente da luta de classes, esconde a natureza política da psiquiatria e da loucura.

2.5. Dirigentes

Nas instituições psiquiátricas, os dirigentes tendem a ser os psiquiatras, o que reforça a posição privilegiada desses profissionais. Como tal planejam os recursos, e tendem a desvalorizar institucionalmente a prática do assistente social ou dificultar seu acesso a verbas e a outros recursos: maior dedicação em horas, número de profissionais, entre outros. O Serviço Social se queixa recorrentemente da escassez de meios para o exercício de sua função. No Movimento de Reforma Psiquiátrica essa contradição se acirra, pois há uma requisição maior de atuação na área social, muitas vezes sem a respectiva alocação de verbas para as tarefas. Pelas propostas de desinstitucionalização e desospitalização há a transferência da ênfase do atendimento dos programas de internação para outros mais comunitários (Vasconcelos, 1992a). Isto propicia uma presença maior do Serviço Social, mas não tem ocorrido a transferência de recursos na mesma proporção da transferência de responsabilidades. A crise econômica e o enxugamento das verbas para o serviço público coincidem com a fase atual do Movimento de Reforma Psiquiátrica, contribuindo para agravar esse contexto de falta de financiamento.

Os dirigentes têm que prestar conta do desempenho do estabelecimento aos mandantes. A posição dos dirigentes geralmente é situada do lado dos interesses dos mandantes políticos (são designados por estes). Em organizações institucionais em que os dirigentes são eleitos pelas bases (funcionários e, às vezes até, os usuários dos serviços votam), os dirigentes tendem a conciliar interesses antagônicos dentro das instituições. O Serviço Social é muitas vezes solicitado a atuar nos efeitos dessas situações ambíguas, pois são tidas como "problemas sociais" quando se trata da relação entre usuário e instituição.

2.6. Clientela

A psiquiatria tradicional transformou, através de processo social e histórico, o portador de sofrimento psíquico em doente mental, alienando-o de seus direitos e saberes próprios (Amarante, 1996; Foucault, 1987). Essa psiquiatria aplica um tratamento que o aliena de suas relações sociais pela internação, isolamento e impregnação por remédios.

O Serviço Social é chamado a intervir na totalidade social da problemática do usuário de serviços psiquiátricos, mas nessa totalidade pode estar incluída a alienação produzida pela própria psiquiatria.

Um exemplo é o de que os pacientes de manicômios espalhados pelo Brasil[7] são tratados como recurso da organização (isto é, como objetos e não como sujeitos), com o estatuto de uma simples matéria-prima a ser trabalhada, se encaixando nas racionalidades instrumentais requeridas pela organização, com a justificativa de melhoria da eficiência e eficácia do tratamento. Em geral isso limita a autonomia do usuário. Outro exemplo: o cliente requer o máximo de assistência, mas a racionalidade técnica e econômica da organização tende a diminuir os custos, limitando a assistência. O Serviço Social deve preservar o usuário frente ao ataque de racionalidades instrumentais que prejudicam a assistência do ponto de vista da globalidade de seu problema mental, enfrentando a planificação racionalista da organização.

2.7. Público

Com freqüência, em Saúde Mental, o paciente tem interesses divergentes de seus familiares e de outras pessoas com quem mantém relações sociais diversas. Essas pessoas muitas vezes se tornam objeto da intervenção do Serviço Social. O assistente social necessita contemplar posições que representem uma negociação entre as diferentes posições dos vários usuários, expressando a total extensão do problema.

Muitas vezes, por dificuldades financeiras, por falta de tempo, ou pelas "agruras" do convívio com os portadores de transtornos mentais, as

---

7. Ver Delgado (2000).

famílias não querem dar a sua cota na assistência aos usuários dos serviços psiquiátricos. O Serviço Social, juntamente com outras profissões, tenta orientar a família na busca de outras possibilidades de cuidado conjunto (Rosa, 2000). Quando clientela e público estão aliados se dá uma potencialização política.

Há casos em que a família interna o parente e se apropria da pensão. Em tais casos, como sugestão, pode ser preferível colocar o usuário em um serviço residencial terapêutico (ou em uma moradia independente, de acordo com a avaliação coletiva da situação), usando seu benefício pecuniário, e um técnico administrando o dinheiro.

Outras vezes a família entra em conflito com a direção dos estabelecimentos psiquiátricos exigindo melhor assistência ao parente-usuário. O Serviço Social tem sido chamado a intermediar nessas querelas. É interessante como a terapia familiar tem um espaço profissional definido como terapêutico ou clínico, de modo que outras contradições familiares, por exclusão, são imputadas ao "social".

O Serviço Social deve atuar nesses conflitos de modo a permitir uma apropriação adequada dos usuários e dos familiares dos aspectos que compõem a prática institucional. Por exemplo: no aspecto econômico, uma melhor assistência material; no político, o atendimento às suas vontades legítimas; no ideológico, o reconhecimento do ponto de vista do usuário sobre o problema.

2.8. Contexto interinstitucional

As várias instituições que compartilham do mesmo espaço social das instituições psiquiátricas representam uma categoria de atores institucionais diferenciados e importantes. O contexto interinstitucional adiciona contradições às práticas em Saúde Mental. Por exemplo, é notório que a grande *indústria farmacêutica* tem altos interesses econômicos na psiquiatria, interferindo nas suas práticas. As instituições de ensino e pesquisa também interferem, e em muitos casos até se mesclam a elas, porque várias entidades prestadoras de serviços psiquiátricos são ao mesmo tempo institutos de pesquisa e ensino.

A diferença exorbitante entre o custo de produção dos remédios e de seu preço no mercado monopolista (monopólio nem sempre explícito) ficou evidente para a sociedade com o caso dos remédios de nome genérico. Conjugado ao fato de o Brasil ser um dos maiores países do mundo em consumo de medicamentos psicotrópicos, pelo grande número de portadores de transtornos mentais e pela política de uso de fármacos de forma generalizada, segundo dados da Associação Brasileira de Psiquiatria (*Revista Afinal*, 1987: 72), fica revelado o enorme montante de lucros das empresas produtoras de remédios e a importância dos interesses econômicos advindos dos acionistas dos laboratórios nas políticas sociais de Saúde Mental no país, com os seus reflexos nas práticas dos estabelecimentos psiquiátricos, uma vez que a indústria farmacêutica tem poder suficiente para, através de convencimento e outros meios, impor práticas medicamentosas que terminam por eclipsar os aspectos sociais do tratamento psiquiátrico.

As necessidades de *ensino e pesquisa* interferem na prática psiquiátrica. Se não levarmos em conta sua influência, ficamos sem explicação diante de alguns fatos. Por exemplo, se por um lado a instituição advoga uma curta permanência do paciente internado, por outro lado pode prolongá-la por motivo de pesquisa dos efeitos de uma medicação em teste, financiada por um órgão de pesquisa, ou custeada direta ou indiretamente por uma indústria farmacêutica.

Há no contexto as instituições representantes dos movimentos sociais da área de Saúde Mental: Movimento de Luta Antimanicomial, Associação de Famílias de Doentes Mentais (AFDM), Associação de Doentes Mentais (ADOM). Há, também, as instituições representantes de setores ligados à Saúde Mental: Federação Brasileira de Hospitais (FBH). Umas são a favor e outras contra o Movimento de Reforma Psiquiátrica, que conseguiu polarizar as reivindicações em Saúde Mental.

Alguns profissionais estão ligados a essas instituições, às vezes a várias delas concomitantemente. E suas práticas refletem as posições políticas dessas entidades, mas nem sempre há transparência sobre esses vínculos fora de seu trabalho. Por isso afirmamos que certas determinações das práticas institucionais não são perceptíveis pelas aparências ou pela análise imediata no aqui-agora.

A participação em sindicatos trabalhistas também fortalece o profissional, com ressonância no seu posicionamento dentro das organizações institucionais em que atua.

É óbvio que essas repercussões acontecem, mas as incluímos aqui porque nas análises organizacionais da moderna administração científica elas são ignoradas ou simplesmente consideradas como um "ruído" a ser abafado na estrutura harmoniosa de planejamento funcional, e não como constituinte das relações sociais de poder no mundo institucionalizado. Para a análise meramente funcionalista, a dimensão política é um "efeito colateral" indesejável a ser minimizado para o melhor funcionamento técnico e científico das práticas organizacionais.

O contexto da Saúde Mental também é perpassado por instituições do chamado "terceiro setor" ou Organizações Não-Governamentais ou entidades civis sem fins lucrativos, que influem na área. Por exemplo, o Instituto Franco Basaglia (IFB), que incentiva o Movimento de Reforma Psiquiátrica; a Associação Pró-Saúde Mental, que apóia os grupos "Psicóticos Anônimos" e "Amigos e Parentes dos Psicóticos Anônimos" (AP-PA).

Com a nova legislação sobre os *planos de saúde* no Brasil, que institui a medicina de grupo (por exemplo, a AMIL), as cooperativas médicas (por exemplo, a UNIMED), os seguros-saúde (por exemplo, o Saúde Bradesco) e o sistema de autogestão e co-gestão (operacionalizado pelas próprias empresas), grandes empresários da saúde vão entrar no contexto da Saúde Mental. A nova legislação sobre os planos de saúde incluiu o atendimento à saúde mental, o que vai introduzir novas demandas para os profissionais. Certamente haverá novas particularidades para o Serviço Social. Essa será uma análise para o futuro.

Estão sendo criados *conselhos* e comissões de Saúde Mental de acordo com o projeto de lei do senador Sebastião Rocha, que propõe a formação de um Conselho de Reforma Psiquiátrica e de uma Comissão Nacional de Reforma Psiquiátrica, cujas decisões vão influir nas práticas institucionais via políticas sociais setoriais. Há também uma possibilidade de conquista de espaço para o Serviço Social dentro de uma estratégia conselhista, que a categoria vem desenvolvendo na última década: o aproveitamento político dos conselhos setoriais na conquista de direitos sociais no Brasil. Não podem também ser esquecidos os conselhos locais, distritais, municipais e estaduais de saúde, fruto das lutas da Reforma Sanitária Brasileira.

Outras relações contextuais com instituições religiosas e filantrópicas e com instituições do Estado já foram citadas, tais como a seguridade social. Não esqueçamos que é no contexto da previdência e assistência social que atuamos. Há ainda as empresas fornecedoras de materiais de consumo para hospícios, as indústrias de equipamentos hospitalares etc.

2.9. A prática institucional

O assistente social na condução de sua prática em Saúde Mental deve superar as contradições de interesses de vários atores institucionais, internos e externos. Foi explicitado que isto não se resume à contradição entre burguesia e proletariado, ou se reduz a disparidades de interesses entre médicos e pacientes, de donos de clínicas e de assistentes sociais, tampouco entre equipe dirigente e os usuários, nem se reduz à disfuncionalidade da harmonia social, ou simplesmente a ajudar na aplicação de uma ciência biológica positiva, nem a resolver conflitos interpessoais entre personalidades diferentes no seio de um local de trabalho. É necessário perceber a complexidade da prática institucional para estabelecer uma metodologia de atuação.

As várias contradições ao redor dos ganhos financeiros, dos poderes de mando e de reconhecimento de saberes determinam as possibilidades de prática do Serviço Social em Saúde Mental. Através da análise e das práticas concretas é possível apontar caminhos de articulação de interesses variados e conflitantes pela elaboração das determinações dos problemas dentro do contexto da saúde no Brasil, viabilizando a formulação de metodologias de atuação profissional adequadas à instituição psiquiátrica.

O projeto profissional do Serviço Social precisa reverter a insuficiência de análise institucional da prática, desvendar o oculto das relações sociais dentro dos estabelecimentos de Saúde Mental, reconhecer o caráter estrutural da realidade institucional (não só da realidade subjetiva ou social) e desenvolver a articulação teórica para as particularidades da atuação profissional em instituições psiquiátricas (Weisshaupt, 1988).

3. Relação perito, cliente e objeto

A profissão de assistente social não é exercida de forma autônoma, como um profissional liberal, mas também ele não é um funcionário burocrático que só pode cumprir tarefas previamente estipuladas. O Serviço Social tem um saber reconhecido socialmente para dar encaminhamentos originais. A questão é analisar suas condições de autonomia em Saúde Mental. Qual é o espaço de que dispõe o assistente social para gerir sua prática em estabelecimentos psiquiátricos? De fato, o assistente social tem de atender a diversos "amos": os usuários diretos, os indiretos (a família, por exemplo), a organização institucional, o Serviço Social, a psiquiatria. A autonomia do profissional depende da articulação que faz de sua atuação junto aos diversos "senhores".

Não é nosso propósito fazer uma análise extensa dos prós e contras das formas históricas de organização e institucionalização, mas queremos afirmar que somos a favor da "razão" como via de emancipação e do uso de meios legítimos de fazer história. Porém, no atual desenvolvimento da sociedade de classes o que predomina é uma racionalidade instrumental baseada em critérios econômicos que privilegiam o mercado ou a exploração, e "legitimidades" que apontam para os interesses do capital monopolista internacional e à reprodução da sociedade burguesa. Várias instituições de Saúde Mental não escapam a essas constatações.

Os vários tipos de alienação histórica e social em loucura e a desapropriação institucional encarnada em diferentes atores institucionais limitam o grau de autonomia dos usuários e do assistente social, e limitam as possibilidades de assistência psiquiátrica e social no atendimento aos pacientes.

A relação entre o assistente social, o portador de transtornos psicológicos e sua saúde mental fica enquadrada nos limites da instituição psiquiátrica. A relação profissional não é liberal (que também tem seus condicionamentos), e os atores perdem parte de sua autonomia. A prática sofre interferências e limitações em nível organizacional, institucional e social. A competência técnica profissional do assistente social, seu compromisso com o portador de transtornos mentais e a propriedade do objeto problemático pelo paciente (sua saúde mental) são apropriados pela organização institucional.

O assistente social encontra dificuldades adicionais para avançar além dos recursos que os dirigentes impõem, ou das finalidades que os mandantes estipulam, ou para adiantar-se além do que permite a luta de classes. As possibilidades de prática se tornam restritas devido à racionalidade da organização, ao que é legitimidade institucional e à historicidade social (o nível de avanço das forças produtivas da sociedade).

> Sabe-se que as condições nas quais a intervenção profissional se processa são as mais adversas possíveis: pulverização e ausência de recursos de toda ordem para atendimento das demandas; exigência pelo desempenho de funções que muito se afastam do que o assistente social, ou qualquer outro profissional, se propõe a realizar; baixos salários; alto nível de burocratização das organizações; fluidez e descontinuidade da política econômica; e ainda que, o tratamento atribuído à questão social, através das políticas sociais estatais e privadas, é fragmentado, casuístico, paliativo. Deste modo, as condições objetivas colocadas à intervenção profissional não dependem, apenas, da postura teleológica individual dos seus agentes e de seus instrumentos de intervenção. (Guerra, 1998: 20-21)

O que pretendemos a seguir é analisar essas adversidades pelo referencial social, institucional e organizacional.

3.1. Limites institucionais

RELAÇÃO TÉCNICO-OBJETO: A PERÍCIA

A *perícia* do Serviço Social fica afetada quando o assistente social é agente subordinado, o que é o caso em estabelecimentos psiquiátricos, pelo distanciamento maior entre teoria e prática.

> Quando agente subordinado, o assistente social é cobrado muito mais em termos de eficiência do que em termos de conhecimento: o Serviço Social é encarado mais como prática do que como saber. (...) Ao inverso do reconhecimento do saber profissional, que é função do próprio Serviço Social, é preciso dar prova de lucratividade, eficiência etc., que são funções alheias à profissão. (Weisshaupt, 1988: 157)

Os assistentes sociais se queixam dessa dicotomia, mas não percebem que é estrutural: precisa-se de um esforço maior para unir teoria à prática em condições de subordinação a outro saber. Não é que os conhecimentos ensinados nas escolas de Serviço Social sejam só teóricos, é que são mais imediatizados na prática em condições de privilegiamento institucional e não de subordinação.

Um exemplo dessa dificuldade é que a perícia do assistente social fica submetida a avaliação por critérios psiquiátricos e não por parâmetros do Serviço Social.

RELAÇÃO PERITO-CLIENTE: O COMPROMISSO

O *compromisso* do assistente social com o usuário passa a ser formalmente da instituição com o cliente. O Serviço Social está na organização institucional psiquiátrica, de acordo com a realidade encontrada, para resolver problemas que possam prejudicar o tratamento mental e não para reivindicar direitos sociais sem relação direta com o transtorno mental. Cabe ao Serviço Social o esforço de mostrar que existem relações entre os problemas sociais e os problemas mentais, explicitando as mediações entre uns e outros.

Uma concepção restrita de Saúde Mental limita as finalidades, em nível institucional, restringindo a promoção social da saúde. Criar programas novos de assistência social pode ser negado. A opção de dar tratamento aos pacientes só baseado em remédios é uma decisão da instituição, de acordo, muitas vezes, com a concepção de saúde mental. O compromisso do assistente social com as condições sociais e previdenciárias do portador de transtornos mentais pode ficar em plano secundário para o estabelecimento.

RELAÇÃO CLIENTE-OBJETO: A PROPRIEDADE

A *propriedade* do paciente de seu problema é desapropriada: o problema passa a ser da instituição: "Você está entregue aos nossos cuidados", diz a instituição. Quem decide se o usuário tem problemas ou não, se está bom ou não, é a psiquiatria. Quem decide sobre a saúde do paciente, e muitas vezes sobre seus problemas sociais, é o psiquiatra: de vez em quando este julga que os problemas sociais do paciente são sintomas psiquiátricos: "O discurso do cliente é reduzido a um discurso *sintomático*" (Weisshaupt, 1988: 156; grifo no original). Essa assertiva institucionalista é válida também em Psiquiatria. Numa instituição pesquisada, uma empregada doméstica internada dizia não querer retornar ao trabalho quando tivesse alta, alegando assédio sexual do patrão. O psiquiatra não dava atenção, pois considerava a queixa da paciente como sintoma de sua "doença". Felizmente o Serviço Social tinha autonomia para atender à questão posta pela usuária da enfermaria.

O saber da família ou do público também não é levado em conta sem antes passar pelo filtro psiquiátrico. "Nessa relação a verdade é institucional, produzida no quadro de um saber profissional" (Weisshaupt, 1988: 156).

3.2. Limites organizacionais

RELAÇÃO TÉCNICO-OBJETO: A PERÍCIA

A *perícia* do assistente social fica limitada pelos recursos que a organização lhe dá para executar suas responsabilidades. Há limites de horários, de custos, de meios, de prazos, entre outros. A falta de verbas e recursos para plena atuação limita sua competência em nível organizacional. Por exemplo, o assistente social pode verificar que é melhor manter o paciente mais uns dias internado adiando sua alta, até a família ser capaz de recebê-lo em condições de dar ajuda efetiva ao seu restabelecimento em casa. Mas isso não será possível se for contra a racionalidade econômica da organização.

Os assistentes sociais em estabelecimentos psiquiátricos, trabalhando em equipes multiprofissionais, reclamam que não são consultados nas reuniões interdisciplinares, que os médicos não lêem seus relatórios, dão alta médica sem consultar o assistente social sobre as condições sociais do paciente no retorno ao lar, entre outras queixas, evidenciando um menosprezo à perícia do Serviço Social. Em contrapartida, impõem ao Serviço Social tarefas burocráticas ou de secretariado: telefonemas, dar recados para a família dos usuários, achar outros hospitais que aceitem transferência do paciente, requisitar ambulância etc.

Em termos de instrumentalização, o estabelecimento psiquiátrico tende a impor ao Serviço Social as técnicas médicas: anamnese, consulta, diagnóstico, prontuário, dentre outras.

RELAÇÃO PERITO-CLIENTE: O COMPROMISSO

O *compromisso* do assistente social com os usuários fica fragmentado. O assistente social designado para atender o paciente varia conforme o planejamento de horários e equipes da organização e nem sempre é o mesmo profissional. Na psiquiatria reformada criou-se a figura do "técnico de referência" para manter preservados os vínculos entre usuários e técnicos. Também se estabeleceu o atendimento por equipe multidisciplinar com assistente social fixo, para minimizar a fragmentação de vínculos pessoais. Nos estabelecimentos tradicionais o atendimento do assistente social não é pessoal, depende do planejamento das atividades do turno (manhã e tarde podem ter assistentes sociais diferentes). O assistente social age em nome do estabelecimento, e não em nome de seu compromisso profissional com o usuário.

A capacidade do assistente social de assumir o ponto de vista do usuário fica prejudicada porque o Serviço Social deve lealdade à racionalidade do estabelecimento. O cliente é levado a ter que confiar na organização e não no perito. A relação pessoal entre assistente social e usuário, tão valorizada na profissão, cede às exigências funcionais da "organização". Em alguns estabelecimentos psiquiátricos tradicionais o Serviço Social só vê a clientela na entrada e na saída da internação.

RELAÇÃO CLIENTE-OBJETO: A PROPRIEDADE

A *propriedade* também fica limitada. O problema do paciente passa a ser um recurso da organização, uma matéria-prima a ser trabalhada para atingir o produto final. A despossessão do objeto depende das "normas da casa", da racionalidade do estabelecimento e não da disponibilidade do usuário. Isto é muito patente nas instituições que unem a assistência psiquiátrica com ensino e pesquisa, em que a "doença" do paciente é recurso didático e investigativo do estabelecimento (temas já explorados neste capítulo).

3.3. Limites sociais

RELAÇÃO TÉCNICO-OBJETO: A PERÍCIA

A *perícia* efetiva do Serviço Social em Saúde Mental é limitada pela falta de sistematização da prática nessa área em decorrência dos fatores históricos apontados no Capítulo I. Faltam publicações, pesquisas, debates em quantidade suficiente para iluminar a prática em Saúde Mental.

A perícia também está relativizada pela ideologia da classe dominante: esta só valoriza os saberes que a beneficiem. Porém, há um debate histórico do Serviço Social sobre sua inserção na relação capital-trabalho. No debate contemporâneo a categoria elaborou um Projeto Ético-Político voltado para aqueles que vivem do próprio trabalho. Na atuação do Serviço Social em psiquiatria a sua perícia fica ponderada pela concepção de Saúde Mental, tradicional ou reformada, uma vez que a primeira visivelmente reproduz a sociedade burguesa. A segunda, porém, abre espaço para uma atuação inovadora, inventiva, contra a exclusão social, que pode ser valorizada na defesa dos oprimidos, na atuação do assistente social.

RELAÇÃO PERITO-CLIENTE: O COMPROMISSO

O *compromisso* do assistente social com seus usuários é um ponto fundamental do Regulamento Profissional e de seu Código de Ética. Mas a atuação do Serviço Social em Saúde Mental está inserida em todas as considerações estudadas por Netto, Iamamoto, entre outros, isto é, seu trabalho também é determinado pelas contradições do capitalismo tardio, pelas exigências da sociedade de mercado, pela divisão social e técnica do trabalho, quer dizer, está sujeito às regras do trabalho assalariado. Os serviços pessoais também se prestam à extração de mais-valia. Com que classe social o Serviço Social se compromete? As políticas sociais em Saúde Mental são palco de luta de classes. Na direção do Movimento de Reforma Psiquiátrica há melhores condições de comprometimento do Serviço Social com seu projeto ético-político. Contrariamente, na direção imprimida pelo neoliberalismo, sua prática fica muito limitada.

A divisão sociotécnica do trabalho, o *status* e poder médico, as políticas públicas de Saúde Mental do Estado capitalista, a exploração de classe, as ideologias sociais, limitam o âmbito das práticas contra-hegemônicas no nível social das organizações de Saúde Mental. Por exemplo, no tratamento com o portador de sofrimento mental não se consegue superar o problema da pobreza dos pacientes, que é uma questão para ser enfrentada em todos os níveis sociais devido às suas fortes determinações macroestruturais, não apenas no exercício profissional dentro de uma organização institucional. O problema do machismo contra a mulher (que envolve a mulher portadora de sofrimentos mentais) é também uma questão a nível da sociedade como um todo. E quanto aos direitos sociais dos ditos loucos, seu pleno reconhecimento necessita de ações da abrangência de movimentos sociais para modificar a legislação atual. Isso não se resolve só dentro do estabelecimento.

RELAÇÃO CLIENTE-OBJETO: A PROPRIEDADE

Na relação de *propriedade* do objeto pelo cliente exemplificamos que há uma apropriação do problema mental do paciente pelos outros atores organizacionais, institucionais e sociais. O paciente não é mais dono de sua saúde mental. Quem julga a cura ou a alta são as normas médicas, a psiquiatria historicamente instituída e a sociedade em que vive, e não ele próprio, que está sendo alienado do direito de decisão sobre si mesmo. Isto está em processo de mudança devido às ações históricas do Movimento de Luta Antimanicomial; veja-se, por exemplo, a Lei Paulo Delgado e o Parecer da Comissão de Assuntos Sociais do Senador Sebastião Rocha.

O estigma a que está sujeito o portador de sofrimentos mentais é uma alienação social; a sociedade burguesa se aproveita dos problemas mentais para criar uma "indústria da loucura"; a saúde é desapropriada dos sujeitos, pois é reificada em valor de troca: o pobre vende a sua boa disposição física e mental pelo salário, enquanto o rico a desfruta como valor de uso.

3.4. A autonomia

Vimos que os limites sociais são impostos pela sociedade burguesa (em suas diversas contrafações), os limites institucionais pela psiquiatria e os limites organizacionais pela direção dada ao estabelecimento em decorrência dos níveis acima. Quem desapropria tanto os assistentes sociais de sua perícia técnica, de seu compromisso profissional, quanto os usuários da propriedade sobre sua própria saúde mental são os atores que representam, no estabelecimento, os níveis social, institucional e organizacional: os mandantes econômicos, políticos e ideológicos, os agentes privilegiados e os dirigentes, quando estão do lado do capital em detrimento do "trabalho", e do lado da psiquiatria conservadora em detrimento de práticas renovadas.

A autonomia vem da capacidade do Serviço Social de se reapropriar nos níveis organizacional, institucional e social das dimensões econômica, política e ideológica da prática profissional em Saúde Mental em nível previdenciário.

Suas possibilidades de reapropriação são dadas pelo reconhecimento dos elementos da prática (objetos, âmbitos, produtos institucionais), da elucidação das forças contraditórias em cada estabelecimento, da articulação entre o social e os problemas mentais. Daí o Serviço Social poderá traçar as melhores estratégias de atuação. Pelas análises das organizações institucionais da nossa pesquisa, existem melhores condições de autonomia profissional nos estabelecimentos de psiquiatria reformada que nos de psiquiatria tradicional.

Para usar o referencial teórico de Marilda Iamamoto, que recomenda que o Serviço Social seja crítico, competente e comprometido com as classes trabalhadoras, depreendemos os seguintes pontos. Em termos de *criticidade*, os assistentes sociais precisam fazer a análise das instituições para além das aparências e apontar alternativas que superem as restrições organizacional, institucional e social. Em termos de *competência*, os assistentes sociais carecem de perceber as mediações concretas necessárias à passagem da teoria à prática no quadro dos limites organizacional, institucional e social. Em termos de *compromisso*, os assistentes sociais necessitam elaborar a contradição entre os interesses da instituição e do usuário e definir seus próprios interesses de classe.

Dentro desse quadro de possibilidades econômicas, políticas e ideológicas, o Serviço Social precisa atuar com vistas a uma maior alocação de recursos materiais para melhorar os programas do estabelecimento, envidar esforços no sentido de que a clientela possa se auto-organizar, e procurar ensejar uma maior conscientização por parte dos usuários de serviços de Saúde Mental.

O Serviço Social pode colaborar para melhores serviços psiquiátricos, para criar alternativas para os serviços tradicionais, para evitar o estigma social e a reprodução da exclusão. Estes são exemplos que contemplam atitudes em níveis organizacional, institucional e social, respectivamente.

Entretanto, os aspectos mais determinantes não estão nas mãos do Serviço Social, nem exclusivamente no âmbito institucional. Segundo Albuquerque, a mudança social do objeto institucional é a premissa mais importante na transformação institucional. O objeto Saúde Mental precisa ser transformado em uma concepção que não reproduza a exclusão, a "carreira de doente mental". Nesse sentido, o Movimento de Reforma Psiquiátrica, que reformula as concepções de Saúde Mental e de tratamento, é muito importante para o assistente social.

Porém, é na sua atuação profissional que o Serviço Social pode contribuir para as transformações sociais. É ocupando o espaço institucional como forma de avanço na construção dos objetos profissionais, por mais estreita que pareça a condição de empregado de um estabelecimento (Weisshaupt, 1988: 159).

Capítulo IV
O social, a saúde mental e a análise institucional

Neste último capítulo estamos apresentando propostas às questões levantadas nos capítulos precedentes. Vamos indicar: os vários caminhos que ligam a Saúde Mental à sociedade; como as atuais formas de expressão da sociedade burguesa põem em xeque as possibilidades mais frutíferas em Saúde Mental; como são possíveis propostas de reabilitação psicossocial baseadas em análises histórico-estruturais; e, finalmente, como elaborar metodologicamente questões que apontamos como problemas na prática do Serviço Social em Saúde Mental no Brasil nos últimos anos, tais como a questão dos grupos, da interdisciplinaridade, da intervenção etc.

1. Relações entre sociedade e loucura

A compreensão da prática do Serviço Social em Saúde Mental exige a análise institucional dos dois distintos objetos institucionais, um da assistência social e outro da assistência psiquiátrica, e da relação histórica e estrutural entre eles.

Citaremos vários autores, porém o objetivo não é fazer um resumo da obra de cada um deles, mas destacar os pontos que nos conduzem aos seguintes constructos: a) há relação entre questões sociais, institucionais e transtorno mental; b) existem abordagens teóricas que ligam essa relação em uma perspectiva dialética e crítica; c) a medicalização é uma apropriação da loucura dentro de um paradigma científico (Albuquerque, 1978: 19). Essas articulações têm caráter teórico aberto, devido à sua complexidade, às múltiplas perspectivas e porque as pesquisas teóricas nesta área encontram-se inconclusas.

1.1. História e loucura

O fenômeno singular conhecido como loucura tem longo registro na história da humanidade e extensa aparição nas diversas sociedades, inclusive em sociedades identificadas como primitivas. Foram-lhe atribuídas várias caracterizações: como castigo dos deuses, como experiência trágica da vida, como possessão por demônios, como poderes sobrenaturais. Era considerada como experiência diferente de vida, ora apreciada, ora combatida, dependendo da sociedade em que se expressava, ou de como se manifestava nos diferentes contextos.

Com o advento da Idade Moderna na civilização ocidental e a ascensão do pensamento racional, esse fenômeno passou a ser considerado como uma falta de razão. O que representava um fenômeno complexo passou a ser um fato negativizado, desvalorizado, fora da normalidade (Foucault, 1987).

No início da Idade Contemporânea a loucura foi apropriada pelo discurso médico. O que era considerado anormal virou patológico. Constituiu-se a psiquiatria no processo mesmo de construção da noção de doença mental. Essa apropriação é de tal monta que, de Pinel em diante, a história da loucura virou história da psiquiatria (Foucault, 1994). Entre os anos 1800 e 1900 a psiquiatria teve a sua idade de ouro.

Após a Segunda Grande Guerra surgiram várias contestações do estatuto de doença para a loucura, que culminaram com o questionamento do saber psiquiátrico instituído. A loucura está em discussão: é uma doença? É uma alienação mental, social e corporal? É um ato inconsciente de revolta contra a sociedade injusta? É apenas uma diferença? É um tipo de sofrimento mental de causas múltiplas? É um problema genético? É uma disfunção cerebral?

Se sofrimento mental não é exatamente uma doença, outros saberes não médicos precisam dar a sua contribuição na intervenção a essa problemática. A psiquiatria é solicitada a abrir suas portas aos saberes psicológicos, sociais, antropológicos, entre outros.

Se na história a loucura se constituiu enquanto doença mental, na história mesmo ela pode ganhar novo estatuto (Amarante, 1996). Se na história ela passou a ser anormalidade, na história ela pode ser restituída à condição de fenômeno inerente às sociedades, e não apenas marginalidade, estigma. Ter reconhecido socialmente seu estatuto de singularidade pode permitir uma abordagem de atenção e cuidado ao sofrimento psíquico, mas respeitando suas características, e não um tratamento de ortopedia social, de reajustamento a uma pretensa normalidade social (Kinoshita, 1996).

Daí pensamos que uma abordagem emancipadora da loucura só é possível pelo reconhecimento de sua dimensão histórica, para além da visão de uma ciência pretensamente positiva como a psiquiatria tradicional. A relação do Serviço Social de viés histórico-estrutural com o campo da Saúde Mental fica bem mais clara se articulada com as análises históricas já elaboradas sobre o fenômeno da loucura. A Análise Institucional restitui a historicidade para os fenômenos institucionais, tal como a loucura, articulando-os com a história das sociedades.

1.2. Sociedade e loucura

As pesquisas etnográficas mostraram que o comportamento humano varia muito nas diferentes sociedades, podendo ser tão díspar que o que é considerado adequado em uma sociedade pode não sê-lo em outra (Laplantine, 1998). Isso questiona os diagnósticos de transtornos mentais baseados em padrões de comportamentos sociais ajustados ou não, principalmente na sua acepção de doença fisiológica, pois a medicina procura ser uma ciência positiva. Se um comportamento em uma sociedade é considerado normal, em outra não, isso questiona a positividade da psiquiatria e seu poder de chamar loucura de doença mental puramente orgânica. A loucura passa a ter como referência a base social e cultural, e não apenas a base biológica.

Se aceitamos que diferentes culturas tenham padrões de comportamento distintos, por que não admitirmos essa diferença em uma mesma sociedade? As sociedades modernas são complexas. Dentro de qualquer delas há uma variedade muito grande de comportamentos possíveis. O que é inconcebível em um determinado grupo social pode ser aceitável em outro, dentro da mesma sociedade. O que para um subgrupo social pode ser interpretado como loucura, para outro é um modo de ser de acordo com seus hábitos ou tradições. Mas esse relativismo pode se dar dentro do mesmo subgrupo social. O que é aceitável para uma pessoa pode ser inadmissível para outra, mesmo que próxima ou do mesmo subgrupo social, mas portando diferenças de gênero, raça, idade, escolaridade, sexualidade, religião, *status*, rendimento etc. (Velho, 1981). Isso radicaliza o relativismo da loucura, pondo mais uma vez em xeque as classificações de doença mental autônomas em relação ao social.

Na diversidade dos comportamentos sociais nas sociedades complexas, alguns comportamentos ocorrem com maior freqüência, outros com menor. Os fenômenos que ocorrem em um grande número de casos estão próximos à média (dentro de uma distribuição normal), enquanto os casos mais raros estão de um lado ou de outro da característica mais freqüente. A rotulação dos fenômenos de maior freqüência, próximos à média, como normais e os distantes da média como anormais não é feita sem uma formulação discursiva que justifique ideologicamente os casos menos freqüentes como anormais. Mas na curva de Gauss da Estatística, nem sempre a média é o normal moral, e nem sempre os eventos para além dos desvios-padrão são anormais no sentido imoral, errado, ilegal etc. Isso advém de uma rotulação, de uma categorização, de uma normatização que "torna 'tipo' o freqüente (...) aceita o normal estatístico como normal moral" (Sampaio, 1998: 15; destaque no original). O mesmo pode-se dizer do normal e do patológico: nem tudo que é anormal é patológico. Carece do saber médico intervir e criar as premissas para transformar o "menos freqüente" em desviante, não natural ou espúrio.

Ora, a sociedade capitalista é atravessada por interesses econômicos que estruturam relações de poder, que criam ideologias para justificá-las, e vice-versa: "saber" leva a "poder" que, por sua vez, leva à propriedade privada. O interesse em estabelecer que o menos freqüente é anormal e que o anormal é patológico provém também da necessidade das elites econômicas e políticas de encontrar explicações para o mau funcionamento da sociedade, eximindo-se de qualquer parcela de responsabilidade, estigmatizando grupos sociais mais fracos que são usados como "bodes expiatórios" para os problemas sociais (Velho, 1981). As elites tentam taxar as divergências de disfuncionalidades, ignorando a natureza complexa da sociedade, numa apropriação social tendenciosa. Dessa forma, a loucura (independentemente de sua natureza intrínseca), que faz emergir a incongruência dos valores sociais vigentes, que denuncia as ambivalências econômicas, morais, sexuais, políticas, da sociedade, precisa ser neutralizada por um saber competente que a segregue do contato maior com o resto da sociedade. Aquilo que é divergente precisa ser considerado pelos interesses instituídos como desvio doentio e anti-social, irracional, algo a ser curado ou então excluído. Daí pensamos que a transformação da loucura em anormalidade e depois em patologia só pode ser contextualizada pela análise da dimensão política da sociedade, articulada com as dimensões econômicas e ideológicas (culturas, representações, saberes) e não apenas por critérios científicos pretensiosamente neutros e aquém do social. É claro que não achamos que a loucura se reduz a uma "divergência social", mas teses polêmicas como esta precisam ser postas em debate, pois é mais um exemplo de como há ligações entre sociedade e loucura que estão pouco exploradas em Serviço Social.

A análise que o Serviço Social dialético faz da sua atuação em Saúde Mental precisa contemplar o movimento das relações de poder dentro da sociedade, articulado ao movimento das elites econômicas no capitalismo monopolista. A Análise Institucional congrega as análises econômicas com a análise das relações de poder e as articula com as ideologias que as atravessam.

1.3. Alienação social

A concepção de loucura como doença mental autonomizada em relação aos processos sociais já sofreu muitas contestações ao longo dos últimos cem anos.

É a psiquiatria — dos ramos da medicina — a que com maior evidência demonstra como a enfermidade (neste caso, a loucura) está penetrada, gerada e controlada por fatores sociais-político-econômicos. (Losicer, 1982: 65-66)

Freud mostrou a ligação dos pensamentos tidos como patológicos com o recalque das pulsões, com identificações não aceitas pela sociedade (sofrimento mental como representações fixadas durante o desenvolvimento psicossexual da criança), oriundas da relação com sua família. Em especial seus seguidores (Lacan, Klein, Bion, Winnicott) mostraram como outras pessoas não necessariamente da família, mas que podiam significar figuras substitutas do pai e da mãe, têm uma participação importante na constituição da subjetividade dos indivíduos. Henri Lefebvre, em um diálogo com as correntes psicanalíticas, prefere conceber as dificuldades mentais como fundamentadas na relação da criança com o cotidiano da sociedade, mediada pelo quadro familiar, na apropriação das condições da sua própria existência social, mas em conflito com a sujeição às opressões. Para Lefebvre, o drama edipiano reflete o processo dialético do pequeno ser humano entre a apropriação e a opressão, e no seu desenvolvimento "acaba por atolar-se na maturidade, por tropeçar contra o cotidiano da vida adulta" (Lefebvre, 1991: 159-160). Washington Loyello situou essa questão de forma semelhante: "A condição fundamental da estruturação esquizofrênica se realiza no decorrer da vida, quando a dificuldade ou a impossibilidade de objetivação se verifica e, por isso mesmo, o estado de alienação se estabelece e se desenvolve" (Loyello, 1983: 48).

Várias outras psicologias dinâmicas descentraram os processos mentais de uma constituição puramente biológica. Porém, não os recolocaram em bases sociais em uma perspectiva de totalidade. Deslocaram esse centro para o homem autonomizado, fora da economia, da política e da história. O social é considerado nos seus aspectos meramente culturais ou como relações interpessoais desprovidas de estruturas sociais, isto é, o "social sem o social".

A esquerda freudiana, a Escola de Frankfurt e as correntes freudomarxistas[1] vieram mostrar que os fenômenos repressores reproduzidos no

---

1. Reich (1977); Marcuse (1975); Schneider (1977).

seio da família e da sociedade, potencialmente psicopatologizantes, encontram respaldo na configuração social capitalista baseada na exploração de classes, na dominação das vontades da maioria e na mistificação ideologizante necessária à contenção das massas. A teoria psicanalítica das neuroses foi colocada no contexto social e histórico pelas correntes críticas,[2] possibilitando uma primeira aproximação do fenômeno da loucura com os processos sociais dialéticos. O processo de trabalho capitalista e o modo de produção burguês foram teorizados como alienantes, com amplas repercussões danosas na formação da consciência dos indivíduos.

Indo por outro caminho, Gregory Bateson, na Teoria da Comunicação, formulou o conceito de duplo vínculo na relação do filho com pai e mãe para aproximar a esquizofrenia da complexidade e ambigüidade das relações familiares do cotidiano. Mas sua concepção de família e de sociedade enfatiza a troca de mensagens, de acordo com uma visão sistêmica de interação entre partes que necessitam apenas de reajustes e compensações para alcançar o equilíbrio, portanto ainda distante da concepção de sociedade como luta de classes. Algumas linhas do Movimento de Análise Institucional recuperam o conceito de duplo vínculo no sentido de processos sociais dialéticos, mostrando como as ambigüidades estão presentes não só na família, mas dentro de todas as instituições, e também entre as várias instituições diferentes ao mesmo tempo. Cooper e Laing, da antipsiquiatria, e Deleuze e Guattari, com a "psiquiatria materialista", consideram que há uma dissociação, uma fragmentação do ser humano, pelo choque de demandas contraditórias de comportamentos exigidas pelas diversas instituições que atravessam as pessoas na sociedade moderna. Daí, como se pode atender ao exigido por várias instituições, sem conflito psíquico, sem sofrimento mental, sem contradições? (Weisshaupt, 1988: 30).

A crítica radical de Thomas Szasz nos Estados Unidos, na década de 1960, postulou que a esquizofrenia e a histeria não eram doenças mentais, mas problemas de vida, um conjunto heterogêneo de problemas pessoais, sociais, éticos e afetivos que precisavam de intervenção em nível diferente de asilamento e medicação. Mas suas idéias não foram bem aceitas tanto

---

2. Rouanet (1989).

pela psiquiatria medicamentosa (obviamente), quanto pelas correntes à esquerda, pois sua concepção de social não contemplava a exploração de classes e a alienação social constitutiva da sociedade burguesa.

Nos Estados Unidos, o grupo "Terapeutas Radicais", nos anos 1970, posicionou-se contra a visão médica da psiquiatria, considerando os transtornos psiquiátricos como alienação social, e ressaltou a necessidade de uma crítica política à sociedade burguesa no enfrentamento da questão do grande número de usuários de serviços psiquiátricos naquele país (*The Radical Therapist*, 1974).

Na Alemanha, o grupo dos "coletivos socialistas de pacientes" da Universidade de Heidelberg (SPK-Heidelberg), nas décadas de 1960 e 1970, repeliu o consumo de remédios e abordou a questão da loucura a partir do enfoque social, criticando a sociedade capitalista (Schneider, 1977).

Há um terreno fértil nas relações entre sociedade e sofrimento mental expostas por esses autores para um Serviço Social que tem na "questão social" a base de sua fundação, questão social esta compreendida como o conjunto das expressões das desigualdades da sociedade capitalista (Iamamoto, 1998: 27). Observaremos que as várias instituições concretas se colocam como dispositivos de mediação entre a estrutura social e o cotidiano das pessoas.

1.4. Desapropriação institucional

A tradição marxista recente ampliou o conceito de alienação social para além do processo de trabalho produtivo fabril. Althusser formulou as noções de "Aparelhos Ideológicos de Estado" e do "Aparelho (repressivo) do Estado", mostrando como outras instituições sociais contribuem para a reprodução das desigualdades de classes e alienação dos sujeitos.

A tradição freudiana também extrapolou a formação da subjetividade para outras instituições além da família, abordando também a religião, os processos grupais de massa, a própria cultura (Freud) e a linguagem (Lacan). Os estruturalistas franceses mostraram como todas as instituições sociais são formas de linguagens sociais, e como a relação entre significado e significante é histórica e política.

Michel Foucault descreveu como várias instituições sociais ao longo da história ocidental criaram saberes e poderes que moldaram o indivíduo segundo uma rede de poderes que atravessa o corpo e coloca o ser humano em um nodo transmissor de relações institucionais microssociais.

Robert Castel mostrou como a psiquiatria e a psicanálise são instituições sociais com um discurso sobre a loucura que atende a interesses de reprodução social, numa psiquiatrização dos problemas sociais. São formas de gestão dos riscos sociais pelas classes dominantes (Castel, 1987, 1978a e 1978b).

As psicologias institucionais inglesa, francesa e argentina[3] revelaram a relação entre o inconsciente psíquico e o "inconsciente institucional" (entendido como um conceito para designar as relações sociais ocultadas por um processo ativo de repressão dentro das instituições). O inconsciente individual, dentro dessas correntes da psicossociologia, é social. E mais, é também institucional, porque, tal qual a linguagem, a família, o trabalho, os aparelhos ideológicos de Estado, a sexualidade, todas as instituições sociais, em geral, constroem o psiquismo das pessoas. Em toda instituição há transferência e contratransferência institucional. O inconsciente individual é atravessado pelo inconsciente institucional.

Entretanto, a concepção de instituição não é a tradicional,[4] como organização na divisão do trabalho social, ou como fato social, ou entidade jurídica da superestrutura. São instituições em que há o encontro da produção e da reprodução, complexas e contraditórias, que se transformam historicamente, numa luta de atores que encarnam interesses com freqüência antagônicos, pela apropriação do produto de suas práticas institucionais, de legitimidade da apropriação do objeto institucional e ampliação de seu âmbito (Weisshaupt, 1988). Temos aí um elo de ligação entre alienação social, alienação institucional e alienação mental.

As críticas de Goffman às instituições totais mostram como as pessoas submetidas à organização de suas vidas por um controle sistemático nos

---

3. Chazaud (1980); Bleger (1984); vários autores (1972).

4. Aqui a instituição está no sentido da Análise Institucional, conforme, por exemplo, em Albuquerque (citado no Capítulo II), e não como no funcionalismo de Durkheim.

internatos institucionais têm massacradas suas subjetividades e são colonizadas mentalmente. A instituição total mortifica o "eu" das pessoas na reprodução da alienação social, mental e corporal (Goffman, 1990).

Na mesma época, na Inglaterra, Cooper e Laing também identificaram as instituições da sociedade capitalista, tais como a família e o trabalho alienado, como engrenagens transmissoras do sofrimento mental, e a psiquiatria e o hospício como o elo final da consolidação da alienação total dos usuários de serviços psiquiátricos: a alienação social pela exclusão, a alienação mental pela rotulação de "doente" e a alienação corporal pelo controle do espaço físico limitado, pela sedação por drogas etc.

Em paralelo a essas críticas surgem vários movimentos que questionam o papel dos manicômios e hospícios. O asilamento compulsório só faz reproduzir a alienação, contribuindo assim para a iatronização do portador de sofrimento mental. Franco Basaglia, na Itália, chamou de "instituições da violência" as várias instituições que produzem o sofrimento à pessoa:

> Família, escola, fábrica, universidade, hospital: instituições que repousam sobre uma nítida divisão de funções, através da divisão do trabalho (servo e senhor, professor e aluno, empregador e empregado, médico e doente, organizador e organizado). (Basaglia, 1991: 101)

E no tratamento mental as instituições do manicômio e da psiquiatria também são instituições de violência. É necessário desospitalizar a loucura e desinstitucionalizar a hegemonia médico-psiquiátrica.

O Movimento de Reforma Psiquiátrica nas suas várias vertentes tem como ponto comum a inter-relação entre o social e o sofrimento mental, e a ênfase na transformação das instituições sociais que intervêm no tratamento dos transtornos psíquicos: as organizações asilos, hospícios, manicômios; as instituições psiquiatria, psicanálise, psicologia, psicoterapia.

Se o saber sobre a Saúde Mental está aberto ao ponto de vista social, o Serviço Social tem contribuições a oferecer. Se o hospício abre-se ao contexto social, o Serviço Social tem uma prática a exercer. Por hora mostramos que vários estudos apontam para a relação entre sociedade, história e política com loucura e sofrimento mental. E que há uma desapropriação ligada a esse fenômeno. Afinal, "a 'doença mental' é luta de classes" (Escobar,

1974: 5; destaque no original). A análise institucional mostra que o contexto social da luta de classes, as instituições concretas e a natureza dos transtornos mentais são entendidos de forma articulada, possibilitando uma ação profissional do Serviço Social em estabelecimentos psiquiátricos como uma intervenção na relação capital-trabalho (Figueiredo, 1992: 11).

2. Sociedade capitalista e saúde mental

O Serviço Social foi inserido no campo previdenciário da Saúde Mental no Brasil também como rebatimento da "questão social", e um dos caminhos producentes para esclarecer sua metodologia é aprofundar a crítica à sociedade burguesa em suas refrações sobre a Saúde Mental.

Torna-se necessário conhecer a relação entre sociedade capitalista contemporânea e Saúde Mental, e articulá-las com alienação social, loucura, sofrimento mental, apropriação social pelas instituições, modos de subjetivação social, institucionalização dos sujeitos. Isto dá apoio para o assistente social compreender o significado de sua atuação em Saúde Mental.

2.1. Aumento das psicopatologias

Se os problemas sociais podem ser desencadeadores de sofrimentos mentais, agora, na situação de monopolização da ordem econômica e de ajustamento das nações ao imperativo da globalização financeira, as circunstâncias apontam para o aumento dos padecimentos mentais por conta da alienação das relações sociais de trabalho e de vínculos afetivos: além da informalidade no trabalho, há a precarização das relações sociais em todas as formas de institucionalização social. Em termos de trabalho, quem não está desempregado está com medo de ser demitido. E os empregados com contrato de trabalho estável têm que suportar uma grande sobrecarga de trabalho e a sua manipulação econômica por conta de interesses poderosos da ordem globalizadora, monopolista, financista e neoliberal.

Os profissionais com mais de 40 anos são os mais abalados na sua segurança, pois existe grande dificuldade de arranjar empregos após essa idade. Com a automação e a reengenharia, uma das tendências é de que a experiência profissional não seja tão valorizada, uma vez que a propensão dominante na reestruturação produtiva é de que as habilidades operatórias sejam simplificadas ao máximo e as exigências técnicas sejam mínimas em várias áreas antes especializadas. É mais interessante para as empresas demitir um profissional mais velho e pôr em seu lugar um jovem com pouca experiência, mas com salário mais baixo e idéias menos críticas, portanto, mais dócil, para ser explorado e dominado, e sem concepções convictas, apto a absorver a mistificação pós-moderna. Poder-se-ia argumentar, e com razão, que nas áreas humanas e sociais a experiência e a maturidade são fundamentais, porém, na medida em que o capitalismo avança, buscando aumentar suas taxas de lucro, o que importa, por exemplo, na educação e saúde, não é o melhor ensino ou o melhor tratamento, mas sim a maximização da rentabilidade ou a minimização dos custos. Portanto, o mais importante para a firma com fins lucrativos (ou na lógica do capital) não é tanto a experiência do funcionário, mas o seu grau de adesão à empresa. O modelo brasileiro predominante em saúde e educação é neoliberal e privatista.

O desemprego, a ameaça de demissão, a sobrecarga de trabalho e a perda da autonomia desvanecem os projetos de vida pessoais e comunitários, conduzindo a quadros de depressão (Stolkiner, 1994). E a solução apresentada pelos mesmos algozes do poder, do discurso médico aliado à ordem internacional, é a do neobiologicismo, que, se é distinto da Higiene Mental do início do século, aponta para as velhas formulações genéticas e hereditárias como gênese do transtorno mental (Rose, 1997).

No entanto, a subjetividade é ligada à realidade social, abarcando uma série de características: uma organização libidinal; um imaginário social; a organização de vínculos sociais; valores ideais éticos e estéticos; símbolos culturais e significações; interiorização de normas; repressão de atos pessoais; formas de se relacionar com os sujeitos e objetos do mundo; relação entre o que pensa e o que faz; entre outras. A produção de subjetividade pessoal é uma longa passagem de elementos universais da espécie humana e da sociedade, através das mediações de práticas sociais desde criança. A subjetividade reflete a forma dialética como o indivíduo se apropria das suas relações sociais ao longo da vida. Torna-se uma expressão singular de uma visão de mundo ligada a relações concretas na sociedade (Galende, 1997).

As várias formas de exclusão social têm uma capacidade patogênica na subjetividade dos indivíduos. E, atualmente, os excluídos vêm de diversos segmentos sociais, não só dos tradicionalmente pobres. No atual momento de crise social, há um aumento da expressão de várias formas de mal-estar e sofrimento mentais, de aumento da violência cotidiana. Segundo Emiliano Galende, sem integração social não há horizonte para a Saúde Mental: não há ciência que promova o bem-estar em meio à fragmentação humana e social. Logo, o neoliberalismo e o fragmentarismo pós-moderno prejudicam duplamente a área da Saúde Mental: a) mais portadores de transtornos mentais com problemas mais complexos; b) menos serviços, verbas e vagas na rede de saúde pública para atender aos demandantes (conforme vimos no Capítulo I, seção 2.6).

Para Deleuze e Guattari o modo de produção capitalista fragmenta os processos sociais, velando-os e fetichizando os seus fenômenos, processos análogos à fragmentação do pensar e ao delírio fantasioso da esquizofrenia. Porém, o paralelismo entre esquizofrenia e capitalismo não é uma mera analogia, é sim uma relação de produção social.

> Quando se diz que a esquizofrenia é a nossa doença, a doença de nossa época, não se deve querer dizer somente que a vida moderna enlouquece. Não se trata de modo de vida, mas de processo de produção. (...) De fato queremos dizer que o capitalismo, em seu processo de produção, produz uma formidável carga esquizofrênica ... (Deleuze e Guattari, 1976: 52).

2.2. Subjetividades capitalísticas

Um dos problemas sérios em termos de alienação do trabalhador se dá através da produção de subjetividade que é subjacente ao capitalismo, produzindo os fetichismos e a falsa consciência de classe. Esse quadro toma proporções alarmantes na atual conjuntura, aliada à intensificação da propaganda glorificante à sociedade informatizada pelos meios de comunicação de massa.

Quanto mais o pós-modernismo impõe o "pensamento único" como ideologia, quanto menos saída para a opressão e menos utopias alternativas à sociedade neoliberal e globalizada, mais resta apenas ao trabalhador a identificação com o capitalismo. A imagem de pessoas ligadas ao mundo inteiro por Internet ou por telefones celulares substitui a utopia da real integração por relações sociais não alienadoras (Bertrand, 1989: 26). Infelizmente, o que se dá de forma recorrente no capitalismo opressor é que quanto mais o trabalhador é explorado, mais ele se apega aos apelos idealistas do capitalismo, neoliberalismo, globalização e racionalização instrumental, renovando e repetindo o velho adágio da identificação do oprimido com o opressor.

Na sociedade pós-moderna, os fatores que aparecem como as bases para a "razão" ou racionalidade são: o mercado, para o mundo econômico; a gerencialidade, para a organização da vida; a instrumentalidade, para as práticas diárias. O problema é que: o mercado fornece apenas uma pseudo-razão; a gerencialidade, uma razão fragmentada; a instrumentalidade substitui a razão da legitimidade dos fins pela racionalidade dos meios (isto é, a razão tautológica, a razão pela razão, o burocratismo, a miséria da razão), ou parafraseando Adorno e Horkheimer: "quanto menos razão emancipatória, mais razão instrumental".[5] Não é à toa que as manifestações de transtornos mentais incluem a perda da razão, a fragmentação da razão, a razão ilegítima.

Hoje em dia, nas sociedades ocidentais, a subjetividade é trocada pelo individualismo, pela privacidade, pela intimidade, pelo egocentrismo radical, causando a alienação da realidade, uma razão descolada da racionalidade emancipatória e social, e "uma apatia mais completa com relação às grandes questões de interesse comum" (Rouanet, 1993: 22). Maria Lídia da Silveira, no Serviço Social, também articula o nível da subjetividade com o nível social na crítica ao avanço do neoliberalismo:

> O excessivo auto-centramento no eu, o narcisismo que tende a ganhar corpo na constituição das subjetividades, não são apenas traços individuais de per-

---

5. Quanto menos indivíduo, mais individualismo.

sonalidade, são construções sociais que vão moldando comportamentos que se distanciam cada vez mais dos processos coletivos. (Silveira, 2000: 84)

A conseqüência disso é que o intimismo individualista exacerba o imaginário introspectivo e a fixação em razões fantasmáticas e fantasiosas que propiciam uma regressão psicológica.

O assistente social em sua atuação em organizações institucionais de Saúde Mental precisa estar ciente das dificuldades em promover a cidadania ou de fazer a reabilitação psicossocial dentro dos limites da ordem burguesa. Mas, se seu campo de intervenção dentro dos estabelecimentos é limitado, seu campo de análise deve ser amplo, e abranger a dinâmica da sociedade capitalista em sua totalidade histórica e social.

A meu ver, um tratamento da "doença mental" — como se diz — é, como tratamento, impossível no capitalismo. O que não quer dizer que não se possa proceder a meios-tratamentos com fins crítico-políticos. (Escobar, 1974: 9; grifo no original)

Apoiamo-nos em Carlos Henrique Escobar para mostrar a necessidade radical da crítica ao capitalismo também no campo da atuação do Serviço Social em Saúde Mental, e não para invalidar ações, pois o sofrimento das pessoas precisa de atenção imediata, além do que a mudança do regime político não se constitui como um "toque mágico" para todos os problemas. Assim, esta crítica não pode levar à paralisia ou a justificar oportunisticamente a inação. Em vez da desmobilização, precisamos inventar novas formas de contornar os obstáculos impostos pelo capitalismo e criar novos dispositivos de tratamento. Mas não podemos ignorar a barbárie que é a sociedade de classes.

A ressocialização fica difícil se nas diversas práticas "os indivíduos não conseguirem se reconhecer ou se apropriar dos objetos ou das relações que eles mesmos participam ou criam enquanto partes constitutivas do homem social" (Carlos Nelson Coutinho, in Netto, 1981: contracapa).

A intenção de reabilitar socialmente está presente nos serviços psiquiátricos alternativos, mas o capitalismo tardio também tenta desvalorizar socialmente, num processo de desabilitação *versus* resistência, tanto o portador de transtornos mentais quanto os profissionais. O assistente social, em grande medida, também está assujeitado pelo capitalismo e pela psiquiatria tradicional. No Serviço Social, o tema de sua alienação histórica foi tratado por Maria Lúcia Martinelli: ela propõe romper com a alienação através da participação coletiva do processo de produção de novas relações sociais e de criação de alternativas, num movimento instituinte (Martinelli, 1991: 159). O processo de reabilitação psicossocial deve se dar conjuntamente, usuário e profissional, no mesmo processo de luta de classes e desinstitucionalização da psiquiatria como saber único da Saúde Mental.

> A luta pela emancipação do doente mental se acomuna com a luta pela emancipação de uma sociedade inteira. Dentro deste percurso, devemos passar necessariamente pelo processo de emancipação do próprio trabalhador de saúde mental. (Kinoshita, s.d.: 80)

3. Relações sociais reapropriáveis

3.1. A reapropriação institucional

O ser humano precisa transformar os objetos para construir o mundo e a si mesmo dentro de relações sociais já estabelecidas. Nesse processo de transformação ele recorre a diferentes práticas que são institucionalizadas histórica e socialmente. Nessas práticas atuam sujeitos que transformam objetos e acabam transformando a si mesmos, numa relação de reciprocidade (no que se objetiva, também se subjetiva). Toda prática transforma objetos e produz subjetividade de forma dialética, isto é, positiva e negativamente.

> No quadro de uma epistemologia materialista, cumpre destacar primeiramente o *objeto real*, isto é, existente, concreto, singular, com sua materialidade própria, independente de qualquer teorização. É necessário, contudo, ter em conta que se o *real* determina o *pensamento*, tal determinação não consiste na mera ação de um objeto sobre uma consciência que passaria, assim, a "representá-lo" como num espelho. O verdadeiro sentido da afirmação deve ser buscado na consideração do pensamento como uma prática social, submeti-

do, conseqüentemente, a toda uma rede de determinações (econômicas, políticas, ideológicas) no seio de formações sociais concretas, e não como atividade especulativa, neutra, desinteressada e desvinculada de suas condições reais de existência. (Saidon et al., 1983: 40; grifos no original)

Todas as práticas sociais, institucionais e organizacionais podem produzir alienações sociais, mentais e corporais porque em todas as práticas há ao mesmo tempo efeitos econômicos, políticos e ideológicos (Albuquerque, 1986). Todas as práticas estão ao mesmo tempo no plano da materialidade, do poder e das representações. Têm efeitos múltiplos. Têm efeitos sociais objetivos e subjetivos, são relações entre sujeitos que se objetivam socialmente. Quando o ser humano produz, "se produz". A subjetividade alienada, neurotizada, capitalística, já é formada desde a infância, quando a criança produz sua vida e se reproduz nas instituições burguesas da família, da escola, da religião, da comunidade, da mídia, dos clubes etc. Em outras palavras, através das relações sociais nós nos transformamos, social e subjetivamente, em uma reciprocidade entre criação e criatura.

O sexo, os papéis, a instrução, a inculcação ideológica e o salário se incumbem, em diferentes níveis, dos trabalhos históricos de redefinir no "sujeito" a mesma estrutura e se possível o mesmo Estado. (Escobar, 1974: 20; destaque no original)

Isso põe a reprodução da subjetividade na esfera da produção social ampliada. A produção da consciência não é exclusividade da esfera da circulação da mercadoria e do consumo, ou da superestrutura, e seus problemas não advêm só da "sociedade de consumo", como querem seus críticos, mas que, no entanto, fecham os olhos para a primazia da produção social na configuração dos sofrimentos mentais (Schneider, 1977). Quando se trata da análise de apenas um ser humano, há um curto-circuito, um *feedback*, uma reciprocidade, entre produção (base) e reprodução (superestrutura), entre produção de mercadoria e consumo, entre trabalho e família, porque se está levando em conta a singularidade. A produção de um sujeito é mediada por todas essas instâncias analíticas em uma conformação dialética e recíproca. Todas as instituições contribuem para a produção de sujeitos (Baremblitt, 1992). Portanto, toda prática, instituinte ou instituída, cria subjetividade, interfere nos processos mentais e é importante na condução da reabilitação psicossocial. As práticas institucionais necessitam ser desalienadas: esta é a forma de terapia institucional. As instituições precisam ser analisadas, transformadas e democratizadas.

Para esses autores, o sofrimento mental aparece como uma reação às diversas formas de violência social refletidas por diferenciadas conformações da sociedade. Ora representa um protesto inconsciente à sociedade injusta, ora aparece como escape às dominações impostas nos meandros das engrenagens sociais, ora como resposta às mistificações ideológicas, ora como dissociação mental e corporal produzida por uma forma de ser social fragmentada, ora como reapropriação da realidade por tentativas mal sucedidas de reparação do ser alienado:

> A estas formas de convivência [da ruptura aparencial sujeito-objeto] estaremos chamando de "modos de reapropriação": expressão das tentativas de entender, superar, evitar ou tornar suportável o sofrimento psíquico. (Sampaio, 1998: 95; destaque no original)

Para a "psiquiatria materialista" de Deleuze e Guattari, o conjunto de instituições em uma determinada formação social representa o modo de produção (e de antiprodução) daquele momento histórico. Deleuze e Guattari formularam as ligações entre o modo de produção capitalista, nas suas expressões do trabalho, da linguagem, da política, da sexualidade, do Estado, das raças, dos gêneros etc., com os delírios e a fragmentação do pensamento. À parte de sua negação de qualquer totalização, é um caminho para estudar o sofrimento mental e seu tratamento, em conexão com a totalidade das relações sociais e com as diversas refrações da "questão social" na sociedade burguesa. Porém, a psiquiatria materialista está atualmente pouco disseminada nos meios psiquiátricos, entre outras razões porque os profissionais não podem fazer o que ela prega, a revolução social: a psiquiatria materialista não pode evitar de colocar em termos escatológicos a relação final com a máquina revolucionária (Deleuze e Guattari, 1976: 53).

O Serviço Social comprometido com as classes subalternizadas precisa fazer a crítica da sociedade burguesa nos vários desdobramentos que a alienação social em sua forma geral impõe a setores particulares da vida:

trabalho, moradia, transporte, lazer, entre outros. Assim, o assistente social pode encontrar a ligação entre os seus objetivos sociais e a sua prática tão diversificada nas instituições de assistência psiquiátrica.

Ao repor o usuário dos serviços psiquiátricos na sociedade, o Serviço Social não deve fazê-lo na perspectiva de ajustamento e adaptação. É necessário tentar criar condições para um mínimo de reapropriação por ele das relações sociais, na família, trabalho, gênero, raça etc. A noção de cidadania não é meramente formal. Benefícios, usufruto de aparatos de Estado e serviços sociais não podem ser apenas para cumprir dispositivos legais, mas para possibilitar a reapropriação social concreta no cotidiano. Não se deve "lutar pelos direitos dos portadores de transtorno mental isolada e descontextualizadamente" (Rosa, 1999: 257).

Dentro da psicoterapia institucional todo ato que permita ao paciente reapropriar-se de seu espaço, de seu corpo, de seus significados, de seus direitos, é considerado terapêutico, não importa qual o profissional que atue, psicólogo, assistente social etc. (Cavalcanti et al., 1992). Não importa o enquadre, clínico ou aberto, se espaço de consultório ou sala de atendimento em geral. Todo profissional está investido de um "coeficiente terapêutico" quando propicia uma contratransferência instituinte, na concepção da psicoterapia institucional.

No avanço de um projeto profissional contra-hegemônico, o Serviço Social precisa fazer a análise das organizações institucionais de assistência psiquiátrica e ter uma concepção de "saúde mental" para poder ser um profissional propositor de alternativas e não só executor (Iamamoto, 1998: 20). Para isto é necessário mudar as relações sociais que sustentam o objeto institucional "saúde mental":

> Uma transformação das práticas institucionais não pára de contribuir à permanência do objeto institucional, a não ser no caso em que implica mudanças em dois níveis: primeiro, no das relações de oposição e de complementaridade assimétricas entre os sujeitos institucionais e, por conseqüência, no do regime de verdade no qual se inscreve a retórica do objeto institucional. Vale dizer que a condição necessária da mudança institucional é a alteração das posições de saber, poder e propriedade em jogo entre a instituição, seu objeto e seus sujeitos. (Albuquerque, 1989: 8-9)

Intenções como as de reabilitação psicossocial, reinserção social e ressocialização não devem ter a conotação de integração a uma sociedade alienada e alienante, e sim o objetivo de transformação das relações sociais no nível das instituições que cercam o paciente, sem reajustamentos a uma sociedade que o rejeita, inabilita e estigmatiza. Afinal, é necessário se discutir que "social" é este da proposta de reabilitação psicossocial do Movimento de Reforma Psiquiátrica.

O avanço que o Serviço Social teve nesse meio século de atuação em Saúde Mental no Brasil está espelhado na crítica às concepções convencionais do transtorno mental, sustentadas nas antigas bases religiosas e higienistas (no início do Serviço Social no Brasil) e na crítica às teorias biologicistas e psicologizantes (metodologia clássica).

3.2. A reabilitação psicossocial

A reabilitação psicossocial é visada pelos estabelecimentos psiquiátricos alternativos em suas várias formas de expressão: o trabalho, os grupos, a arte, o enfoque na família, na moradia e na comunidade, a cidadania, o lazer, o corpo, a afetividade, o autocuidado, e as clássicas reabilitações por terapias e medicamentos. Mas a ressocialização não é a inclusão mecânica da pessoa em escolas, trabalho, família, lazer. É necessária a sua crítica.

As mudanças teóricas na "reabilitação psicossocial" têm uma história. A psicanálise foi usada como tratamento alternativo em psiquiatria e como medida coadjuvante aos tratamentos asilares e medicamentosos em uma tentativa de reabilitação. A sua utilização em organizações levou à formulação da psicoterapia institucional francesa como avanço teórico. Criaram-se conceitos como inconsciente institucional, transferência institucional, entre outros, para dar conta da prática da psicanálise em estabelecimentos. Nos anos 1980 essas idéias eram bem difundidas no Movimento de Reforma Psiquiátrica no Brasil. Com a elaboração teórica da Socioanálise, que foi substituindo aos poucos as psicologias institucionalistas, os conceitos usados começaram a se afastar do conhecimento mais acessível à psiquiatria: transversalidade, implicação, grupo-sujeito, que são mais sociológicos que "psi".

Atualmente os estabelecimentos com serviços alternativos ou mistos tentam combinar várias práticas na reabilitação (na medida de seus recursos financeiros), através de oficinas, cooperativas, ateliê, terapias ocupacionais, terapias de família, musicoterapia, grupos de discussão, teatro, clubes de lazer, ginástica, dança, passeios, requisição de benefícios, salão de beleza, lar abrigado etc. Mas,

> A confusão ou o desconhecimento do sujeito social, a quem é dedicada grande parte do atendimento, obviamente há de se constituir num obstáculo importante na operatividade do mesmo. (...) Perguntamos à guisa de reflexão: em que medida os modelos terapêuticos utilizados incorporam uma compreensão da situação de vida dos sujeitos internados? (Saidon, 1983: 158)

A proposta é que se faça a análise crítica dos modelos terapêuticos e reabilitativos usados e que se faça a articulação com as relações sociais concretas dos sujeitos usuários. Se objetivamos uma certa autonomia dos usuários na reabilitação psicossocial, precisamos fazer uma análise correta de suas possibilidades de reapropriação das relações sociais que os atravessam e os determinam.

Os estabelecimentos procuram oferecer o maior número de atividades alternativas para a reabilitação (o que é importante, pois os usuários precisam ter opções de escolha por algo com que se identifiquem), mas a questão é que, à medida que os estabelecimentos tratam as atividades de forma reificada,[6] eles tendem a equalizar as práticas em termos de efeito social: as oficinas se equivalem, as terapias se equivalem etc. Nós vivemos em uma sociedade estruturada em função da produção econômica, dividida em classes sociais: a reabilitação social através do lazer ou da afetividade não é equivalente à conduzida por uma atividade de produção (cooperativas de trabalho, por exemplo), nem à reabilitação através da moradia ou da família (da esfera da reprodução social). Ao pensar os diversos dispositivos reabilitadores do ponto de vista da totalidade histórica das relações sociais, observamos que elas não são homogêneas.[7]

---

6. Netto (1981: 86).

7. Uma das críticas à Análise Institucional, a nosso ver injusta, é a de que, pelo fato de possuir teorias gerais para as instituições, esta disciplina homogeneizaria todas as instituições e as instân-

Nas atividades de lazer, artesanato, grupos e arte, os usuários conseguem obter um certo grau de autonomia para atuar como "sujeito" nessas relações sociais. As atividades privadas, como, por exemplo, as que envolvem primordialmente afeto e emoção, têm um maior grau de autonomia em relação às estruturas sociais. Mas, em contrapartida, é difícil obter autonomia em nível social mais amplo só com essas práticas. Por outro lado, relações sociais de trabalho e moradia, que podem proporcionar uma autonomia social de fato, envolvem grandes interesses estruturais da sociedade capitalista, e os serviços de Saúde Mental no Brasil lutam muito para conseguir vencer os obstáculos impostos pelo mercado imobiliário ou pelo mercado de trabalho excludente que diminui as chances de competição de quem é portador de algum comprometimento psíquico que reduza sua capacidade de trabalho. Em países do Primeiro Mundo, como na Itália, a proposta de reforma psiquiátrica avançou, e lá conseguiram desenvolver serviços residenciais e cooperativas de trabalho amparadas pela legislação comercial (Leonardis et al., 1995).

Outra homogeneização que os serviços psiquiátricos em geral fazem é considerar como análogas as atividades em pequenos grupos e as atividades no meio social real dos usuários, como se fosse o mesmo espaço, contínuo, sem inflexões. O fato de o usuário conseguir manter um comportamento "integrado" em uma oficina abrigada não significa linearmente que o mesmo vai acontecer em um emprego no mercado de trabalho. É necessária a análise das diferenças entre a dinâmica da sociedade capitalista e a dinâmica das práticas institucionais de uma oficina protegida.

A capacidade de contratualidade, o poder de negociação, a autonomia, o "empowerment", o estabelecimento de vínculos satisfatórios nas relações sociais, crescem na medida em que o usuário tem condições reais de se apropriar dos objetos sociais postos nas relações do seu cotidiano.

---

cias econômica, política e ideológica. Isto só poderia decorrer de uma leitura mais apressada da Análise Institucional, sem perceber que este novo campo de coerência também leva em consideração as estruturas macrossociais. Em outras palavras, apesar de haver uma teoria que se aplica à escola, ao hospital e à fábrica, não significa que elas são instituições homogêneas entre si.

Quanto mais o indivíduo é capaz de "reproduzir-se como indivíduo social", menos intenso é o conflito entre o indivíduo e a sociedade, entre o indivíduo e a humanidade — isto é, nas palavras de Marx, menos intensa é a luta entre a existência e a essência, entre a liberdade e a necessidade, entre o indivíduo e a espécie. Mas o indivíduo não se pode reproduzir como indivíduo social, a menos que participe de maneira cada vez mais ativa na determinação de todos os aspectos de sua própria vida, desde as preocupações mais imediatas até as mais amplas questões gerais de política, de organização sócio-econômica e de cultura. (Mëszáros, 1981: 256; destaque no original)

Na medida em que entendemos as várias práticas como possibilitadoras de uma apropriação das relações sociais pelo usuário, na direção de sua constituição como sujeito coletivo e social, cessa a dicotomia entre terapia e reabilitação: ambas têm o mesmo objetivo, ou seja, a realização do indivíduo como sujeito no mundo.

Quando se diz que devemos propiciar aos usuários "um espaço não adoecido, em que o tecido da vida seja retomado", entendemos como uma analogia médica às relações sociais alienadas que precisam ser reapropriadas por seus atores, também dentro das instituições de serviços psiquiátricos. Restituir às subjetividades sua condição de sujeitos das relações sociais.

Em termos práticos, os assistentes sociais precisam dar apoio ao Movimento de Reforma Psiquiátrica e às suas propostas de políticas sociais. Precisam engajar-se na luta pelos direitos dos portadores de transtornos mentais e pelas mudanças na legislação, que é antiga e estigmatizante, visando incorporar direitos mais plenos de cidadania e novas medidas, como a criação de cooperativas de trabalho e de financiamento de serviços residenciais para pacientes que necessitam de atenção contínua. Nos estabelecimentos, o Serviço Social precisa propor a abertura de novas oficinas como parte do esforço de invenção de novos dispositivos de reabilitação psicossocial. Precisa estar atento à democratização do atendimento, precisa ajudar na organização dos usuários e familiares e lutar por formas de acompanhamento social para além de visitas domiciliares e atendimento às famílias (Vasconcelos, 1992b).

A nossa teoria, que é analítica, traz como proposta que essas atitudes práticas sejam mescladas com a permanente análise das relações sociais concretas envolvendo usuários e técnicos, tanto em nível social quanto institucional e organizacional, porque devido à complexidade dos fenômenos envolvidos só com análise tomaremos ciência das situações reais. Por isso insistimos ao longo deste livro na necessidade de atitude permanentemente analítica. A atuação do assistente social, frente ao sofrimento mental, não se resume a restituir uma "falta de cidadania" ou a suprir direitos previdenciários: os problemas nessa área são muito mais complexos e paradoxais.

4. Propostas da análise institucional

Pelo desenrolar deste livro tornamos explícito que a prática do Serviço Social em Saúde Mental deve ser calcada nas análises histórica e social do próprio Serviço Social (Capítulo I), bem como na análise institucional do estabelecimento de prática profissional (Capítulos II e III), e na análise histórica da loucura e da psiquiatria (Capítulo IV), uma vez que o Serviço Social, a loucura, a psiquiatria e as organizações institucionais não são coisas, mas relações sociais engendradas na história (Bisneto, 1999a: 164-167).

Mais do que isso, propomos que as práticas particulares, tais como a atuação junto a grupos, famílias, pessoas etc. também partam de uma análise institucionalista, já que grupos, famílias e pessoas são institucionalizados.

4.1. Metodologias institucionalistas

GRUPOS E SERVIÇO SOCIAL

Uma das contribuições que o Serviço Social pode dar como coordenador de grupos é fazer a análise das determinações econômica, política e ideológica, isto é, dos interesses materiais dos grupos, articulados com as suas relações de poder e as representações da realidade social presentes no grupo e em seus integrantes. Precisamos deixar de lado a noção de que nos grupos psicoterapêuticos todos são de fato iguais em poder e que os coordenadores e o estabelecimento são neutros.

Já que todo grupo é institucionalizado, seja pelo estabelecimento, seja pelo enquadre psicoterapêutico ou pelo Serviço Social, precisamos fazer uma análise dos grupos tal qual das instituições. O comportamento grupal é também determinado por estruturas complexas ligadas ao institucional e ao social, para além da subjetividade de seus componentes, de suas estruturas afetivas ou dos "pressupostos básicos" de Wilfred Bion.

Então, torna-se importante, analiticamente, verificar os elementos da prática grupal: objetos, produtos, âmbito do grupo, entre outros. Verificar as posições estruturais de seus componentes: mandantes, agentes privilegiados e subordinados, usando a noção de atores institucionais. Para tal precisamos ligar o grupo não só ao estabelecimento, mas também às relações sociais mais amplas, como classe social, etnia, geração, religiosidade, gênero e outras. "O grupo terapêutico é primeiramente uma rede de relações sociais" (Bastide, 1967: 255).

Cremos que uma prática grupal vai ser bem-sucedida se possibilitar a apropriação de todos os participantes das relações sociais que a perpassam: relações sociais econômicas (que a instituição garanta estatutariamente o apoio material para a continuidade da atividade grupal), políticas (que seja um grupo autogestivo, em que a vontade coletiva possa ser respeitada pelo estabelecimento) e ideológicas (que no grupo seja contemplado a expressão democrática de todos e o respeito pelas idéias emanadas). É o que já foi dito pela socioanálise: transformar os grupos-submetidos em grupos-sujeito, através da auto-análise e autogestão.

FAMÍLIA E SERVIÇO SOCIAL

Em relação à prática do Serviço Social com famílias, é também proveitoso que o assistente social analise-as como instituições (Guattari, 1982). As famílias também são instituídas socialmente e têm objetos, produtos e atores institucionais. Nelas também se dão conflitos materiais, de poder e de idéias que atravessam o comportamento dos usuários em tratamento nos estabelecimentos de Saúde Mental. Uma boa reabilitação em termos familiares é possível se o portador de transtornos mentais, os parentes e os profissionais mantiverem entre si práticas não opressivas.

SUJEITO, SUBJETIVIDADE E SINGULARIDADE

Uma contribuição que o Serviço Social já dá há muitos anos na área de Saúde Mental é fazer a anamnese social dos usuários de estabelecimentos psiquiátricos. Mas esta análise vem restringindo-se a obter dados do tipo "renda familiar", "escolaridade", "número de cômodos na habitação", entre outros. Ou, no sentido oposto, são análises sociais críticas, porém desarticuladas da subjetividade: é como se existisse uma referência social da pessoa, que é suprida pelo técnico "assistente social", e outra referência subjetiva, que é campo profissional "psi", como se fossem dois mundos paralelos. Mas para a Análise Institucional as questões sociais estão ligadas à subjetividade:

> Os desejos mais singulares, os sintomas mais íntimos estão em conexão direta com as questões sociais mais amplas. Através do pai, da mãe, do professor primário, do moço que fala na televisão, é a sociedade inteira que se exprime. Inversamente, todos os grandes problemas econômicos, sociais e políticos que parecem passar a mil quilômetros acima da cabeça das pessoas, colocam em jogo questões de modo de vida, de relação com o trabalho, com o corpo, com o sexo, com o ambiente, que lhe são absolutamente essenciais. (Guattari, 1982: 41)

Para nós que propugnamos por uma abordagem institucionalista, os sujeitos também são instituídos socialmente. Precisamos fazer uma análise das determinações econômica, política e ideológica que atravessam os usuários de Serviço Social, para poder conduzir junto a eles práticas de assistência ligadas à sua realidade social concreta que o reabilitem de fato, pois "o inconsciente individual está ligado à ordem institucional, (...) o nosso inconsciente é instituído" (Lapassade, 1983: 195).

É importante analisar as relações sociais dos usuários com todas as instituições dominantes de que fazem parte, tais como trabalho, família, comunidade, religião etc.

> *O indivíduo que temos diante de nós não é, freqüentemente, senão o "terminal" de todo um conjunto de agenciamentos sociais. E se não atingimos o cerne desses agenciamentos, embarcamos em atitudes fictícias. Trata-se não só de localizar a*

inserção de agenciamentos em que um indivíduo se constitui, mas também de encontrar um ponto de apoio mínimo que lhe permita conquistar alguns graus suplementares de liberdade. (Guattari e Rolnik, 1986: 251; grifos no original)

Consideramos "implicação" uma relação entre sujeito e objeto mais complexa do que as preconizadas pelo positivismo, pois leva em conta as contradições sociais, a historicidade, as instâncias econômica, política e ideológica, a universalidade, a particularidade e a singularidade. Decorre daí que as implicações são ao mesmo tempo sociais e pessoais, objetivas e subjetivas. Nem por isso há dicotomias, uma vez que a própria subjetividade é referida pela análise institucional como singularidade histórica e social. Podemos dizer então que precisamos analisar as implicações dos usuários e dos técnicos com suas instituições.

Em outras formulações socioanalíticas, paralelamente, diz-se que são as instituições (em sentido conceitual) que *nos atravessam*: nossas percepções, afetos e pensamentos estão marcados pelas relações com a escola, a igreja, a psiquiatria, o casamento, a família, a infância, o trabalho assalariado, o mercado capitalista, o Estado etc. Ou melhor, estamos *implicados com* ou *atravessados por* elas. (Rodrigues, 1999: 180; grifos no original)

Nesse aspecto a Análise Institucional trouxe à luz o sujeito real, inserido na sociedade, na história, na economia e na política. Essa disciplina traça uma linha que vai da análise macrossocial até o cotidiano das pessoas e vice-versa, passando pela análise dos grupos, das organizações e das instituições, em suas múltiplas determinações, sendo capaz de ver o cotidiano em sua síntese histórica e social. Desse modo é possível ver o sujeito sem ser subjetivista, uma vez que percebe o movimento entre o universal, o particular e o singular. A análise das relações sociais (necessariamente com sujeitos) pode levar em conta as singularidades pessoais sem ser psicologizante (no sentido reducionista).

INTERDISCIPLINARIDADE E SERVIÇO SOCIAL

A análise institucional pode introduzir novas reflexões que fazem avançar na elucidação da interdisciplinaridade. Como se trata de uma prática profissional entre vários sujeitos, podemos vê-la sob o ponto de vista de relações sociais. Como tal cremos que a interdisciplinaridade não seja apenas uma questão ligada aos saberes, isolada das instâncias política e econômica. Enquanto a tratarmos como uma mera aceitação do pluralismo ou de convívio de idéias não chegaremos ao fundo da questão: os saberes estão ligados a interesses econômicos e a relações de poder, tanto macrossocialmente quanto nos estabelecimentos.

Em geral não se consegue uma prática interdisciplinar por meio de imposição normativa (de hoje em diante este estabelecimento vai ser interdisciplinar), nem de forma espontânea (juntando uma equipe heterogênea e trabalhando), e não depende só da vontade das pessoas na equipe. As equipes profissionais são institucionalizadas. Sem analisá-las não se consegue saber quais os entraves ao processo de construção de interlocução, cooperação, coordenação comum e objetivos integrados. É necessário grupalizar, analisar, construir todo processo interdisciplinar. A equipe precisa trabalhar, mas também precisa "se trabalhar". Os integrantes de equipes interdisciplinares em Saúde Mental podem contribuir com seu ramo de conhecimento não só para atingir os objetivos da equipe como também para construir a própria equipe. Nesse sentido o Serviço Social pode mostrar o lado social e institucional desse processo grupal.

Um projeto de interdisciplinaridade está sujeito a determinações em três níveis interligados:

O *nível social*, que se reflete na divisão social e técnica do trabalho, espelhado nas especializações técnicas, nas divisões de classes sociais, de trabalho intelectual e manual, expresso em códigos de ética e regulamentações profissionais, em mandatos sociais, na história social que determina uma cultura profissional e organização corporativa das profissões (Vasconcelos, 1997b).

O *nível institucional*, através dos saberes que se apropriam de objetos institucionais, de âmbitos de atuação, de poderes (hierarquizados ou não) e de apropriações e desapropriações econômicas e materiais através dos mandantes e agentes privilegiados.

O *nível organizacional*, que depende de recursos, da organização do trabalho, das chefias, da divisão do tempo e das tarefas.

A construção de uma equipe interdisciplinar envolve tensões econômicas, políticas e ideológicas através de salários, custos, chefias, prestígio, legitimidade e reconhecimento. Somente com a análise dessas tensões podemos discernir as dificuldades particulares de uma equipe que caminha em direção à interdisciplinaridade.

As reuniões de equipe para a análise do andamento dos serviços são importantes na condução de processos de trabalho com intervenção nas áreas humana e social, quando se incentiva a interdisciplinaridade:

> Dentro da estrutura de eventos regulares, é muito importante criar dispositivos grupais e institucionais que estimulem a disponibilidade para analisar e quebrar as defesas corporativas, em que cada profissional possa reconhecer e expor as fragilidades, parcialidades e limites de sua abordagem, trocar informações, aprender com a experiência do outro, refazer sua identidade profissional em novas bases, e poder ir elaborando os inevitáveis conflitos institucionais e políticos da vida diária dos serviços. (Vasconcelos, 1997b: 152)

Os problemas em Saúde Mental são complexos e exigem a articulação de vários saberes. Mas, como há um nível social na interdisciplinaridade, sua construção vai além dos limites do estabelecimento de trabalho dos profissionais, requisitando transformações no próprio objeto institucional "Saúde Mental", que envolve movimentos sociais da ordem da Reforma Psiquiátrica e da Luta Antimanicomial.

INSTRUMENTAL E SERVIÇO SOCIAL

A Análise Institucional considera as técnicas como meios para se chegar a determinados fins. Desse modo, as técnicas situam-se analiticamente em nível organizacional, e sua aplicação exige a precedência de análises em níveis social e institucional. As práticas e as organizações estão conectadas ao movimento da sociedade capitalista, mediadas pelas determinações institucionais. Sem uma análise institucionalista dos objetivos da prática (os fins institucionais), a técnica se torna burocratizada, e corre-se o risco de usar-se a técnica pela técnica.

O problema do instrumental em Serviço Social não é falta de ferramentas técnicas, pois o Serviço Social tem importado de outras áreas do conhecimento vários tipos de técnicas, podendo ser contabilizadas mais de cem delas (Bisneto, 1993: 104-107). É certo que é importante saber bem as técnicas, conhecê-las "em-si", mas podemos dizer também que algumas dificuldades com o uso das técnicas vêm da falta de elaboração na análise institucional dos instrumentais (seus fins, sua totalidade). Pleiteamos a primazia da teoria sobre a técnica, pois o sujeito ao intervir nas relações sociais objetivas é portador de um conjunto de concepções, uma cosmologia, uma ontologia, uma epistemologia, uma metodologia, uma axiologia, uma teleologia, entre outras.

> Sua intervenção não é aleatória, ela está construída em uma metodologia que a direciona. Nesta metodologia estão: a teoria explicativa da vida social; a intenção, determinada pelo horizonte ideológico; o método, que é o da teoria e, por fim, o real, onde essa intervenção se realiza, e, onde ela tem que comprovar sua validade e relevância. (Cassab, 1995: 34)

O uso das técnicas está subordinado à concepção de mundo de quem faz a intervenção: é necessária uma coerência paradigmática e teleológica. Além disso, a eficácia dos instrumentais depende das restrições sociais, institucionais e organizacionais. Por essas razões precisa-se de uma análise da implicação do sujeito com o objeto e de uma análise das práticas institucionais.

4.2. Intervenção institucionalista

Se considerarmos que a prática institucional é a transformação coletiva de objetos da prática em produtos institucionais, com a participação de vários atores, o processo de intervenção do Serviço Social deve-se pautar por:

a) a análise permanente dos elementos da prática institucional: os objetos, produtos, âmbitos, saberes e atores institucionais. Precisamos nos inquirir que objeto institucional estamos instituindo com nossas práticas;

b) a análise permanente das demandas manifestas e ocultas dos atores institucionais, principalmente mandantes e clientela. Devemos buscar a transformação social na direção dos interesses das classes que vivem do próprio trabalho, visando a apropriação coletiva dos elementos institucionais;

c) a análise permanente das determinações econômica, política e ideológica, tanto das instituições quanto dos atores e dos próprios assistentes sociais;

d) a análise permanente dos fatos analisadores. Para tal precisamos estar atentos para os fatos que façam emergir as contradições sociais que se revelam nas práticas institucionais, ou até fazer com que essas contradições venham à tona o mais rápido possível, através de ações que as explicitem, tais como dar a voz aos usuários, promover reuniões entre os diversos atores, propor assembléias comunitárias, entre outras;

e) a análise permanente da implicação dos atores envolvidos nas práticas concretas. Particularmente, em relação ao Serviço Social, torna-se necessário a elaboração mais refletida de sua atuação:

> Propõe-se que os assistentes sociais se reúnam em grupos de supervisão autogestivo de suas próprias práticas, dentro de seus locais de trabalho, de modo que suas subjetividades sejam deparadas com outras. Ao mesmo tempo seria feita a comparação de suas relações sociais com as relações correlatas do usuário. (Bisneto, 1999a: 166)

A partir das análises coletivas se poderá traçar estratégias de ação, indicar prioridades e novas alternativas. A formação em Serviço Social propicia que o assistente social no campo da Saúde Mental seja, em potencial, um profissional apto a fazer a crítica das relações entre sociedade e loucura nas suas diversas interligações e, numa perspectiva institucionalista, intervir num amplo escopo da prática social, usando sua visão nas mais diversas análises e trabalhos:

- participação na formulação de políticas sociais públicas em Saúde Mental no campo da seguridade social;
- participação em planejamento social para montagem de serviços, estratégias de intervenção e modelos assistenciais no atendimento a usuários de serviços psiquiátricos;
- montagem de análises de conjuntura em Saúde Mental e política social;

- criação de articulações teóricas e práticas entre cidadania e loucura;
- análise dos "processos de trabalho" e suas implicações em Saúde Mental;
- construção de dispositivos de avaliação de redes assistenciais para portadores de transtornos mentais;
- análise crítica do financiamento das políticas públicas em Saúde Mental e construção de formas alternativas para redes assistenciais na perspectiva da Reforma Psiquiátrica;
- contribuição na análise crítica da articulação entre os problemas sociais e o desencadeamento de processos psicopatológicos;
- análise das relações entre os transtornos mentais e suas conseqüências no funcionamento social de seus portadores;
- contribuição para o avanço da análise teórico-metodológica das relações entre as diversas formas de alienação social e o sofrimento mental.

Considerações finais

As elites econômicas e políticas manipulam a distribuição de riquezas na sociedade, mas não é só isso: elas manipulam também a vontade coletiva e o significado dos fenômenos sociais, atingindo as consciências individuais e sociais.

Na perspectiva defendida neste texto, o assistente social é chamado a potencializar as reservas de sanidade latentes nos portadores de sofrimento mental, e não a exauri-las ainda mais. O Serviço Social precisa trabalhar por uma melhor readequação e distribuição dos recursos de assistência nos estabelecimentos visando uma cidadania emancipada, restituição de direitos legítimos e conquista de uma previdência com justiça social, mas também atuar para restituir aos usuários o exercício de sua vontade legítima, isto é, não a vontade desarrazoada, sem justificativa real ou sem bom senso, disparatada ou despropositada, fantasiosa, iludida, produto de um capricho manhoso e individualista, mas a vontade com lucidez e clareza. Isto é possível na medida em que o assistente social, como técnico que tem competência para desvendar a realidade social objetiva, juntamente com a equipe interdisciplinar, tem condição de negociar com o indivíduo com transtornos psicológicos o atendimento à sua vontade conectada à realidade coletiva de sua rede social, sua família, sua comunidade, suas inserções em trabalho, lazer, moradia etc. Já que todo técnico pode ser um profissional de referência, o assistente social deve ser uma referência com conhecimento do social e da ética societária. Na proporção em que, nessas práticas institucionais citadas, se restitui a vontade e a consciência ligadas à realidade concreta e à coletividade, se restitui à subjetividade (que sente e que pensa) naquilo que é próprio ao sujeito: alguma autonomia nas suas práticas e discernimento de consciência.

Nessas práticas, podemos criar condições, juntamente com o usuário, para a construção de representações sociais ligadas à realidade objetiva — e não representações deturpadas, mistificadas, manipuladas por interesses das elites dominantes, mas sim o imaginário livre e esperançoso ligado às possibilidades reais da sociedade contraditória. Por aí passa um conduto que leva à reabilitação psicossocial progressista.

E o Serviço Social tem esse espaço profissional nos estabelecimentos psiquiátricos, desde que faça a análise crítica das situações concretas envolvendo a sociedade, a psiquiatria, a organização institucional e as subjetividades envolvidas, e assuma as equipes multiprofissionais como espaço privilegiado de intervenção, formação, capacitação e desenvolvimento profissional.

Para tal, precisamos estabelecer uma consciência crítica em relação ao individualismo e ao autocentramento egóico, nossos e dos nossos usuários, restabelecendo as referências coletivas, através do exercício da reflexão e da análise crítica, retomando a historicidade mundo-sociedade-indivíduo, contra o assujeitamento, elaborando mano a mano, juntamente com outros profissionais, e formulando um projeto social e institucional singularizado, num vir-a-ser do usuário e técnico.

Com esse propósito, há a necessidade, na formação do assistente social em Saúde Mental, da retomada da discussão teórica sobre subjetividade, sobre psicologias sociais de esquerda, sobre grupos em Serviço Social, de modo a contemplar os pressupostos *teórico-metodológicos*, *ético-políticos* e *técnico-operativos* preconizados pela ABEPSS. Essas idéias pressupõem que o marxismo contemporâneo, mediado pela disciplina de análise institucional (conforme já incorporada ao Serviço Social pelos aportes teóricos de Weisshaupt) e pela psicologia de esquerda do Movimento de Reforma Psiquiátrica, são capazes de estabelecer uma metodologia adequada em Serviço Social no campo previdenciário da Saúde Mental no Brasil, porque essa articulação busca unir os pressupostos teóricos, políticos e técnicos sem teoricismo, politicismo ou tecnicismo.

Os núcleos temáticos das diretrizes curriculares da ABEPSS para a formação profissional são atendidos pela articulação das análises do Serviço Social, da psiquiatria e dos estabelecimentos: a *teoria da vida social* seria contemplada pela complementação da compreensão dos fenômenos da subjetividade e da loucura; a *formação brasileira* poderia ser complementada pela elucidação das formas de desenvolvimento da subjetividade, da cultura e de suas relações com os fenômenos mentais, bem como da história da loucura e da psiquiatria no contexto mundial e nacional; os *fundamentos do Serviço Social* seriam estabelecidos pela abordagem das políticas sociais nas suas particularidades teórico-metodológicas e operativas da intervenção no campo da Saúde Mental e da seguridade social.

Precisamos pesquisar, teorizar, publicar em Saúde Mental, atentando para as novas demandas, impostas pelas novas configurações da sociedade capitalista, fazendo a ligação entre Saúde Mental e sociedade contemporânea. As contribuições da análise institucional nessa perspectiva são cruciais, dada a complexidade da Saúde Mental, da restrita autonomia do assistente social dentro dos estabelecimentos psiquiátricos e dos conflitos de interesses em equipes multiprofissionais.

No Movimento de Reforma Psiquiátrica há possibilidades de avanço, através de linhas institucionalistas que superam as dicotomias entre subjetividade e sociedade, entre loucura e "questão social", entre terapia e assistência, entre clínica e política, entre autonomia do usuário e do profissional, entre cuidado familiar e cuidado técnico, numa visão de totalidade sujeito-sociedade.

É necessário para o Serviço Social enfatizar no Movimento de Reforma Psiquiátrica a importância da luta de classes na conceitualização dos fenômenos sociais, numa perspectiva de totalidade econômica, política e ideológica.

Assim, o Serviço Social, que na sua atuação produz ou contribui para a produção ou redistribuição da mais-valia, pode favorecer, no seio das equipes multiprofissionais, o partilhamento do poder e a democratização dos serviços assistenciais na construção de uma contra-hegemonia, mesmo nesse terreno movediço, movido por interesses sociais distintos que não podem ser desconsiderados porque tecem a trama social e institucional.

Torna-se, então, possível a identificação de como rebate a "questão social" no campo da Saúde Mental e a produção de um conhecimento crítico da realidade social e institucional na qual se vai intervir, uma vez que temos a "análise" como dimensão constitutiva da intervenção. Podemos então construir novas possibilidades de práticas emancipatórias junto à família, às redes sociais, a entidades do terceiro setor que forem progressistas, a associações autônomas e combativas de portadores de transtornos mentais, e formular propostas para promover avanços no lidar com a "questão social", a exclusão, o estigma, o não-reconhecimento da cidadania, a falta de serviços efetivos, a desconsideração dos direitos sociais, a falta de trabalho e moradia e o descaso com a previdência.

> O desafio é re-descobrir alternativas e possibilidades para o trabalho profissional no cenário atual; traçar horizontes para a formulação de propostas que façam frente à questão social e que vivenciam, não só como vítimas, mas como sujeitos que lutam pela preservação e conquista da sua vida, da sua humanidade. Essa discussão é parte dos rumos perseguidos pelo trabalho profissional contemporâneo. (Iamamoto, 1998: 75)

Nesse processo, estaremos acumulando forças, condições favoráveis nos planos conjuntural e estrutural, para propiciar um trabalho emancipador do Serviço Social junto ao Movimento de Reforma Psiquiátrica: o avanço das particularidades reforça a posição para uma transformação efetiva do objeto Saúde Mental na sociedade contemporânea e fortalece os usuários de serviços psiquiátricos e portadores de sofrimento mental.

Pela ótica institucionalista, através da noção de mediação institucional de forma histórica, crítica, dialética, materialista, as visões existentes para a solução dos impasses na prática em Saúde Mental ficam interligadas:

- a *esfera social* — a ênfase em elaborar a "questão social" na loucura;
- a *esfera organizacional* — administrar melhor os serviços psiquiátricos;
- a *esfera técnica* — aprimorar instrumentais para o cuidado pessoal, grupal, familiar e comunitário; e
- a *esfera interpessoal* — elaborar a subjetividade dos atores envolvidos no processo da assistência psiquiátrica.

Em termos de subjetividade pessoal, é importante para o assistente social não só a teoria, mas ter elaborada suas próprias implicações de classe, isto é, ter consciência de seus interesses econômicos, políticos e ideológicos, sua implicação com a loucura, seu posicionamento ideológico, sua forma de lidar com os poderes, bem como ter consciência de suas implicações psicoafetivas da sua história pessoal, na sua sociedade e na sua vida (Barbier, 1985: 108). Isto é, trabalhar sua própria subjetividade de forma conectada à realidade social e às estruturas institucionais do seu trabalho, num processo de referência interdisciplinar entre técnico e usuário.

Consideramos importante o Serviço Social atuar nas organizações institucionais com o objetivo de construir relações sociais justas e democráticas que atendam aos interesses de seus usuários, conforme o projeto ético-político da profissão, sem perder de vista a relevância da relação capital-trabalho para a análise das contradições fundamentais da sociedade, e portanto devemos estar atentos ao *caráter de classe* que reveste o atendimento nos serviços em Saúde Mental no Brasil, o que é insofismável, uma vez que inserido na seguridade social pública para a classe trabalhadora ou desprovida.

Assim, a principal tarefa posta para o Serviço Social, na atual conjuntura, é a de identificar o conjunto das necessidades (política, sociais, materiais e culturais), quer do capital, quer do trabalho, que estão subjacentes às exigências de sua refuncionalização. Neste caso, é preciso refazer — teórica e metodologicamente — o caminho entre a demanda e as suas necessidades fundantes, situando-as na sociedade capitalista contemporânea, com toda a sua complexidade. Referimo-nos, particularmente, às necessidades sociais que plasmam o processo de reprodução social (Mota e Amaral, 1998: 26).

Bibliografia

ABREU, João Batista de. Assistente social, trabalhador da saúde. *Revista Inscrita*: revista de artigos do Conselho Federal de Serviço Social, Brasília, ano II, n. 5, dez. 1999.

ALBUQUERQUE, José Augusto Guilhon. *Metáforas da desordem*. Rio de Janeiro: Paz e Terra, 1978.

_____. *Metáforas do poder*. Rio de Janeiro: Achiamé/Socii, 1980.

_____. *Instituição e poder*. 2. ed. Rio de Janeiro: Graal, 1986.

_____. Althusser, a ideologia e as instituições. In: ALTHUSSER, Louis. *Aparelhos ideológicos de Estado*. 3. ed. Rio de Janeiro: Graal, 1987a.

_____. Elementos para uma Análise da Prática Institucional. In: GUIRADO, Marlene. *Psicologia institucional*. São Paulo: EPU, 1987b.

_____. *A natureza da mudança nas instituições*. Tradução de Jean Robert Weisshaupt. Rio de Janeiro, 1989. Mimeografado.

_____ et al. Estado atual da instituição da psiquiatria e dos estabelecimentos psiquiátricos. In BAREMBLITT, Gregorio (Coord.). *O inconsciente institucional*. Petrópolis: Vozes, 1984a.

_____ et al. Panorama atual do movimento institucionalista. In: BAREMBLITT, Gregorio (Coord.). *O inconsciente institucional*. Petrópolis: Vozes, 1984b.

ALMEIDA, Ney Luiz Teixeira de. Retomando a temática da "Sistematização da Prática" em Serviço Social. *Em Pauta*: revista da Faculdade de Serviço Social da UERJ. Rio de Janeiro, n. 10, 1997.

ALTHUSSER, Louis. *A favor de Marx*. 2. ed. Rio de Janeiro: Zahar, 1979.

_____. *Aparelhos ideológicos de Estado*. 3. ed. Rio de Janeiro: Graal, 1987.

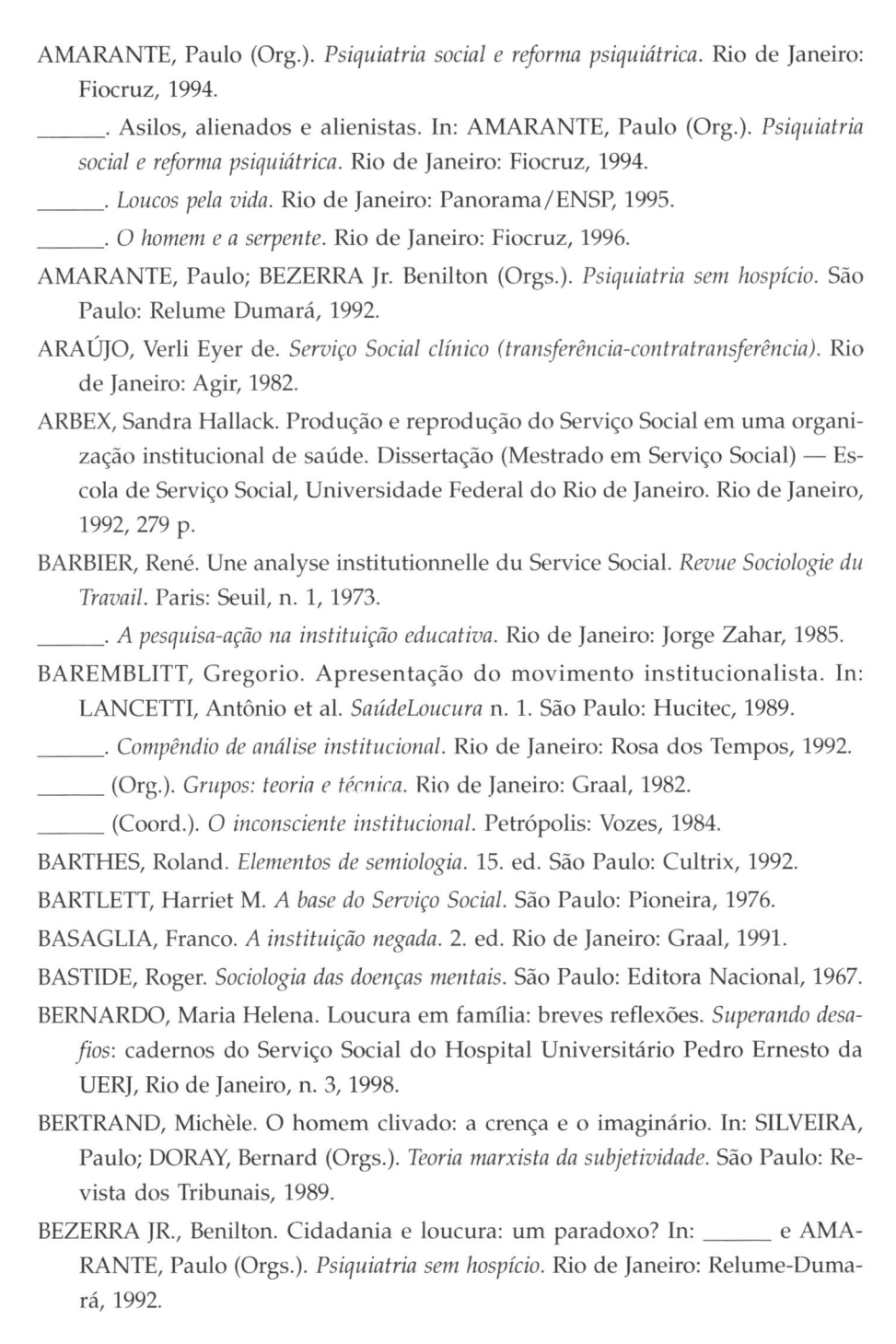

AMARANTE, Paulo (Org.). *Psiquiatria social e reforma psiquiátrica*. Rio de Janeiro: Fiocruz, 1994.

_____. Asilos, alienados e alienistas. In: AMARANTE, Paulo (Org.). *Psiquiatria social e reforma psiquiátrica*. Rio de Janeiro: Fiocruz, 1994.

_____. *Loucos pela vida*. Rio de Janeiro: Panorama/ENSP, 1995.

_____. *O homem e a serpente*. Rio de Janeiro: Fiocruz, 1996.

AMARANTE, Paulo; BEZERRA Jr. Benilton (Orgs.). *Psiquiatria sem hospício*. São Paulo: Relume Dumará, 1992.

ARAÚJO, Verli Eyer de. *Serviço Social clínico (transferência-contratransferência)*. Rio de Janeiro: Agir, 1982.

ARBEX, Sandra Hallack. Produção e reprodução do Serviço Social em uma organização institucional de saúde. Dissertação (Mestrado em Serviço Social) — Escola de Serviço Social, Universidade Federal do Rio de Janeiro. Rio de Janeiro, 1992, 279 p.

BARBIER, René. Une analyse institutionnelle du Service Social. *Revue Sociologie du Travail*. Paris: Seuil, n. 1, 1973.

_____. *A pesquisa-ação na instituição educativa*. Rio de Janeiro: Jorge Zahar, 1985.

BAREMBLITT, Gregorio. Apresentação do movimento institucionalista. In: LANCETTI, Antônio et al. *SaúdeLoucura* n. 1. São Paulo: Hucitec, 1989.

_____. *Compêndio de análise institucional*. Rio de Janeiro: Rosa dos Tempos, 1992.

_____ (Org.). *Grupos: teoria e técnica*. Rio de Janeiro: Graal, 1982.

_____ (Coord.). *O inconsciente institucional*. Petrópolis: Vozes, 1984.

BARTHES, Roland. *Elementos de semiologia*. 15. ed. São Paulo: Cultrix, 1992.

BARTLETT, Harriet M. *A base do Serviço Social*. São Paulo: Pioneira, 1976.

BASAGLIA, Franco. *A instituição negada*. 2. ed. Rio de Janeiro: Graal, 1991.

BASTIDE, Roger. *Sociologia das doenças mentais*. São Paulo: Editora Nacional, 1967.

BERNARDO, Maria Helena. Loucura em família: breves reflexões. *Superando desafios*: cadernos do Serviço Social do Hospital Universitário Pedro Ernesto da UERJ, Rio de Janeiro, n. 3, 1998.

BERTRAND, Michèle. O homem clivado: a crença e o imaginário. In: SILVEIRA, Paulo; DORAY, Bernard (Orgs.). *Teoria marxista da subjetividade*. São Paulo: Revista dos Tribunais, 1989.

BEZERRA JR., Benilton. Cidadania e loucura: um paradoxo? In: _____ e AMARANTE, Paulo (Orgs.). *Psiquiatria sem hospício*. Rio de Janeiro: Relume-Dumará, 1992.

BEZERRA JR., Benilton. De médico, de louco e de todo mundo um pouco: o campo psiquiátrico no Brasil dos anos oitenta. In: GUIMARÃES, Reinaldo; TAVARES, Ricardo. *Saúde e sociedade no Brasil: anos 80*. Rio de Janeiro: Relume Dumará, 1994.

BISNETO, José Augusto. *Serviço Social e análise institucional*. Trabalho de conclusão de curso — Escola de Serviço Social, Universidade Federal do Rio de Janeiro. Rio de Janeiro, 1993.

_____. *Serviço Social e análise institucional*: estudo das contribuições ao debate contemporâneo e ao processo de renovação no Brasil. Dissertação (Mestrado). Rio de Janeiro, 1996.

_____. Análise institucional, Serviço Social e subjetividade: uma introdução. *Transversões*. Rio de Janeiro: ESS-UFRJ, v. 1, n. 1, 1999a.

_____. A prática do Serviço Social baseada na análise institucional. CFCH-UFRJ, Rio de Janeiro, Internet, 1999b.

_____. A análise institucional no processo de renovação do Serviço Social no Brasil. In: VASCONCELOS, Eduardo Mourão. *Saúde Mental e Serviço Social*. São Paulo: Cortez, 2000.

BLEGER, José. *Psico-higiene e psicologia institucional*. Porto Alegre: Artes Médicas, 1984.

BRANT, Gilda Aparecida Deliberador. Dados para uma Análise da prática profissional na área de Saúde Mental. *Serviço Social & Sociedade*, São Paulo, Cortez, n. 16, 1984.

BRAVO, Maria Inês Souza. *Serviço Social e reforma sanitária*. São Paulo: Cortez, 1996.

CADERNOS ABESS. São Paulo: Cortez, n. 7, 1997.

CALIL, Vera Lamanno. *Terapia familiar e de casal*. São Paulo: Summus, 1987.

CANGUILHEM, Georges. *O normal e o patológico*. 3. ed. Rio de Janeiro: Forense Universitária, 1990.

CARDOSO, Lídia Soares. Trabalho bancário, sofrimento psíquico e identidade profissional. In: SILVA FILHO, João Ferreira da; JARDIM, Sílvia Rodrigues. *A danação do trabalho*. Rio de Janeiro: TeCorá, 1997.

CASSAB, Maria Aparecida Tardin. A instrumentalidade na intervenção do assistente social. *Cadernos de Serviço Social* da Universidade Federal Fluminense. UFF, Niterói, n. 1, 1995.

CASTEL, Robert. *A ordem psiquiátrica*: a idade de ouro do alienismo. Rio de Janeiro: Graal, 1978a.

CASTEL, Robert. *O psicanalismo*. Rio de Janeiro: Graal, 1978b.

_____. *A gestão dos riscos*. Rio de Janeiro, Francisco Alves, 1987.

_____. Da indigência à exclusão, a desfiliação. In: *SaúdeLoucura*. São Paulo: Hucitec, n. 4, 1993.

CASTRO, Maria Helena Guimarães de. Conflitos e interesses na implementação da reforma da política de saúde. *Saúde em Debate*. Londrina, n. 35, jul. 1992.

CAVALCANTI, Maria Tavares. Transformações na assistência psiquiátrica. In: RUSSO, Jane; SILVA FILHO, João Ferreira da. *Duzentos anos de psiquiatria*. Rio de Janeiro: Relume-Dumará, 1992.

_____. A psiquiatria e o social: elementos para uma discussão. *Cadernos IPUB*. Rio de Janeiro: UFRJ, n. 3, 1997.

_____ et al. Psicoterapia institucional: uma revisão. In: BEZERRA JR., Benilton; AMARANTE, Paulo (Orgs.). *Psiquiatria sem hospício*. Rio de Janeiro: Relume-Dumará, 1992.

CERQUEIRA, Luiz. *Por uma psiquiatria social*. Rio de Janeiro: IPUB-UFRJ, 1968.

CHAZAUD, Jacques. *Introducción a la terapia institucional*. Buenos Aires: Paidos, 1980.

CHESNAIS, François. *A mundialização do capital*. São Paulo: Xamã, 1996.

COE, Neilanza Micas. Educação profissional dos usuários em reabilitação psicossocial no Centro de Atividades Integradas em Saúde Mental. *Caderno de Comunicações do IX Congresso Brasileiro de Assistentes Sociais*. Goiânia: ABESS, 1998.

COOPER, David. *Psiquiatria e antipsiquiatria*. São Paulo: Perspectiva, s.d.

CORRIGAN, Paul; LEONARD, Peter. *Prática do Serviço Social no capitalismo*. Rio de Janeiro: Zahar, 1979.

COSTA, Maria Dalva Horácio da. O trabalho nos serviços de saúde e a inserção dos(as) assistentes sociais. *Serviço Social & Sociedade*. São Paulo: Cortez, ano XX, n. 62, 2000.

COUTINHO, Carlos Nelson. Pluralismo: dimensões teóricas e políticas. Cadernos ABESS 4. Cortez, São Paulo, 1991.

_____. *Gramsci*: um estudo sobre seu pensamento político. 2. ed. Rio de Janeiro: Campus, 1992.

DAVIS, Madeleine; WALLBRIDGE, David. *Limite e espaço*. Rio de Janeiro: Imago, 1982.

DELEUZE, Gilles; GUATTARI, Félix. *O anti-Édipo*. Rio de Janeiro: Imago, 1976.

DELGADO, Paulo. Projeto de Lei da Câmara, Brasília, n. 8, 1991.

_____. Relatório da Visita aos Manicômios na I Caravana Nacional de Direitos Humanos. Câmara dos Deputados, Brasília, Internet, 2000.

DRUCK, Graça. A "cultura da qualidade" nos anos 90: a flexibilização do trabalho na indústria petroquímica da Bahia. In MOTA, Ana Elizabete (Org.). *A nova fábrica de consensos*. São Paulo: Cortez, 1998.

DUARTE, Marcos José de Oliveira. *A outra face da formação profissional*: a produção de subjetividade. Dissertação (Mestrado em Serviço Social) — Escola de Serviço Social, Universidade Federal do Rio de Janeiro. Rio de Janeiro, 1993.

_____. Os cuidadores e o cotidiano em um serviço de Saúde Mental. *Em Pauta*: revista da Faculdade de Serviço Social da UERJ. Rio de Janeiro: UERJ, n. 14, 1999.

ESCOBAR, Carlos Henrique. As instituições e o poder. In: *As instituições e os discursos*. Rio de Janeiro: Tempo Brasileiro, 1974.

EVELIN, Heliana Baía. *O diagnóstico individual*. São Paulo: Cortez, 1982.

FALEIROS, Vicente de Paula. *Saber profissional e poder institucional*. 3. ed. São Paulo: Cortez, 1991.

_____. *Metodologia e ideologia do trabalho social*. 8. ed. São Paulo: Cortez, 1993.

_____. *Estratégias em Serviço Social*. São Paulo: Cortez, 1997.

FERRER, Florencia. *Reestruturação capitalista*. São Paulo: Moderna, 1998.

FIGUEIREDO, Ana Cristina. Por uma psicanálise possível nos serviços de Saúde Mental. *Cadernos IPUB*. Rio de Janeiro: UFRJ, n. 3, 1997.

FIGUEIREDO, Ana Elisa Bastos. *Saúde Mental — instituições psiquiátricas e Serviço Social*: O discurso instituído e a prática profissional. Dissertação (Mestrado) — Pontifícia Universidade Católica. Rio de Janeiro, 1992.

FILGUEIRA, Carla. Processo de trabalho em Saúde Mental: Reflexões sobre o Agir Profissional do Serviço Social. In: ENCONTRO NACIONAL DE PESQUISADORES EM SERVIÇO SOCIAL, 7. *Anais...* Brasília: ABEPSS, v. 1, 2000.

FOUCAULT, Michel. O poder e a norma. In: KATZ, Chain. *Psicanálise, poder e desejo*. Rio de Janeiro: Ibrapsi, 1979.

_____. *História da sexualidade I*: A vontade de saber. 5. ed. Rio de Janeiro: Graal, 1984.

_____. *História da loucura*. 2. ed. São Paulo: Perspectiva, 1987.

_____. *Microfísica do poder*. 7. ed. Rio de Janeiro: Graal, 1988.

FOUCAULT, Michel. *Vigiar e punir*. 8. ed. Petrópolis: Vozes, 1991.

_____. *Doença mental e psicologia*. 5. ed. Rio de Janeiro: Tempo Universitário, 1994.

FREUD, Sigmund. *Obras completas*. Rio de Janeiro: Imago, 1977.

FRIEDLANDER, Walter (Ed.). *Conceitos e métodos de Serviço Social*. 2. ed. Rio de Janeiro: Agir, 1975.

GALENDE, Emiliano. *De un horizonte incierto*. Buenos Aires: Paidós, 1997.

GARCIA-ROZA, Luiz Alfredo. *Freud e o inconsciente*. 4. ed. Rio de Janeiro: Jorge Zahar, 1988.

GARRETT, Annette. *A entrevista, seus princípios e métodos*. 10. ed. Rio de Janeiro: Agir, 1991.

GOFFMAN, Erving. *Manicômios, prisões e conventos*. 3. ed. São Paulo, Perspectiva, 1990.

GÓMEZ, José Maria. Globalização da política. mitos, realidades e dilemas. *Praia Vermelha*, Rio de Janeiro: ESS/UFRJ, v. 1, n. 1, 1997.

GONÇALVES, Lúcia Maria Rodrigues. *Saúde Mental & Trabalho Social*. São Paulo: Cortez, 1983.

GOUVEIA, Maria Alice Fonseca. Procedimentos metódicos de uma intervenção num fenômeno social. *Serviço Social & Sociedade*. São Paulo: Cortez, n. 9, 1982.

GRAMSCI, Antonio. *Concepção dialética da história*. 9. ed. Rio de Janeiro: Civilização Brasileira, 1991.

GRANEMANN, Sara. Processos de Trabalho e Serviço Social I. In: Capacitação em Serviço Social e Política Social: Módulo 2. Brasília: CEAD, 1999.

GRINBERG, León et al. *Introdução às idéias de Bion*. Rio de Janeiro: Imago, 1973.

GUATTARI, Félix. Introdução à psicoterapia institucional. In: *As instituições e os discursos*. Rio de Janeiro: Tempo Brasileiro, 1974.

_____. A propósito da terapia familiar. In: BAREMBLITT, Gregorio (Org.). *Grupos*: teoria e técnica. Rio de Janeiro: Graal, 1982.

_____; ROLNIK, Suely. *Micropolítica, cartografias do desejo*. Petrópolis: Vozes, 1986.

_____ et al. As Instituições e os discursos. Revista *Tempo Brasileiro*, 35. Rio de Janeiro, 1974.

GUERRA, Yolanda. A categoria "instrumentalidade" do Serviço Social no equacionamento de "pseudos problemas" da/na profissão. *Construindo o Serviço Social*: revista de Serviço Social da Faculdade de Bauru. Bauru: Edite, n. 3, 1998.

GUIRADO, Marlene. *Psicologia institucional*. São Paulo: EPU, 1987.

HAMILTON, Gordon. *Teoria e prática do Serviço Social de casos.* 6. ed. Rio de Janeiro: Agir, 1987.

HESS, Remi; SAVOYE, Antoine. *L'analyse institutionnelle.* 2. ed. Paris: Presses Universitaires de France, 1993.

HOLLIS, Florence. Serviço Social de caso: o modelo psicossocial. *Temas Sociais.* Rio de Janeiro: CBCISS, n. 109, 1976.

_____. O pensamento social de Florence Hollis: um modelo psicossocial. *Temas Sociais.* Rio de Janeiro: CBCISS, n. 184, 1986.

HOMANS, George. As pesquisas na Western Eletric. In: BALCÃO, Yolanda Ferreira; CORDEIRO, Laerte Leite. *O comportamento humano na empresa; uma antologia.* 2. ed. Rio de Janeiro: FGV, 1971.

HORKHEIMER, Max. Teoria tradicional e teoria crítica. In: HORKHEIMER, Max et al. *Textos escolhidos.* São Paulo: Abril, v. 48, 1975.

IAMAMOTO, Marilda; CARVALHO, Raul. *Relações sociais e Serviço Social no Brasil.* 6. ed. São Paulo: Cortez, 1988.

_____. *O Serviço Social na contemporaneidade: trabalho e formação profissional.* São Paulo: Cortez, 1998.

_____. *Renovação e conservadorismo no Serviço Social.* São Paulo: Cortez, 1992.

JARDIM, Sílvia. O trabalho e a construção do sujeito. In SILVA FILHO, João Ferreira da e JARDIM, Sílvia (Org.). *A danação do trabalho*: relações de trabalho e o sofrimento. Rio de Janeiro: TeCorá, 1997.

KAMEYAMA, Nobuco. A Trajetória da Produção de Conhecimentos em Serviço Social: Avanços e Tendências (1975-1997). *Cadernos Abess.* São Paulo: Cortez, n. 8, 1998.

KAMKHAGI, Vida; SAIDON, Osvaldo (Orgs.). *Análise institucional no Brasil.* Rio de Janeiro: Espaço e Tempo, 1987.

KAPLAN, Harold; SADOCK, Benjamin. *Compêndio de psiquiatria.* 6. ed. Porto Alegre: Artes Médicas, 1993.

KINOSHITA, Roberto Tykanori. Contratualidade e Reabilitação Psicossocial. In: PITTA, Ana (Org.). *Reabilitação psicossocial no Brasil.* São Paulo: Hucitec, 1996.

_____. Uma experiência pioneira: a reforma psiquiátrica italiana. In: VÁRIOS AUTORES. *Saúde mental e cidadania.* 2. ed. São Paulo: Mandacaru, s.d.

KONOPKA, Gisela. *Serviço Social de grupo.* 6. ed. Rio de Janeiro: Zahar, 1983.

LANE, Silvia; CODO, Wanderley (Orgs.). *Psicologia social: o homem em movimento.* 4. ed. São Paulo: Brasiliense, 1986.

LAPASSADE, Georges. *El analizador y el analista*. Barcelona: Gedisa, 1979.

_____. *Grupos, organizações e instituições*. 2. ed. Rio de Janeiro: Francisco Alves, 1983.

_____. *Socioanálisis y potencial humano*. Barcelona: Gedisa, 1980.

_____; LOURAU, René. *Para um conhecimento da sociologia*. 2. ed. Lisboa: Assírio e Alvim, 1973.

LAPLANTINE, François. *Aprender etnopsiquiatria*. São Paulo: Brasiliense, 1998.

LAURELL, Asa Cristina. A saúde-doença como processo social. S.d. (Mimeo.).

LEDESMA, Rosa. *Elementos básicos para el trabajo social psiquiátrico*. Buenos Aires: Ecro, 1972.

LEFEBVRE, Henri. *A vida cotidiana no mundo moderno*. São Paulo: Ática, 1991.

LEMAIRE, Anika. *Jacques Lacan*: uma introdução. 4. ed. Rio de Janeiro: Campus, 1986.

LEONARDIS, Ota de et al. *La empresa social*. Buenos Aires: Nueva Visión, 1995.

LESSA, Sérgio. A centralidade ontológica do trabalho em Lukacs. *Serviço Social & Sociedade*. São Paulo: Cortez, n. 52, 1996.

LIMA, Alice Segura. Trabalho em equipe: a proposta interdisciplinar. *Superando desafios*: cadernos do Serviço Social do Hospital Universitário Pedro Ernesto da UERJ, Rio de Janeiro, n. 3, 1998.

LOSICER, Eduardo. Grupos (fantasmas) no hospital. In: BAREMBLITT, Gregorio (Org.). *Grupos*: teoria e técnica. Rio de Janeiro: Graal, 1982.

LOUGON, Maurício. Desinstitucionalização da assistência psiquiátrica: uma perspectiva crítica. *Physis*: revista de Saúde Coletiva. Rio de Janeiro: IMS/UERJ, v. 3, n. 2, 1993.

LOURAU, René. A análise institucional. Petrópolis: Vozes, 1975.

LOURAU, René. *René Lourau na UERJ*: análise institucional e práticas de pesquisa. Rio de Janeiro: UERJ, 1993.

LOYELLO, Washington. *Para uma psiquiatria da libertação*. Rio de Janeiro: Achiamé, 1983.

LUZ, Madel. *As instituições médicas no Brasil*. 3. ed. Rio de Janeiro: Graal, 1986.

MACIEL, Luiz Carlos. *Sartre, vida e obra*. 5. ed. Rio de Janeiro: Paz e Terra, 1986.

MALHEIROS, Pedro. Trabalho social e saúde: reflexão inicial. *Serviço Social & Sociedade*. São Paulo: Cortez, n. 4, 1980.

MANTOVANI, Alexandra et al. Recepção integrada: perspectivas de um novo modelo de atendimento ambulatorial em psiquiatria. *Superando Desafios*: cadernos do Serviço Social do Hospital Universitário Pedro Ernesto da UERJ, Rio de Janeiro, n. 3, 1998.

MARCUSE, Herbert. *Eros e civilização*. 6. ed. Rio de Janeiro: Zahar, 1975.

MARTINELLI, Maria Lucia. *Serviço Social*: identidade e alienação. São Paulo: Cortez, 1991.

MARX, Karl. *O capital* (livro 1). 12. ed. Rio de Janeiro: Bertrand Brasil, 1988.

_____. Contribuição à crítica da economia política. In: IANNI, Octavio (Org.). *Marx*. 6. ed. São Paulo: Ática, 1988a.

_____. *Manifesto do Partido Comunista*. Petrópolis: Vozes, 1988b.

_____. Miséria da filosofia. In: IANNI, Octavio (Org.). *Marx*. 6. ed. São Paulo: Ática, 1988c.

_____. Teses sobre Feuerbach. In: IANNI, Octavio (Org.). *Marx*. 6. ed. São Paulo: Ática, 1988d.

_____. Capítulo VI Inédito de "O capital". São Paulo: Moraes, s.d.

_____; ENGELS, Friedrich. *A ideologia alemã*. 6. ed. In: IANNI, Octavio (Org.). Marx. São Paulo: Ática, 1988a.

MENDEL, Gérard. *Sociopsicoanálisis*. Buenos Aires: Amorrortu, v. 1 e 2, 1974.

MENUCCI, Daniel. Grupos no hospício: o Desejo como Tarefa. In: KAMKHAGI, Vida; SAIDON, Osvaldo (Orgs.). *Análise institucional no Brasil*. Rio de Janeiro: Espaço e Tempo, 1987.

MÉZÁROS, Istvan. *Marx*: a teoria da alienação. Rio de Janeiro: Zahar, 1981.

MOFFATT, Alfredo. *Psicoterapia do oprimido*. 5. ed. São Paulo: Cortez, 1984.

MONTAÑO, Carlos. O Serviço Social frente ao neoliberalismo. *Serviço Social & Sociedade*. São Paulo: Cortez, n. 53, 1997.

_____. *La naturaleza del Servicio Social*. São Paulo: Cortez, 1998.

_____. Das "lógicas do Estado" às "lógicas da sociedade civil": Estado e "terceiro setor" em questão. *Serviço Social & Sociedade*. São Paulo: Cortez, n. 59, 1999.

MORAES, Andréa Teixeira de. Descompassos entre o saber reformador na saúde mental e o trabalho realizado no hospital-dia: estudo de caso. *Em Pauta*: revista da Faculdade de Serviço Social da UERJ, UERJ, Rio de Janeiro, n. 13, 1998.

MOTA, Ana Elizabete; AMARAL, Angela Santana do. Reestruturação do Capital, Fragmentação do Trabalho e Serviço Social. In: MOTA, Ana Elizabete (Org.). *A nova fábrica de consensos*. São Paulo: Cortez, 1998.

NASCIUTTI, Jacyara. A instituição como via de acesso à comunidade. In: CAMPOS, Regina. *Psicologia social comunitária*. Petrópolis: Vozes, 1996.

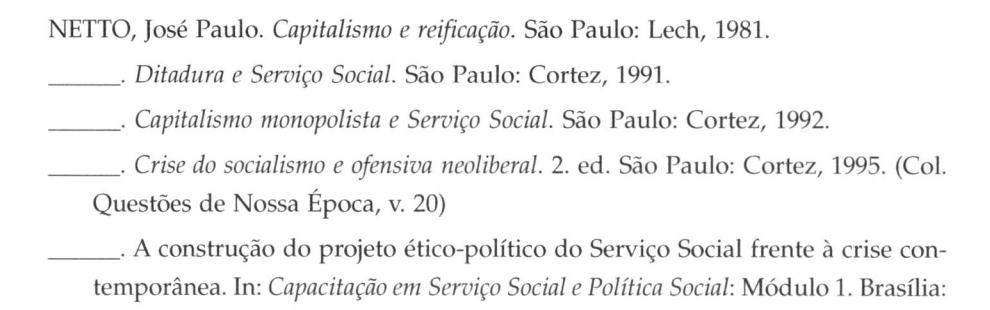

NETTO, José Paulo. *Capitalismo e reificação*. São Paulo: Lech, 1981.

_____. *Ditadura e Serviço Social*. São Paulo: Cortez, 1991.

_____. *Capitalismo monopolista e Serviço Social*. São Paulo: Cortez, 1992.

_____. *Crise do socialismo e ofensiva neoliberal*. 2. ed. São Paulo: Cortez, 1995. (Col. Questões de Nossa Época, v. 20)

_____. A construção do projeto ético-político do Serviço Social frente à crise contemporânea. In: *Capacitação em Serviço Social e Política Social*: Módulo 1. Brasília: CEAD, 1999.

NICÁCIO, Erimaldo. Agenciamentos sociais, subjetividade e sintoma. *Physis*: revista de Saúde Coletiva, Rio de Janeiro: IMS/UERJ, v. 6, n. 1 e 2, 1996.

OLIVEIRA, Lourdes Maria Moraes. O modelo funcional em serviço social de casos. *Serviço Social & Sociedade*, Cortez, São Paulo, n. 9, 1982.

PINTO, Marina Barbosa. A subordinação do trabalho docente à lógica do capital. *Outubro*: revista do Instituto de Estudos Socialistas, São Paulo, n. 4, 2000.

PITTA, Ana. *Reabilitação psicossocial no Brasil*. São Paulo: Hucitec, 1996.

POLITZER, Georges. *Crítica dos fundamentos da psicologia*. 2. ed. Piracicaba: Unimep, 2004.

POULANTZAS, Nicos. *Poder político e classes sociais*. 2. ed. São Paulo: Martins Fontes, 1986.

PUEL, Elisa et al. *Saúde Mental*: transpondo as fronteiras hospitalares. Porto Alegre: Dacasa, 1997.

QUIROGA, Consuelo. *Invasão positivista no marxismo*. São Paulo: Cortez, 1991.

RATNER, Carl. *A psicologia sócio-histórica de Vygotsky*. Porto Alegre: Artes Médicas, 1995.

REBECCHI, Emilio. *O sujeito frente à inovação tecnológica*. Petrópolis: Vozes, 1990.

REICH, Wilhelm. *A função do orgasmo*. 3. ed. São Paulo: Brasiliense, 1977.

RESENDE, Heitor. Política de Saúde Mental no Brasil: uma visão histórica. In: TUNDIS, Silvério; COSTA, Nilson (Orgs.). *Cidadania e loucura*: políticas de Saúde Mental no Brasil. 2. ed. Petrópolis: Vozes, 1990.

REVISTA AFINAL. [S.l.], [s.n.], 13 jan. 1987.

ROCHA, Senador Sebastião. Parecer do Relator da Comissão de Assuntos Sociais sobre as Emendas ao Projeto de Lei da Câmara n. 8 de Paulo Delgado. Senado Federal, Brasília, 1998.

RODRIGUES, Heliana de Barros Conde. Notas sobre o paradigma institucionalista: preâmbulo político-conceitual às aventuras históricas de "sócio" e "esquizos" no Rio de Janeiro. *Transversões*. Rio de Janeiro: ESS/UFRJ, v. 1, n. 1, 1999.

_____ et al. (Orgs.). Grupos e instituições em análise. Rio de Janeiro, Rosa dos Tempos, 1992.

RODRIGUES, Lucia Maria. *Questões de gênero e o discurso do Serviço Social Psiquiátrico*. Tese (Doutorado) — Instituto de Psiquiatria (IPUB). Universidade Federal do Rio de Janeiro. Rio de Janeiro, 1996.

RODRIGUES, Mavi. Reforma psiquiátrica e o combate ao domínio da razão normativa: a assistência na encruzilhada. Dissertação (Mestrado) — Universidade Federal do Rio de Janeiro. Rio de Janeiro, 1996.

RODRIGUES NETO, Eleutério. A reforma sanitária e o Sistema Único de Saúde. In: *Manual do Ministério da Saúde*. Brasília: Ministério da Saúde, s.d.

ROSA, Lucia Cristina dos Santos. Relações históricas entre loucura, Estado e o campo "psi". *Transversões*. Rio de Janeiro: ESS/UFRJ, v. 1, n. 1, 1999.

_____. As condições da família brasileira de baixa renda no provimento de cuidados com o portador de transtorno mental. In: VASCONCELOS, Eduardo Mourão. *Saúde Mental e Serviço Social*. São Paulo: Cortez, 2000.

ROSE, Steven. A perturbadora ascensão do determinismo neurogenético. *Ciência Hoje*. Rio de Janeiro: SBPC, v. 21, n. 126, 1997.

ROTELLI, Franco et al. *Desinstitucionalização*. São Paulo: Hucitec, 1990.

ROUANET, Sérgio Paulo. *Mal-estar na modernidade*. São Paulo: Companhia das Letras, 1993.

ROUANET, Sérgio Paulo. *Teoria crítica e psicanálise*. 3. ed. Rio de Janeiro, Tempo Brasileiro, 1989.

SABÓIA, Maria Laertina de. Formação e treinamento da equipe psiquiátrica: papel do assistente social. *Debates Sociais*. Rio de Janeiro: CBCISS, n. 22, 1976.

SAIDON, Osvaldo et al. *Práticas grupais*. Rio de Janeiro: Campus, 1983.

SAMPAIO, José Jackson Coelho. *Epidemiologia da imprecisão*. Rio de Janeiro: Fiocruz, 1998.

SARACENO, Benedeto. *Libertando identidades*. Belo Horizonte: TeCorá, 1999.

SARDINHA, Joelma. Relato e Análise Inicial de uma Experiência de Acompanhamento Individual na Enfermaria do Serviço de Psiquiatria do HUPE. In: Superando Desafios n.4. Cadernos do Serviço Social do Hospital Universitário Pedro Ernesto da UERJ, Rio de Janeiro, 1999.

SAUSSURE, Ferdinand de. *Curso de lingüística geral*. 13. ed. São Paulo: Cultrix, 1987.

SCHECHTMAN, Alfredo et al. Política de Saúde Mental no Brasil. *Cadernos IPUB*, Rio de Janeiro: UFRJ, n. 3, 1997.

SCHNEIDER, Michael. *Neuroses e classes sociais*: uma síntese freudiano-marxista. Rio de Janeiro: Zahar, 1977.

SEGAL, Hanna. *Introdução à obra de Melanie Klein*. Rio de Janeiro: Imago, 1975.

SERRA, Rose Mary Sousa. *A prática institucionalizada do Serviço Social*. 4. ed. São Paulo: Cortez, 1987.

SÈVE, Lucien. *Marxismo e a teoria da personalidade*. Lisboa: Horizonte, 1979.

SILVA, Maria Luiza Campos da. *Psychiatric Social Work*: da higiene mental à psicanálise. Dissertação (Mestrado). Rio de Janeiro: Pontifícia Universidade Católica, 1993.

SILVA FILHO, João Ferreira da; JARDIM, Silvia Rodrigues (Org.). *A danação do trabalho*: relações de trabalho e o sofrimento. Rio de Janeiro: TeCorá, 1997.

SILVEIRA, Maria Lídia da. *De pobre a trabalhador*: uma reflexão sobre o sujeito no Serviço Social. Rio de Janeiro: OR Independente, 2000.

SILVEIRA, Paulo; DORAY, Bernard (Orgs.). *Teoria marxista da subjetividade*. São Paulo: Revista dos Tribunais, 1989.

SIMIONATTO, Ivete. Caminhos e Descaminhos da Política de Saúde no Brasil. *Revista Inscrita*, Rio de Janeiro: CFESS, n. 1, 1997.

SMALLEY, Ruth. Serviço Social de caso: o modelo funcional. *Temas Sociais*, Rio de Janeiro: CBCISS, n. 109, 1976.

SOUZA, Édina Évelym Casali Meireles de. *A prática do Serviço Social nas instituições psiquiátricas de Juiz de Fora/MG*. Dissertação (Mestrado). Rio de Janeiro: Pontifícia Universidade Católica, 1986.

SOUZA, Maria Luiza de. *Serviço Social e instituição*: a questão da participação. 4. ed. São Paulo: Cortez, 1988.

SOUZA, Rosimary Gonçalves de. Autonomia, identidade e interesses do profissional da saúde: uma reflexão sobre o modelo assistencial. *Em Pauta*: cadernos da Faculdade de Serviço Social. Rio de Janeiro: UERJ, n. 7, 1996.

SPOSATI, Aldaíza de Oliveira et al. *A assistência na trajetória das políticas sociais brasileiras: uma questão em análise*. 2. ed. São Paulo: Cortez, 1986.

STOLKINER, Alicia. Tiempos 'Posmodernos': Ajuste y Salud Mental. In: SAIDON, Osvaldo; TROIANOVSKI, P. (Orgs.). *Políticas en Salud Mental*. Buenos Aires: Lugar, 1994.

SZASZ, Thomas. *O mito da doença mental.* Rio de Janeiro: Zahar, 1979.

TEIXEIRA, Manoel Olavo Loureiro. Algumas Reflexões sobre o Conceito de Cura em Psiquiatria. *Cadernos do IPUB.* Instituto de Psiquiatria (IPUB)/Universidade Federal do Rio de Janeiro. Rio de Janeiro, n. 3, 1997.

TEIXEIRA, Sonia Beatriz Sodré. O Serviço Social com famílias e as terapias familiares. Tese (Doutorado). Instituto de Psiquiatria (IPUB)/Universidade Federal do Rio de Janeiro. Rio de Janeiro, 1998.

TEIXEIRA, Sônia Maria Fleury (Org.). Reforma sanitária: em busca de uma teoria. São Paulo: Cortez/Abrasco, 1989.

TEIXEIRA, Sônia Maria Fleury; OLIVEIRA, Jaime Antônio Araújo. (Im)Previdência Social. Petrópolis: Vozes, 1986.

THE RADICAL THERAPIST. *Therapy means change, not adjustment.* Penguin: Harmondsworth, 1974.

TRINDADE, Rosa. Desvendando o significado do instrumental técnico-operativo do Serviço Social. In: ENCONTRO NACIONAL DE PESQUISADORES EM SERVIÇO SOCIAL, 7. *Anais...* Brasília: ABEPSS, 2000, v. 1.

TUNDIS, Silvério e COSTA, Nilson (Orgs.). *Cidadania e loucura: políticas de saúde mental no Brasil.* 2. ed. Petrópolis: Vozes, 1990.

VALENÇA, Alexandre Martins; QUEIROZ, Valéria de. A influência de fatores socioeconômicos, políticos e culturais no curso e prognóstico da esquizofrenia. *Jornal Brasileiro de Psiquiatria.* Rio de Janeiro: Científica Nacional, maio 1999.

VÁRIOS AUTORES. *Cuestionamos.* 2. ed. Buenos Aires: Granica, 1972.

VASCONCELOS, Eduardo Mourão. Estado e políticas sociais no capitalismo: uma abordagem marxista. *Serviço Social & Sociedade.* São Paulo: Cortez, n. 28, dez. 1988.

_____. *Do hospício à comunidade*: mudança sim; negligência não. Belo Horizonte: Segrac, 1992a.

_____. The New Alienists of the Poor. Tese (Doutorado). Londres: Universidade de Londres, 1992b.

_____. Desinstitucionalização e interdisciplinaridade em saúde mental. *Cadernos IPUB*, Instituto de Psiquiatria (IPUB)/Universidade Federal do Rio de Janeiro, Rio de Janeiro, n. 7, 1997a.

_____. Serviço Social e interdisciplinaridade: o exemplo da Saúde Mental. *Serviço Social & Sociedade*, São Paulo: Cortez, n. 54, 1997b.

_____. Avaliação de serviços e "revolving-door". *Transversões*, ESS/UFRJ, Rio de Janeiro, v. 1, n. 1, 1999.

VASCONCELOS, Eduardo Mourão. O movimento de higiene mental e a emergência do Serviço Social no Brasil e no Rio de Janeiro. *Serviço Social & Sociedade*. São Paulo: Cortez, n. 63, 2000a.

_____. *Mundos paralelos, até quando?* Rio de Janeiro: ESS/UFRJ, 2000b. Mimeografado.

_____. *Saúde Mental e Serviço Social*. São Paulo: Cortez, 2000c.

VELHO, Gilberto. *Desvio e divergência*. 4. ed. Rio de Janeiro: Zahar, 1981.

VIEIRA, Balbina Otoni. *História do Serviço Social*. 4. ed. Rio de Janeiro: Agir, 1985.

WASKMAN, Sérgio. *O discurso do setor privado psiquiátrico contratado pelo SUS sobre a assistência em Saúde Mental no Município do Rio de Janeiro*. Dissertação (Mestrado), Rio de Janeiro: IPUB/UFRJ, 1998.

WEISSHAUPT, Jean Robert. A teoria da ação em Alain Touraine. In: CARVALHO, Maria (Org.). *Teorias da ação em debate*. São Paulo: Cortez, 1993.

_____. *As funções sócio-institucionais do Serviço Social*. 2. ed. São Paulo: Cortez, 1988.

WIENER, Norbert. *Cibernética e sociedade*. 4. ed. São Paulo: Cultrix, 1973.

YAZBEK, Maria Carmelita. *Classes subalternas e assistência social*. 2. ed. São Paulo: Cortez, 1996.

SAÚDE E SERVIÇO SOCIAL

5ª edição - 2ª reimpressão (2016)

Maria Inês Souza Bravo • Ana Maria de Vasconcelos • Andréa de Sousa Gama • Giselle Lavinas Monnerat (orgs.)

288 páginas
ISBN 978-85-249-1889-6

LEIA TAMBÉM

Neste livro, professoras e alunos vinculados à Faculdade de Serviço Social da UERJ, ao examinarem políticas de saúde como o Programa de Saúde da Família (PSF), serviços de Saúde Reprodutiva, e mostram que os cientistas sociais podem e devem assumir a perspectiva de um intelectual coletivo engajado na afirmação dos direitos sociais contra a desigualdade e a opressão vigentes em nosso país.

A reflexão sobre as contradições entre o público e o privado, a universalização e a focalização, a saúde coletiva e a clínica, a educação e a culpabilização que atravessam o campo da saúde como política e prática, traz proveitos a todos os profissionais, técnicos e pesquisadores envolvidos com a implementação do Sistema Único de Saúde e a defesa da saúde como direito social. Os autores perguntam-se sobre o projeto ético-político da profissão: diante das contradições assinaladas, o assistente social deve empenhar-se em responder às demandas dos serviços, envolver-se nas urgências do cotidiano e na especialização que lhes é requerida, cumprindo um papel de controle social, ou, inversamente, tomar estas experiências como pontos de partida para aprofundar a Reforma Sanitária, em defesa da saúde como seguridade social e da mudança mais ampla da própria ordem social?

SAÚDE MENTAL E SERVIÇO SOCIAL

5ª edição - 3ª reimpressão (2015)

Eduardo Mourão Vasconcelos (org.)

328 páginas
ISBN 978-85-249-0754-8

A reforma psiquiátrica em curso recolocou as instituições e os saberes psiconvencionais no foco da desconstrução, e vem retomando a complexidade do humano, da loucura, da saúde mental e da atenção psicossocial a partir de um novo paradigma, abrindo um campo comum de práxis e de diálogo interdisciplinar.

Este livro se destina a todos os profissionais que já participam ou querem se iniciar neste desafio. Entretanto, este campo é particularmente inquietante para o serviço social atual, no Brasil e na América Latina, que vem negligenciando a temática da subjetividade, do inconsciente, da sexualidade e da emoção. E no desvelar deste "recalque" do serviço social é que está a ousadia mais marcante do livro.